에듀윌과 함께 시작하면,
당신도 합격할 수 있습니다!

이 일 저 일 전전하다 관리자가 되려고 시작해
최고득점으로 동차 합격한 퇴직자

4살 된 딸아이가 어린이집에 있는 동안 공부해
고득점으로 합격한 전업주부

밤에는 대리운전, 낮에는 독서실에서 공부하며
에듀윌의 도움으로 거머쥔 주택관리사 합격증

누구나 합격할 수 있습니다.
시작하겠다는 '다짐' 하나면 충분합니다.

마지막 페이지를 덮으면,

에듀윌과 함께
주택관리사 합격이 시작됩니다.

주택관리사 1위

16년간
베스트셀러 1위

베스트셀러 1위 교재로
따라만 하면 합격하는 커리큘럼

STEP 1 → STEP 2 → STEP 3 → STEP 4

| 기초 이론 | 이론 완성 1
이론 완성 2 | 핵심 이론
문제 풀이 | 마무리 특강
동형 모의고사 |

시작에 필요한 기초 개념 확인 / 기본서 반복으로 탄탄한 이론 완성 / 빈출이론&문제 한 번에 정리 / 다양한 실전 연습으로 쉬운 합격 완성

* 커리큘럼의 명칭 및 내용은 변경될 수 있습니다.

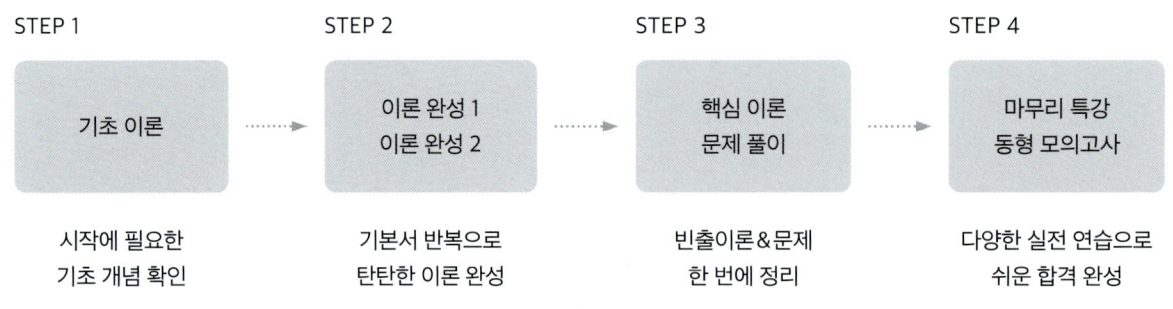

에듀윌 주택관리사

업계 유일 6년 연속 최고득점자 배출

에듀윌 주택관리사의 우수성, 2024년에도 입증했습니다!

2024 최고득점자&수석합격

제27회 시험 최고득점자&수석합격

문O호 합격생

에듀윌 주택관리사를 공부하면서 좋았던 부분은 체계적인 커리큘럼과 실전 대비 시스템입니다. 강의가 단계적으로 구성되어 초보자도 쉽게 따라갈 수 있었고, 중요한 내용을 반복 학습할 수 있는 구조가 시험 준비에 큰 도움이 되었다고 생각합니다. 또한 다양한 문제 풀이와 모의고사를 통해 실전에 대한 자신감을 키울 수 있었던 점이 좋았습니다. 주택관리사 시험을 준비하는 여러분들, 많이 힘들고 불안한 마음이 들겠지만 "한 발짝 더 나아가는 용기와 꾸준함이 합격을 만드는 것 같습니다." 포기하지 않고 끝까지 달려간다면 반드시 좋은 결과를 얻을 수 있습니다. 마지막까지 최선을 다하는 여러분을 진심으로 응원합니다.

* 2024년 석차 1등&공동주택관리실무 최고득점
  2023년, 2022년 공동주택관리실무 최고득점
  2021년, 2020년 주택관리관계법규, 공동주택관리실무 과목별 최고득점
  2019년 주택관리관계법규 최고득점

주택관리사, 에듀윌을 선택해야 하는 이유

오직 에듀윌에서만 가능한 합격 신화
6년 연속 최고득점자 배출

합격을 위한 최강 라인업
주택관리사 명품 교수진

주택관리사

합격부터 취업까지!
에듀윌 주택취업지원센터 운영

합격생들이 가장 많이 선택한 교재
16년간 베스트셀러 1위

* 2023 대한민국 브랜드만족도 주택관리사 교육 1위 (한경비즈니스)
  2024년 석차 1등&공동주택관리실무 최고득점 / 2023년, 2022년 공동주택관리실무 최고득점 / 2021년, 2020년 주택관리관계법규, 공동주택관리실무 과목별 최고득점 / 2019년 주택관리관계법규 최고득점
* YES24 수험서 자격증 주택관리사 베스트셀러 1위 (2010년 12월, 2011년 3월, 9월, 12월, 2012년 1월, 3월~12월, 2013년 1월~5월, 8월~11월, 2014년 2월~8월, 10월~12월, 2015년 1월~5월, 7월~12월, 2016년 1월~12월, 2017년 1월~12월, 2018년 1월~12월, 2019년 1월~12월, 2020년 1월~7월, 9월~12월, 2021년 1월~12월, 2022년 1월~12월, 2023년 1월~11월, 2024년 1월~2월, 4월~12월, 2025년 1월~5월 월별 베스트)

주택관리사 공부의 시작

1차 기초서 4주 완성 플래너

※ 권장학습기간(4주)은 에듀윌 이론강의에 기반하였습니다. 자세한 사항은 에듀윌 주택관리사 홈페이지에서 확인하세요.
※ 학습 전에 미리 계획을 세워 보고, 실제 계획대로 공부했는지 체크해 보세요.

구분 SUBJECT	CHAPTER	권장학습 기간	계획한 날짜	공부한 날짜
1. 회계원리	01. 회계의 기초	4주	/ ~ /	/ ~ /
	02. 재무상태와 경영성과		/ ~ /	/ ~ /
	03. 회계의 순환과정		/ ~ /	/ ~ /
2. 공동주택 시설개론	01. 건축구조개론		/ ~ /	/ ~ /
	02. 건축설비개론		/ ~ /	/ ~ /
3. 민법	01. 민법 통칙		/ ~ /	/ ~ /
	02. 권리의 주체와 객체		/ ~ /	/ ~ /
	03. 권리의 변동과 그 원인		/ ~ /	/ ~ /
	04. 물권법		/ ~ /	/ ~ /
	05. 채권법		/ ~ /	/ ~ /

MEMO

에듀윌이
너를
지지할게

ENERGY

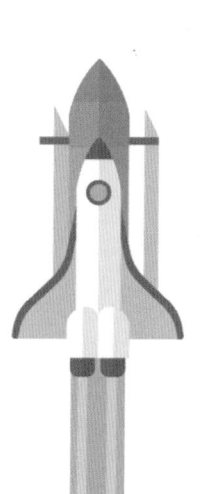

시작하라.

그 자체가 천재성이고,
힘이며, 마력이다.

– 요한 볼프강 폰 괴테(Johann Wolfgang von Goethe)

합격할 때까지 책임지는 개정법령 원스톱 서비스!

기준 및 법령 개정이 잦은 주택관리사 시험,
개정사항을 어떻게 확인해야 할지 막막하고 걱정스러우신가요?
에듀윌에서는 필요한 개정법령만을 빠르게! 한번에! 제공해 드립니다.

에듀윌 도서몰 접속
(book.eduwill.net)   ▶   도서자료실
클릭

개정법령
확인하기

2026
에듀윌 주택관리사

기초서 1차

회계원리 | 공동주택시설개론 | 민법

시험 안내

주택관리사, 무슨 일을 하나요?

주택관리사란?	주택관리사(보) 합격증서 + 대통령령으로 정하는 주택 관련 실무 경력 → 주택관리사 자격증 발급
하는 일은?	공동주택, 아파트 등의 관리사무소장은 물론, 주택관리 전문 공무원, 공동주택 또는 건물관리 용역 업체 창업 등 취업의 문이 넓습니다.

주택관리사(보) 시험에서는 어떤 과목을 보나요?

제1차 (2025년 6월 28일 시행)

1교시 (총 100분)	회계원리	세부과목 구분 없이 출제 ※ 회계처리 등과 관련된 시험문제는 한국채택국제회계기준(K-IFRS)을 적용하여 출제
	공동주택 시설개론	목구조·특수구조를 제외한 일반건축구조와 철골구조, 홈네트워크를 포함한 건축설비개론 및 장기수선계획 수립 등을 위한 건축적산 포함
2교시 (총 50분)	민법	총칙, 물권, 채권 중 총칙·계약총칙·매매·임대차·도급·위임·부당이득·불법행위

▶ 과목별 각 40문항이며, 전 문항 객관식 5지 택일형으로 출제됩니다.

제2차 (2025년 9월 20일 시행 예정)

1교시 (총 100분)	주택관리 관계법규	다음의 법률 중 주택관리에 관련되는 규정: 「주택법」, 「공동주택관리법」, 「민간임대주택에 관한 특별법」, 「공공주택 특별법」, 「건축법」, 「소방기본법」, 「화재의 예방 및 안전관리에 관한 법률」, 「소방시설 설치 및 관리에 관한 법률」, 「승강기 안전관리법」, 「전기사업법」, 「시설물의 안전 및 유지관리에 관한 특별법」, 「도시 및 주거환경정비법」, 「도시재정비 촉진을 위한 특별법」, 「집합건물의 소유 및 관리에 관한 법률」
	공동주택 관리실무	시설관리, 환경관리, 공동주택회계관리, 입주자관리, 공동주거관리이론, 대외업무, 사무·인사관리, 안전·방재관리 및 리모델링, 공동주택 하자관리(보수공사를 포함한다) 등

▶ 과목별 각 40문항이며, 객관식 5지 택일형 24문항, 주관식 16문항으로 출제됩니다.

상대평가, 어떻게 시행되나요?

선발예정인원 범위에서 선발!

국가에서 정한 선발예정인원(선발예정인원은 매해 시험 공고에 게재됨) 범위에서 고득점자 순으로 합격자가 결정되며, 2025년 제28회 시험의 선발예정인원은 1,600명입니다.

제1차는 평균 60점 이상 득점한 자, 제2차는 고득점자 순으로 선발!

제1차	매 과목 40점 이상, 전 과목 평균 60점 이상 득점한 사람 중에서 선발합니다.
제2차	매 과목 40점 이상, 전 과목 평균 60점 이상 득점한 사람 중에서 선발하며, 그중 선발예정인원 범위에서 고득점자 순으로 결정합니다. 선발예정인원에 미달하는 경우 전 과목 40점 이상자 중 고득점자 순으로 선발하며, 동점자로 인하여 선발예정인원을 초과하는 경우에는 동점자 모두를 합격자로 결정합니다.

제2차 과목의 주관식 단답형 16문항은 부분점수 적용

괄호가 3개인 경우	3개 정답(2.5점), 2개 정답(1.5점), 1개 정답(0.5점)
괄호가 2개인 경우	2개 정답(2.5점), 1개 정답(1점)
괄호가 1개인 경우	1개 정답(2.5점)

2020년 상대평가 시행 이후 제2차 시험 합격선은?

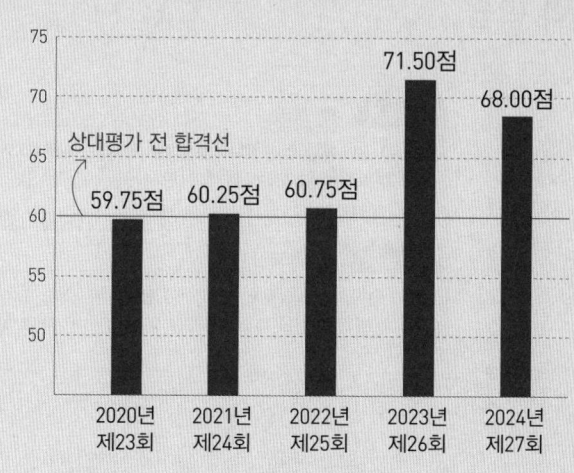

최근 2개년 합격선 **평균 69.75점!**

상대평가 시행 이후 제25회 시험까지는 합격선이 60점 내외로 형성되었지만, 제26회에는 평균 71.50점, 제27회에는 평균 68.00점에서 합격선이 형성되며 합격에 필요한 점수가 상당히 올라갔습니다. 앞으로도 에듀윌은 변화하는 수험 환경에 맞는 학습 커리큘럼과 교재를 통해 수험자 여러분들을 합격의 길로 이끌겠습니다.

에듀윌 기초서로 시작해야 하는 이유!

"어디서부터 어떻게 시작해야 하지?"
"기초 개념도, 용어도 하나도 모르는데…"

고민은 그만, 에듀윌 기초서로 시작하세요!

베스트셀러 1위, 합격생이 인정한 교재

합격생 A — 기초서를 통해 각 과목의 특성을 간략히 파악하고, 어떤 식으로 준비해야 할지 감을 잡으니 이후 학습이 훨씬 수월했던 것 같습니다.

합격생 B — 중점을 두고 공부해야 할 부분을 짚어주니 공부 중에 해당 내용이 나오면 더 집중하게 되더라구요.

* YES24 수험서 자격증 주택관리사 기본서 베스트셀러 1위
 - 1차 2025년 5월 4주 주별 베스트
 - 2차 2020년 9월 3주 주별 베스트

초보 학습자를 위한 기초용어 완벽 학습

어렵고 낯선 용어, 접해보지 못한 개념 → 기초부터 탄탄하게 잡아주는 입문서!

전체 학습의 기반이 되는 체계적인 입문서

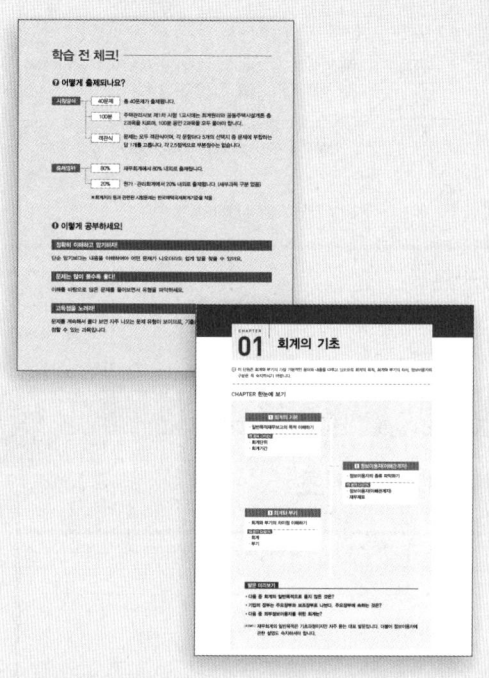

각 과목 이해도 높이기

공부를 어떻게 시작해야 할지 막막할 때,
각 과목별로 어떻게 공부해야 할지 파악할 수 있습니다.
학습의 시작이 한층 수월해집니다.

단원별 기초 흐름 파악

각 CHAPTER에서 무엇을 배우는지 전반적인 내용을 살펴보고 흐름을 파악해 보세요.

중점을 두고 공부해야 할 부분을 더 꼼꼼히 학습할 수 있습니다.

⊕ PLUS 기초를 탄탄히 다진 후에는?

합격을 위한 첫걸음을 뗀 여러분을 위한 교재!

기초서를 통해 쌓은 기초 지식을 바탕으로
이론 학습을 시작하세요.

2026 에듀윌 주택관리사 기본서(5종)
1차: 2025년 8월, 2차: 2025년 10월 출간 예정
※ 상기 교재의 이미지는 변경될 수 있습니다.

구성과 특징

❶ 시험 개요 및 학습 TIP
각 과목의 시험방식과 출제범위를 알아 보고, 각 과목별로 어떻게 공부하면 좋을지 학습 방향도 함께 확인할 수 있습니다.

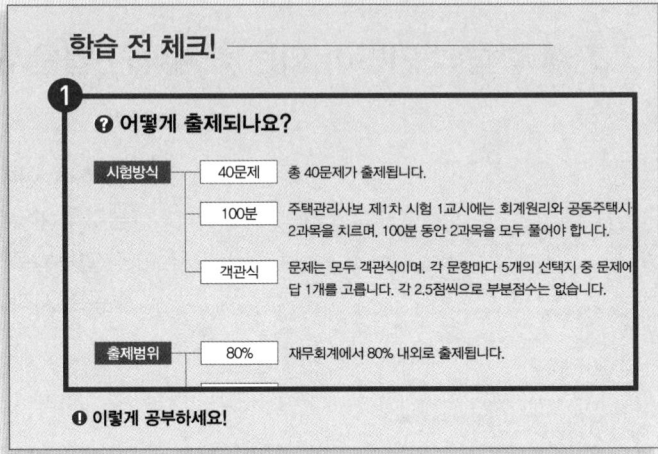

❷ CHAPTER 한눈에 보기
각 CHAPTER마다 어떤 내용을 중점적으로 학습해야 하는지, 어떤 용어를 배우는지 확인할 수 있습니다.

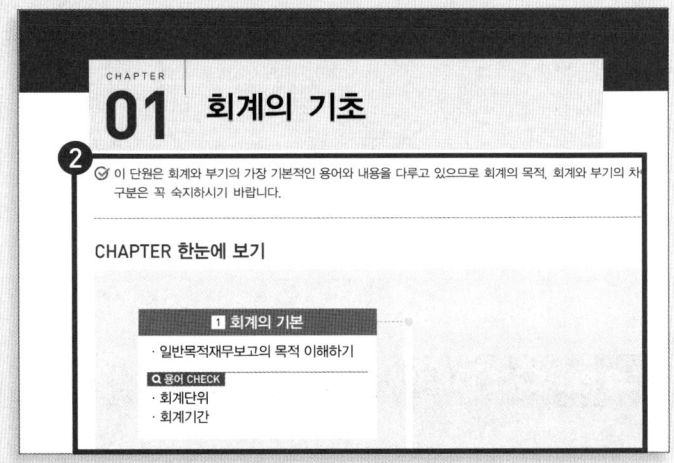

❸ 용어 보충
개념을 공부할 때 반드시 알아야 하는 용어를 쉬운 설명을 통해 학습할 수 있습니다.

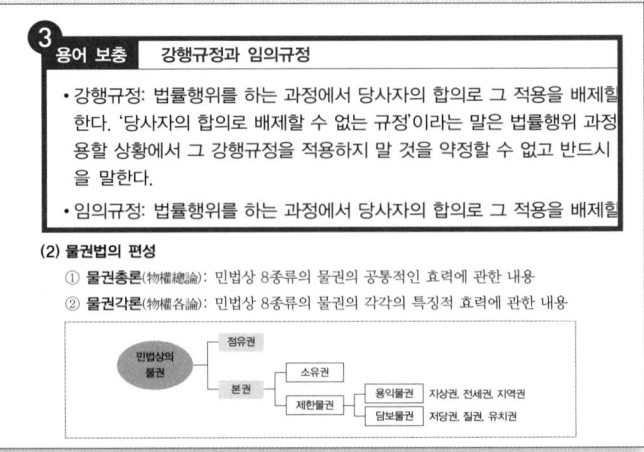

(2) 종물의 효과
① 종물은 주물의 처분에 따른다(제100조 제2항, 임의규정).
② 주물·종물에 관한 민법 제100조 제2항은 권리 상호간에도 유추적용된다.
  ⇨ 타인의 토지에 있는 건물에 저당권이 설정된 경우, 그 저당권의 효력은 건물뿐 아니라 그 건물 소유를 목적으로 하는 토지에 대한 권리인 임차권 또는 지상권에도 미친다.

이렇게 출제!

05 물건에 관한 설명으로 옳지 않은 것은? (다툼이 있으면 판례에

① 권리의 객체는 물건에 한정된다.
② 사람은 재산권의 객체가 될 수 없으나, 사람의 일정한 행위는 재 될 수 있다.
③ 사람의 유체·유골은 매장·관리·제사·공양의 대상이 될 수 있 분묘에 안치되어 있는 선조의 유체·유골은 그 제사주재자에게

④ 이렇게 출제!
기초 개념이 어떻게 출제되는지 대표 문제로 출제 패턴을 파악할 수 있습니다.

중요 개념 확인하기!
❶ 태아 乙의 출생 전에 甲의 불법행위로 乙의 父가 사망한 경우, 출생한 乙은 甲에 대하여 父의 사망에 따른 자신의 정신적 손해에 대한 배상을 청구할 수 있다.

❷ 피성년후견인이 성년후견인의 동의를 얻어서 한 부동산 매도행위는 특별한 사정이 없는 한 취소할 수 있다.

❸ 부재자의 후순위 재산상속인은 선순위 재산상속인이 있는 경우에도 실종선고를 청구할 수 있다.

❹ 외형상 법인의 대표기관의 직무관련 행위가 개인적 이익을 위한 행위 또는 법령을 위반한 행위인 경우에도 직무관련성을 인정한다.

❺ 원칙적으로 주물과 별도로 종물만을 처분할 수 있다.

⑤ 중요 개념 확인하기!
CHAPTER 마지막에 있는 '중요 개념 확인하기'를 통해 학습한 용어를 다시 한 번 상기하고 중요한 개념을 점검할 수 있습니다.

➕ 특별제공

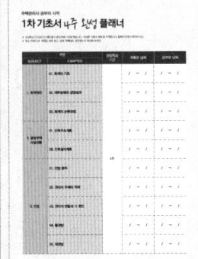

4주 학습 플래너
기초서 학습에 최적화된 4주 학습 플래너를 따라 공부해 보세요.
효율적인 학습으로 합격의 기초를 다지세요.

차례

SUBJECT 1 | 회계원리

CHAPTER 01 | 회계의 기초   14
1. 회계의 기본   15
2. 정보이용자(이해관계자)   18
3. 회계와 부기   19

CHAPTER 02 | 재무상태와 경영성과   23
1. 재무상태와 재무상태표   24
2. 경영성과와 포괄손익계산서   30

CHAPTER 03 | 회계의 순환과정   40
1. 회계의 순환과정   41
2. 분개와 전기   50
3. 시산표와 결산 절차   56

SUBJECT 2 | 공동주택시설개론

CHAPTER 01 | 건축구조개론   70
1. 건축구조개론 단위 이해   72
2. 건축구조개론 일반사항   73
3. 토공사   77
4. 기초구조   80
5. 철근콘크리트 구조   82
6. 강구조(철골구조)   88
7. 조적구조   91
8. 수장 및 창호 · 유리공사   94
9. 미장 · 타일 · 도장공사   97
10. 장기수선 계획수립 등을 위한 건축적산   100

CHAPTER 02 | 건축설비개론   102
1. 건축설비개론 단위 이해   104
2. 건축설비개론 일반사항   106
3. 급수설비   109
4. 급탕설비   111
5. 배수 및 통기설비   112
6. 오수정화설비   115
7. 가스설비   117
8. 소방설비   118
9. 난방설비   120
10. 냉동설비   122
11. 전기설비   123
12. 엘리베이터   125

SUBJECT 3 | 민법

CHAPTER 01 | 민법 통칙   130
     1 민법의 구성   131
     2 민법 통칙(民法通則)   133
     3 신의성실의 원칙   135

CHAPTER 02 | 권리의 주체와 객체   137
     1 권리의 주체   138
     2 권리의 객체   149

CHAPTER 03 | 권리의 변동과 그 원인   153
     1 권리의 변동과 법률요건   154
     2 법률행위와 의사표시   155
     3 기간의 계산   168
     4 소멸시효   169

CHAPTER 04 | 물권법   175
     1 물권법 총론   176
     2 물권법 각론   178

CHAPTER 05 | 채권법   186
     1 채권법 총론   187
     2 계약법 총론   189
     3 계약법 각론   193
     4 기타채권관계
        (부당이득 · 불법행위)   199

SUBJECT 1

회계원리

CHAPTER 01   회계의 기초
CHAPTER 02   재무상태와 경영성과
CHAPTER 03   회계의 순환과정

학습 전 체크!

❓ 어떻게 출제되나요?

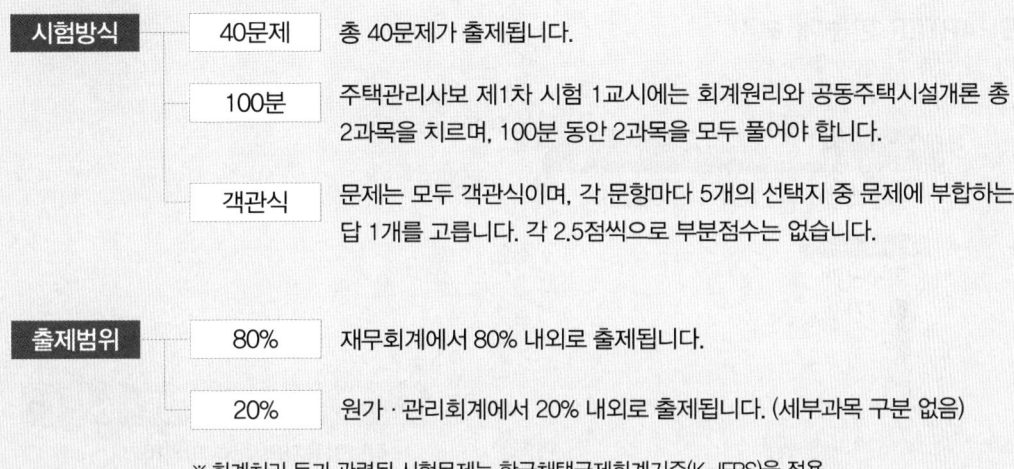

시험방식		
	40문제	총 40문제가 출제됩니다.
	100분	주택관리사보 제1차 시험 1교시에는 회계원리와 공동주택시설개론 총 2과목을 치르며, 100분 동안 2과목을 모두 풀어야 합니다.
	객관식	문제는 모두 객관식이며, 각 문항마다 5개의 선택지 중 문제에 부합하는 답 1개를 고릅니다. 각 2.5점씩으로 부분점수는 없습니다.

출제범위		
	80%	재무회계에서 80% 내외로 출제됩니다.
	20%	원가·관리회계에서 20% 내외로 출제됩니다. (세부과목 구분 없음)

※ 회계처리 등과 관련된 시험문제는 한국채택국제회계기준(K-IFRS)을 적용

❗ 이렇게 공부하세요!

정확히 이해하고 암기하자!

단순 암기보다는 내용을 이해하여야 어떤 문제가 나오더라도 쉽게 답을 찾을 수 있어요.

문제는 많이 풀수록 좋다!

이해를 바탕으로 많은 문제를 풀어보면서 유형을 파악하세요.

고득점을 노려라!

문제를 계속해서 풀다 보면 자주 나오는 문제 유형이 보이므로, 기출문제 위주로 공부하면 단기간에 고득점할 수 있는 과목입니다.

CHAPTER 01 회계의 기초

✓ 이 단원은 회계와 부기의 가장 기본적인 용어와 내용을 다루고 있으므로 회계의 목적, 정보이용자의 구분, 회계와 부기의 차이를 꼭 숙지하시기 바랍니다.

CHAPTER 한눈에 보기

1 회계의 기본
- 일반목적재무보고의 목적 이해하기

Q 용어 CHECK
- 회계단위
- 회계기간

2 정보이용자(이해관계자)
- 정보이용자의 종류 파악하기

Q 용어 CHECK
- 정보이용자(이해관계자)
- 재무제표

3 회계와 부기
- 회계와 부기의 차이점 이해하기

Q 용어 CHECK
- 회계
- 부기

발문 미리보기

- 다음 중 회계의 일반목적으로 옳지 않은 것은?
- 기업의 장부는 주요장부와 보조장부로 나뉜다. 주요장부에 속하는 것은?
- 다음 중 외부정보이용자를 위한 회계는?

|POINT| 재무회계의 일반목적은 기초과정이지만 자주 묻는 대표 발문입니다. 더불어 정보이용자에 관한 설명도 숙지하셔야 합니다.

1 회계의 기본

1. 회계의 정의

'회계(會計, Accounting)'란 기업실체가 경영활동에서 발생하는 경제가치의 변화를 일정한 원리원칙에 따라 기록·계산·정리하여 보고함으로써 정보이용자(이해관계자)의 경제적 의사결정에 유용한 정보를 제공하는 정보시스템(Information System)이다.

▶▶ 회계의 내부적 기능과 외부적 기능의 비교

회계의 내부적 기능(정보의 생산)	회계의 외부적 기능(정보의 이용)
• 정보의 식별 • 정보의 측정 및 인식 • 정보의 분류 및 집계 • 정보의 보고 및 전달 • 정보의 보존 및 관리	• 과거 사건의 증빙(증명) • 이해 조정

2. 기업실체

회계의 주체는 기업이다. 기업은 기업주(주주)로부터 독립된 하나의 인격체(법인, 개인)이다.

3. 경제가치

(1) 재무상태: 자산, 부채, 자본

(2) 경영성과: 영업활동 결과 재무상태(자산, 부채, 자본)의 변동으로 나타난다.
  ① **수익**: 자본의 증가 원인
  ② **비용**: 자본의 감소 원인

4. 일정한 원리원칙

(1) 기록 방법에 따른 분류
  ① **단식부기**: 현금의 수입과 지출 또는 채권·채무의 증감변화를 일정한 기준 없이 기록·계산하는 방법이다.

② **복식부기**
　㉠ 기업에서 영업활동 결과 발생한 재무상태의 증감변화를 일정한 원리·원칙에 따라 조직적으로 기록·계산하는 방법이다.
　㉡ 특징: 거래의 이중성, 대차평균의 원리, 자기검증기능

▶ 단식부기와 복식부기의 비교

단식부기	복식부기
• 주관적이며 원칙이 없음	• 객관적이며 원리·원칙이 있음
• 필요한 거래사실만 기록	• 모든 거래를 체계적으로 기록
• 기간손익계산이 불가능	• 정확한 기간손익계산이 가능
• 기장상의 오류 발견이 어려움	• 기장상의 오류 발견이 용이(자기검증기능)

> **참고　복식부기의 유래**
>
> 복식부기에 관한 세계 최초의 기록은 1494년 이탈리아 베네치아에서 출간된 루카 파치올리(Lucas Pacioli, 1447~1517)의 「산술, 기하, 비례총람」에서 찾아볼 수 있다. 그 후 17~18세기에는 이탈리아식 부기가 유럽 각 지역에 전파되었고, 20세기 초까지 영국·미국을 중심으로 발전하였으며, 조선 말기에 서양의 신문물이 소개되면서 우리나라에 전해지게 되었다. 우리나라에서는 고려시대에 개성을 중심으로 '송도사개치부법(松都四介治簿法, 송도부기, 개성부기)'이라는 고유의 복식부기가 생성·사용되었다고 하는데, 이 송도부기는 이탈리아식 부기보다 약 200년 이상 앞선 것으로 추정되고 있다.

(2) 영리 목적 유무에 따른 분류

① **영리부기**: 영리를 목적으로 하는 경영주체가 사용하는 부기로서 상업부기, 공업부기, 은행부기, 보험부기, 농업부기, 수산업부기 등이 있다.
② **비영리부기**: 영리를 목적으로 하지 않는 단체가 사용하는 부기로서 가계부기, 학교부기, 관청(정부)부기, 재단부기 등이 있다.

(3) 회계단위(장소적 범위)

기업은 영업장소에 따라 독립적인 장부를 갖출 수 있다. 즉, 하나의 기업은 여러 개의 장부조직으로 구성된다. 예를 들어, 본점과 지점, 본사와 공장은 각각의 독립된 장부를 가지고 있다. 장부는 기업의 경영활동에서 발생하는 거래를 기록하는 장소적 조직이며, 장부의 종류에는 주요부와 보조부가 있다.

① **주요부**: 모든 거래를 기록하는 장부로서, 분개장과 총계정원장이 있다.
　㉠ 분개장: 거래의 발생순서에 따라 가장 먼저 기록하는 최초의 기록수단이며, 분개가 누락되면 장부기입에 오류가 발생한다. 분개장의 내용은 총계정원장에 전기하는 기초자료가 된다.

ⓒ **총계정원장**: 장부의 핵심이며, 거래를 계정과목별로 집계하므로 결산의 자료로 제공한다.
② **보조부**: 주요부의 기록을 보조하는 장부로서, 보조기입장과 보조원장이 있다.
  ㉠ **보조기입장**: 분개장을 보조하는 장부로서, 특수분개장으로 사용이 가능하다.

현금출납장	현금의 수입과 지출을 기록하는 현금계정의 보조장부
당좌예금출납장	당좌예입과 인출(수표발행)을 기록하는 당좌예금계정의 보조장부
매입장	상품매입을 기록하는 매입(상품)계정의 보조장부
매출장	상품매출을 기록하는 매출(상품)계정의 보조장부
받을어음기입장	받을어음의 증감을 기록하는 받을어음계정의 보조장부
지급어음기입장	지급어음의 증감을 기록하는 지급어음계정의 보조장부

  ㉡ **보조원장**: 총계정원장을 보조하는 장부로서, 총계정원장의 특정계정(통제계정)을 상세히 기록하는 장부이다.

상품재고장	상품의 재고현황을 기록하는 상품계정의 보조장부
매출처원장	매출처별 외상매출금의 증감을 기록하는 외상매출금계정의 보조장부
매입처원장	매입처별 외상매입금의 증감을 기록하는 외상매입금계정의 보조장부
물류원가 및 관리비대장	물류원가와 관리비를 기록하는 물류원가와 관리비계정의 보조장부
주주원장	출자자(주주)별 출자금의 현황을 기록하는 보조장부
유형자산대장	유형자산의 종류별 내용을 기록하는 보조장부

(4) 회계기간(회계연도, 보고기간)

기업은 경영을 보다 더 효율적으로 수행하기 위하여 기업의 경영성과를 6개월 또는 12개월 단위로 구분하여 보고하는데, 이러한 기간을 회계기간(Accounting Period) 또는 회계연도(Fiscal Year)라 하고, 기업에서 인위적으로 결정한다. 회계기간은 정기적인 보고와 성과계산을 하도록 하고 있기 때문에 계속기업이 전제되어야 한다.
① 우리나라 기업은 연 1회 이상 결산하여야 한다.
② 「상법」에서는 회계연도가 1년을 넘지 못하도록 규정하고 있다.
  예 회계기간을 1년으로 정한 경우(예시): 1월 1일~12월 31일

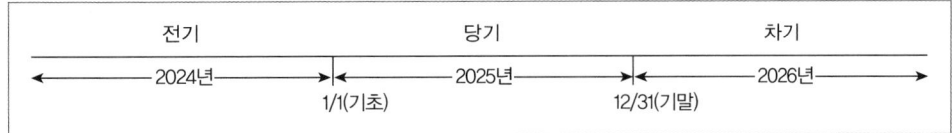

2 정보이용자(이해관계자)

1. 정보이용자의 분류

회계정보이용자	외부정보이용자	주주·대여자·그 밖의 채권자·종업원·정부 등 ⇨ 재무회계
(이해관계자)	내부정보이용자	경영자·중간관리자 ⇨ 관리회계

재무제표의 광범위한 이용자는 주요이용자인 현재 및 잠재적 투자자, 대여자와 그밖의 채권자, 그 밖의 부수적 이용자인 경영자, 일반고객, 정부와 유관기관, 일반대중 등이다. 이들은 다양한 정보수요를 충족하기 위하여 재무제표를 이용한다. 그러나 일반목적재무보고서에 의존하는 자는 주요이용자이며, 경영진·감독당국은 주요이용자가 될 수 없다.

> **참고 정보이용자**
> - 투자자(소유주 및 채권자)
> - 종업원
> - 대여자
> - 공급자와 그 밖의 거래 채권자
> - 고객
> - 정부와 유관기관
> - 일반대중
> - 경영자(경영진)

> **참고 경영진**
> - 경영진은 재무제표의 작성과 표시에 대한 1차적 책임을 진다.
> - 경영진도 경영활동의 수행에 있어 재무정보가 필요하다. 그러나 경영진은 내부적으로 정보를 구할 수 있기 때문에 일반목적재무보고서에 의존하지 않는다.
> - 경영진은 한국채택국제회계기준이 없는 경우 회계정책을 개발하여 적용할 수 있다.

2. 정보이용자에 따른 회계의 분류

(1) 재무회계와 관리회계

① **재무회계**: 외부정보이용자에게 경제적 의사결정에 유용한 정보를 제공하는 외부보고 목적의 회계이다. 재무회계에 의해 작성되는 재무제표는 모든 회계의 기본이 된다.

② **관리회계**: 내부정보이용자인 경영자가 경영의사결정을 하는 데 필요한 회계정보를 제공하는 내부보고 목적의 회계이다.

▶▶ 재무회계와 관리회계의 비교

구분	재무회계	관리회계
목적	외부정보이용자에게 유용한 정보 제공	내부정보이용자에게 유용한 정보 제공
보고수단	재무보고서(재무제표 + 그 밖의 보고서)	특수목적의 보고서
원칙의 유무	일반적으로 인정된 회계원칙의 지배를 받음	일반적인 기준이 없음
시간적 관점	과거지향적 정보	미래지향적 정보
보고단위	화폐적 정보	화폐적 정보 및 비화폐적 정보
보고주기	정기(1년, 반기, 분기, 52주)	수시(월별, 분기별 등)

용어 보충 　재무제표

결산이 끝난 후 기업이 정보이용자에게 제공하는 재무보고서를 말한다. 정보이용자에게 유용한 정보를 제공하기 위한 일반목적재무보고서이다.

(2) 기타

이외에도 미시회계와 거시회계, 기업회계와 세무회계로 분류할 수 있다.

3 회계와 부기

'부기'는 기업실체의 경제적 사건을 일정한 원칙에 따라 기록·계산·정리하는 기술적인 절차이고, '회계'는 그러한 과정을 통해 생산된 정보를 정보이용자에게 보고·전달하여 정보이용자의 의사결정에 유용한 정보가 되도록 이용하는 과정으로, 회계는 정보의 생산과정과 이용과정을 포함한 광범위한 개념이다.

1. 회계

'회계'란 부기에 의하여 생산된 재무정보에 대해 기업의 내부 및 외부의 이해관계자들이 합리적인 의사결정을 할 수 있도록 유용한 정보를 제공하는 것이다.

2. 부기

'부기'란 회계의 일부분으로서 장부기입의 약칭이며, 자산·부채·자본의 증감변화를 일정한 원리원칙에 따라 기록·계산·정리하여 보고서를 작성하는 절차를 말한다.

3. 회계의 목적

한국채택국제회계기준(K-IFRS)에서는 회계의 목적과 관련하여 일반목적재무보고의 목적은 현재 및 잠재적 투자자, 대여자와 그 밖의 채권자가 기업에 자원을 제공하는 것과 관련된 의사결정을 할 때 보고기업의 유용한 재무정보를 제공하는 것으로 규정하고 다음의 정보를 필요로 한다.

(1) 보고기업의 경제적 자원과 청구권

일반목적재무보고서는 보고기업의 재무상태에 관한 정보, 즉 기업의 경제적 자원 및 보고기업에 대한 청구권에 관한 정보를 제공한다.

(2) 경제적 자원 및 청구권의 변동에 관한 정보 제공

보고기업의 경제적 자원 및 청구권의 변동은 그 기업의 재무성과 그리고 채무상품이나 지분상품의 발행과 같은 그 밖의 사건이나 거래에서 발생한다.
① 발생기준회계가 반영된 재무성과
② 과거 현금흐름이 반영된 재무성과
③ 재무성과에 기인하지 않은 경제적 자원 및 청구권의 변동(채무상품, 지분상품)

4. 부기의 목적

부기의 목적은 기업의 재무보고서(재무제표)를 작성하는 데 있다.

(1) 재무상태표

일정 시점에 기업의 재무상태(자산, 부채, 자본)를 파악하는 재무제표

(2) 포괄손익계산서

일정 기간에 걸쳐 기업의 경영성과(수익, 비용)를 파악하는 재무제표

이렇게 출제!

01 재무회계와 관리회계에 관한 설명으로 옳지 않은 것은?

① 재무회계는 재무제표 정보이용자에게 유용한 정보를 제공한다.
② 관리회계는 미래지향적 정보를 제공하며 정기적으로 보고한다.
③ 재무회계는 과거지향적 정보를 제공하며 예측가치가 있어야 한다.
④ 관리회계는 경영자의 의사결정에 유용한 정보를 제공한다.
⑤ 재무회계는 화폐적 정보를 정기적으로 보고한다.

해설 관리회계는 미래지향적 정보를 제공하며 경영자에게 수시로 보고한다.

정답 ②

02 회계단위 또는 장부조직은 주요장부와 보조장부로 나뉜다. 다음 중 주요장부에 속하는 것은?

① 상품재고장
② 매입처원장
③ 소모품대장
④ 총계정원장
⑤ 현금출납장

해설 총계정원장과 분개장이 주요장부이다. ①, ②, ③은 보조원장이고, ⑤는 보조기입장에 속한다.

정답 ④

03 일반목적재무보고의 목적으로 옳지 않은 것은?

① 경제적 자원 및 청구권에 관한 정보를 제공한다.
② 경제적 자원 및 청구권의 변동에 관한 정보를 제공한다.
③ 재무성과에 기인하지 않은 경제적 자원 및 청구권의 변동은 제공하지 않는다.
④ 발생기준회계가 반영된 재무성과와 과거 현금흐름이 반영된 재무성과를 제공한다.
⑤ 현재 및 잠재적 투자자, 대여자 및 그 밖의 채권자에게 기업의 재무정보를 제공한다.

해설 재무성과에 기인하지 않은 경제적 자원 및 청구권의 변동을 제공한다.

정답 ③

04 회계단위와 회계기간에 관한 설명으로 타당하지 않은 것은?

① 회계단위란 기업의 장부를 독립적으로 기록·계산하는 장소(범위)를 말한다.
② 회계기간은 「상법」 규정에 따라 12개월을 초과할 수 없다.
③ 회계기간이란 경영성과와 재무상태를 파악하기 위하여 기업이 인위적으로 구분한 기간을 말한다.
④ 회계기간은 회계연도라고도 하며, 항상 1월 1일부터 12월 31일까지이다.
⑤ 본점과 지점, 본사와 공장도 하나의 회계단위가 될 수 있다.

해설 회계기간(회계연도)은 특별한 조건이 없는 한 1년이지만, 반드시 1월 1일부터 12월 31일까지로 제한되는 것은 아니다.

정답 ④

05 재무회계에 관한 설명으로 옳지 않은 것은?

① 재무제표의 작성과 표시에 대한 1차적 책임자는 회계 담당 부서장이다.
② 주요이용자는 현재 및 잠재적 투자자, 대여자와 그 밖의 채권자를 말한다.
③ 경영진도 경영활동의 수행에 있어 재무정보가 필요하다. 그러나 경영진은 내부적으로 구할 수 있기 때문에 일반목적재무보고서에 의존하지 않는다.
④ 재무회계는 외부정보이용자에게 경제적 의사결정에 유용한 정보를 제공한다.
⑤ 복식부기는 대차평균의 원리를 통해 자기검증기능이 있다.

해설 재무제표의 작성과 표시에 대한 1차적 책임자는 경영자이다.

정답 ①

중요 개념 확인하기!

❶ 일반목적재무보고의 목적은 주요이용자인 현재 및 잠재적 투자자, 대여자 및 그 밖의 채권자가 기업에 자원을 제공하는 것에 대한 의사결정을 할 때 유용한 보고기업 재무정보를 제공하는 것이다. ○ | ×

❷ 일반목적재무보고서는 재무성과에 기인하지 않은 경제적 자원 및 청구권의 변동(채무상품, 지분상품)은 제공하지 않는다. ○ | ×

❸ 기업은 경영성과를 6개월 또는 12개월 단위로 구분하여 보고하게 되는데, 이러한 기간을 회계기간(회계연도)이라 한다. 회계의 보고기간종료일은 변경할 수 있다. ○ | ×

❹ (　　　)(이)란 결산이 끝난 후 기업이 정보이용자에게 제공하는 재무보고서로서, 정보이용자에게 유용한 정보를 제공하기 위한 일반목적재무보고서이다.

① ○　② × 일반목적재무보고서는 재무성과에 기인하지 않은 경제적 자원 및 청구권의 변동(채무상품, 지분상품)에 관한 정보를 제공한다.　③ ○　④ 재무제표

CHAPTER 02 재무상태와 경영성과

☑ 이 단원은 기업의 재무상태 및 경영성과를 기초로 하여 가장 기본적 재무제표인 재무상태표와 포괄손익계산서를 작성하는 단원입니다. 자산·부채·자본의 구분, 수익과 비용의 구분, 당기순손익의 계산을 꼭 숙지하시기 바랍니다.

CHAPTER 한눈에 보기

1 재무상태와 재무상태표
- 자산·부채·자본 구분하기

Q 용어 CHECK
- 자산
- 경제적 효익
- 부채
- 자본
- 재무상태표
- 차변
- 대변

2 경영성과와 포괄손익계산서
- 수익과 비용 구분하기
- 당기순손익 계산방법 이해하기

Q 용어 CHECK
- 수익
- 비용
- 포괄손익계산서
- 재산법
- 손익법

발문 미리보기
- 다음 중 자산의 측정 및 인식에 관한 설명으로 옳지 않은 것은?
- 다음 중 실재(영구)계정으로 옳은 것은?
- 기업의 재무상태와 경영성과를 자료로 계산한 당기순이익은 얼마인가?

| POINT | 기업의 자산측정 및 인식 그리고 특징은 자주 출제되는 대표 발문이므로 꼭 암기해야 하고, 기업의 재무상태와 경영성과를 자료로 계산한 당기순이익을 묻는 문제는 매회 출제되는 중요한 발문입니다. 본인 스스로 계산하는 과정이 중요합니다.

1 재무상태와 재무상태표

'재무상태'란 일정 시점에 있어서 기업의 자산·부채·자본을 말한다. 회계에서 기업의 재무상태는 자산·부채·자본으로 구성되어 있는 재무상태표로 파악할 수 있다.

1. 재무상태(자산·부채·자본)

(1) 자산

① **의의**: '자산(Assets)'은 기업이 소유하고 있는 재화와 채권을 총칭하는 것으로서 이는 기업의 경제적 효익을 창출할 능력(잠재력)이 있어야 하고, 다음을 모두 충족했을 때 자산으로 인식한다.

㉠ 과거의 거래 결과로 취득한 것이어야 한다.
㉡ 현재 특정 실체가 배타적(통제 가능, 독점)으로 사용할 수 있어야 한다.
㉢ 미래의 경제적 효익을 확실히 기대할 수 있어야 한다.
㉣ 자산의 금액을 신뢰성 있게 측정할 수 있어야 한다.

용어 보충	경제적 효익
수익을 창출할 수 있는 능력을 말하며, 용역 잠재력이라고 한다.	

② **자산의 분류**

유동자산	당좌자산	현금및현금성자산, 당기손익-공정가치 측정 금융자산(FVPL), 매출채권, 단기대여금, 미수금 등
	재고자산	상품, 제품, 반제품, 재공품, 저장품, 원재료 등
비유동자산	투자자산	기타포괄손익-공정가치 측정 금융자산(FVOCI), 상각 후 원가 측정 금융자산(AC), 장기대여금, 관계기업투자주식, 투자부동산, 기타의 투자자산 등
	유형자산	건물, 토지, 구축물, 기계장치, 선박, 건설중인자산 등
	무형자산	영업권, 산업재산권(특허권 등), 광업권, 어업권, 저작권, 개발비 등
	기타	보증금, 이연법인세자산 등

③ **자산의 항목**

계정과목	내용
현금	통화(한국은행권) 및 통화대용증권(수표, 우편환 등)
당좌예금	당좌수표를 발행할 목적으로 은행에 당좌예금을 했을 때
현금및현금성자산	현금, 소액현금, 보통예금, 당좌예금, 현금성자산 등
당기손익-공정가치 측정 금융자산	단기시세차익(단기매매 목적)을 얻기 위해 보유하는 주식, 사채 등
상각 후 원가 측정 금융자산	만기 또는 특정일까지 현금흐름(원리금)을 수취할 목적의 사채

계정과목	내용
기타포괄손익-공정가치 측정 금융자산	중장기적으로 현금흐름(원리금)과 매도 목적의 주식, 사채 등
외상매출금	상품이나 제품을 외상으로 매출했을 때
받을어음	상품이나 제품을 매출하고 약속어음을 받았을 때
매출채권	외상매출금 + 받을어음
단기대여금	단기로 현금을 빌려주고 차용증서(또는 어음)를 받았을 때
미수금	상품이나 제품이 아닌 재화를 처분하고 대금을 외상(또는 어음)으로 했을 때
미수수익	당기에 속하는 수익을 아직 받지 못했을 때
선급비용	차기의 비용을 당기에 미리 지급했을 때
선급금	상품을 매입하기로 주문하고 계약금(착수금)을 지급했을 때
비품	영업활동에 사용할 목적으로 보유하고 있는 사무용 책상, 의자 등
건물	영업활동에 사용할 목적으로 보유하고 있는 건물
토지	영업활동에 사용할 목적으로 보유하고 있는 토지
차량운반구	영업활동에 사용할 목적으로 보유하고 있는 차량 등
기계장치	영업활동에 사용할 목적으로 보유하고 있는 기계설비 등
투자부동산	임대수익이나 시세차익을 얻기 위해 보유하고 있는 부동산(토지, 건물)
영업권	회사 인수 시 합병(인수)대가가 순자산(자본)을 초과하여 지급한 금액
개발비	개발단계에서 지출한 개발비(비용)
특허권 등	무형의 권리가 있는 산업재산권 등

(2) 부채

① **의의**: '부채(Liabilities)'는 기업이 다른 기업 등에 현금 또는 경제적 자원으로 미래에 갚아야 할 채무(의무)이며, 경제적 효익의 미래 희생을 말한다. 다음을 모두 충족했을 때 부채로 인식한다.

㉠ <u>과거사건</u>의 결과로 발생한 관련 의무가 <u>현재의무</u>이어야 한다.
㉡ 그 의무를 이행하기 위해 <u>경제적 자원의 유출가능성</u>이 높아야 한다.
㉢ 금액을 신뢰성 있게 측정할 수 있어야 한다.

② **부채의 분류**

유동부채	매입채무, 단기차입금, 미지급금, 선수금, 예수금 등
비유동부채	사채, 장기차입금, 충당부채, 이연법인세부채 등

③ **부채의 항목**

계정과목	내용
외상매입금	상품을 외상으로 매입했을 때
지급어음	상품을 매입하고 약속어음을 발행했을 때
매입채무	외상매입금 + 지급어음

미지급금	상품이 아닌 재화를 구입하고 대금을 외상(또는 어음)으로 했을 때
단기차입금	단기로 현금을 빌려오고 차용증서(또는 어음)를 지급했을 때
선수금(계약부채)	상품을 매출하기로 주문 받고 계약금(착수금)을 받았을 때
선수수익	차기에 속하는 수익을 당기에 미리 받았을 때
미지급비용	당기에 속하는 비용을 아직 지급하지 못했을 때
상품권선수금	기업이 상품권을 발행했을 때
소득세예수금	종업원의 급여 등에서 차감하여 보유한 소득세 등
사채	기업이 자금을 빌리기 위해서 발행한 채무상품(사채)
충당부채	기업이 미래에 지출할 것이 확실한 현재의무(확신유형의 보증)
이연법인세부채	기업이 미래에 납부할 법인세

(3) 자본

① **의의**: '자본(Capital)'은 소유주지분 또는 주주지분이라고도 한다. 자본은 기업의 잔여지분으로서 자산에서 부채를 차감한 잔액이다.

▶ **자본 등식**

$$자본 = 자산 - 부채$$

② **자본의 분류**

납입자본	자본금	보통주자본금, 우선주자본금
	자본잉여금	주식발행초과금, 감자차익, 자기주식처분이익 등
기타자본 구성요소	자본유지조정	자기주식, 주식할인발행차금, 감자차손, 자기주식처분손실 등
	기타포괄 손익누계액	재평가잉여금, 순확정급여부채의 재측정요소, 기타포괄손익-공정가치 측정 금융자산평가손익, 해외사업환산손익, 현금흐름위험회피 파생상품 평가손익(위험회피수단)
이익잉여금	법정적립금	이익준비금, 기타 법정적립금 등
	임의적립금	사업확장적립금, 신축적립금, 결손보전적립금, 배당평균적립금 등
	미처분 이익잉여금	전기이월이익잉여금 + 당기순이익

2. 재무상태표

(1) 의의

'재무상태표'는 일정 시점에 있어서 기업의 재무상태를 나타내며, 기업이 보유하고 있는 경제적 자원인 자산과 그 자산의 조달원천인 부채와 자본의 현황을 보고한다. 이와 같이 재무상태표는 기업의 미래현금흐름과 재무적 안전성 및 위험에 관한 정보를 제공한다.

▶▶ **재무상태표 등식**

$$자산 = 부채 + 자본$$

(2) 형식

재무상태표는 왼쪽(차변)과 오른쪽(대변)으로 구분하여 차변에는 자산을, 대변에는 부채와 자본을 기입하는 형식이다.

```
                    재무상태표(계정식)
(주)한국            20×1. 12. 31.         단위: 원
┌──────────────┬──────────────┐
│              │      부    채    │
│   자    산    ├──────────────┤
│              │      자    본    │
└──────────────┴──────────────┘
```

▶ 재무상태표 작성 시 필수 기재사항: 명칭, 회사명, 보고기간종료일, 보고통화 및 금액단위 등

> **용어 보충** | **차변과 대변**
>
> 재무상태표 등에서 차변은 왼쪽 변, 대변은 오른쪽 변을 말한다. 차변에는 자산의 증가 또는 부채의 감소를 나타내며, 대변에는 자산의 감소 또는 부채의 증가를 나타낸다.

> **이렇게 출제!**
>
> **01** 다음 계정과목 중 자산은 A, 부채는 P, 자본은 K로 표시하시오.
>
> (1) 현   금 (   )   ⑾ 자 본 금 (   )
> (2) 건   물 (   )   ⑿ 비   품 (   )
> (3) 단 기 차 입 금 (   )   ⒀ 기 계 장 치 (   )
> (4) 매 출 채 권 (   )   ⒁ 선 급 금 (   )
> (5) 매 입 채 무 (   )   ⒂ 미 수 수 익 (   )
> (6) 당 좌 예 금 (   )   ⒃ 선 수 수 익 (   )
> (7) 미   수   금 (   )   ⒄ 예 수 금 (   )
> (8) 미 지 급 금 (   )   ⒅ 소 모 품 (   )
> (9) 상   품 (   )   ⒆ 선 급 비 용 (   )
> ⑽ 단 기 대 여 금 (   )   ⒇ 당기손익-공정가치 측정 금융자산 (   )
>
> [정답] • 자산(A): ⑴, ⑵, ⑷, ⑹, ⑺, ⑼, ⑽, ⑿, ⒀, ⒁, ⒂, ⒅, ⒆, ⒇
> • 부채(P): ⑶, ⑸, ⑻, ⒃, ⒄
> • 자본(K): ⑾

02 부채에 해당하는 것은?
제26회 기출

① 소득세예수금 ② 미수금
③ 감자차손 ④ 받을어음
⑤ 대여금

해설
- 소득세예수금은 금융부채에 해당한다.
- ②, ④, ⑤는 자산계정이고, ③은 자본의 차감계정이다.

정답 ①

03 기업이 종업원에게 급여를 지급하면서 소득세 등을 원천징수하여 일시적으로 보관하기 위한 계정과목은?
제27회 기출

① 예수금 ② 선수금
③ 선급금 ④ 미수금
⑤ 미지급금

해설 기업이 종업원에게 급여를 지급하면서 소득세 등을 원천징수하여 일시적으로 보관하기 위한 계정과목은 예수금이라고 한다.

정답 ①

04 (주)한국이 20×1년 초에 현금 ₩500,000을 출자하여 영업을 시작한 결과 20×1년 말의 재무상태는 다음과 같다. 20×1년 12월 31일의 재무상태표를 작성하시오.

현　　　　　금	₩300,000	당　좌　예　금	₩200,000
당기손익-공정가치 측정 금융자산	400,000	매　출　채　권	350,000
상　　　　　품	450,000	건　　　　　물	500,000
외　상　매　입　금	650,000	지　급　어　음	400,000
단　기　차　입　금	600,000		

재무상태표

(주)한국　　　　　　　20×1. 12. 31.　　　　　　　단위: 원

자산	금액	부채 및 자본	금액

해설
- 기초자본금: ₩500,000(현금)
- 기말 재무상태표 등식: 기말자산 = 기말부채 + 당기순이익 + 기초자본
  ∴ ₩2,200,000 = 1,650,000 + 50,000 + 500,000

정답

재무상태표

(주)한국　　　　　　　　　　20×1. 12. 31.　　　　　　　　　　단위: 원

자산	금액	부채 및 자본	금액
현금및현금성자산	₩500,000	매　입　채　무	₩1,050,000
당기손익-공정가치 측정 금융자산	400,000	단　기　차　입　금	600,000
매　출　채　권	350,000	자　　본　　금	500,000
상　　　　　품	450,000	당　기　순　이　익	50,000
건　　　　　물	500,000		
	₩2,200,000		₩2,200,000

- 재무상태표에는 현금및현금성자산으로 통합하여 표시
- 재무상태표에는 유가증권을 보유 시 보유목적에 따라 당기손익-공정가치 측정 금융자산, 기타포괄손익-공정가치 측정 금융자산, 상각 후 원가 측정 금융자산 등으로 분류하여 표시
- 재무상태표에는 (외상매출금 + 받을어음)매출채권으로 표시
- 재무상태표에는 (외상매입금 + 지급어음)매입채무로 표시

05 다음은 (주)한국의 20×1년 말 재무상태표 자료이다. (주)한국의 20×1년 말 이익잉여금은?

제21회 기출

현　　　　　금	₩70,000	자　본　금	₩50,000
매　출　채　권	15,000	이　익　잉　여　금	?
매　입　채　무	10,000	장　기　차　입　금	20,000
상　　　　　품	30,000	주식발행초과금	5,000

① ₩20,000　　② ₩25,000　　③ ₩30,000
④ ₩35,000　　⑤ ₩40,000

해설

재무상태표

(주)한국　　　　　　　　　　20×1. 12. 31.　　　　　　　　　　단위: 원

자산	금액	부채 및 자본	금액
현　　　　　금	₩70,000	매　입　채　무	₩10,000
매　출　채　권	15,000	장　기　차　입　금	20,000
상　　　　　품	30,000	자　본　금	50,000
		주식발행초과금	5,000
		이　익　잉　여　금	(30,000)
	₩115,000		₩115,000

정답 ③

2 경영성과와 포괄손익계산서

1. 경영성과(經營成果, Results of Operations)

(1) 의의

경영(재무)성과는 일정 기간 동안 기업의 경영활동의 결과로 나타난 경제적 성과를 의미하는데, 이는 포괄손익계산서에서 파악할 수 있다.

(2) 수익(收益, Revenues)

① **의의**: 고객과의 계약에서 생기는 수익은 일정 기간 동안 기업의 경영활동을 통한 자본의 증가원인으로서, 고객에게 재화나 용역을 제공한 대가로 받은 자산의 증가 또는 부채의 감소액이다.

② **수익의 분류**
   ㉠ 매출액: 상품 또는 제품매출액
   ㉡ 기타 수익: 이자수익, 배당금수익(주식배당액은 제외), 임대료, 당기손익-공정가치 측정 금융자산처분이익, 당기손익-공정가치 측정 금융자산평가이익, 외화환산이익, 투자자산처분이익, 유형자산처분이익, 사채상환이익, 지분법이익, 손상차손환입, 자산수증이익, 채무면제이익, 보험차익 등

   ▶ 특별손익은 어떠한 경우라도 포괄손익계산서와 주석에 표시할 수 없다.

③ **수익의 항목**

계정과목	내용
매출수익(매출액)	상품 또는 제품의 판매금액
매출총이익	상품을 원가 이상으로 매출했을 때(매출액 - 매출원가 = 매출총이익)
유형자산처분이익	유형자산의 처분으로 발생한 이익
당기손익-공정가치 측정 금융자산처분이익	당기손익-공정가치 측정 금융자산을 원가 이상으로 처분했을 때
당기손익-공정가치 측정 금융자산평가이익	당기손익-공정가치 측정 금융자산의 공정가치가 증가(상승)했을 때
잡이익	영업활동 이외의 중요하지 않은 이익
배당금수익	현금배당을 받았을 때(주식배당은 제외)
이자수익	이자를 받았을 때
수수료수익	수수료를 받았을 때
임대료	집세를 받았을 때

(3) 비용(費用, Expenses)

① **의의**: 일정 기간 동안 기업의 경영활동을 통한 자본의 감소원인으로서, 수익을 획득하기 위하여 소비한 자산의 감소 또는 부채의 증가액이다. 비용은 성격별 또는 기능별 분류방법으로 구분할 수 있으며, 이에 따라 포괄손익계산서도 성격별 분류방법에 의한 포괄손익계산서와 기능별 분류방법에 의한 포괄손익계산서로 구분된다.

② **비용의 분류**

성격별 분류	매입액, 상품의 변동, 급여, 임차료, 광고선전비, 감가상각비, 수선비, 접대비, 보험료, 당기손익-공정가치 측정 금융자산평가손실, 유형자산처분손실 등
기능별 분류	매출원가, 물류비용(물류원가), 관리비용(일반관리비), 마케팅비용(판매비), 홍보비(광고비), 기타 비용, 법인세비용 등

㉠ 매출원가

ⓐ 판매업

> 기초상품재고액 + 당기상품매입액 – 기말상품재고액

ⓑ 제조업

> 기초제품재고액 + 당기제품제조원가 – 기말제품재고액

㉡ 물류원가와 관리원가: 급여(임원급여, 급료, 임금 및 제수당 포함), 퇴직급여, 복리후생비, 임차료, 접대비, 감가상각비, 세금과공과, 광고선전비, 연구비, 경상개발비, 대손상각비(손상차손) 등

㉢ 기타 비용: 이자비용, 당기손익-공정가치 측정 금융자산처분손실, 당기손익-공정가치 측정 금융자산평가손실, 재고자산감모손실, 기부금, 유형자산처분손실, 사채상환손실, 기타포괄손익-공정가치 측정 금융자산처분손실, 재해손실 등

㉣ 법인세비용 등

③ **비용의 항목**

계정과목	내용
매출원가	상품 또는 제품의 판매금액에 대한 원가
매출총손실	상품을 원가 이하로 매출했을 때
당기손익-공정가치 측정 금융자산처분손실	당기손익-공정가치 측정 금융자산을 원가 이하로 처분했을 때

당기손익-공정가치 측정 금융자산평가손실	당기손익-공정가치 측정 금융자산의 공정가치가 감소(하락)했을 때
잡손실	금액이 적고 중요하지 않은 손실
이자비용	이자를 지급했을 때
수수료비용	수수료를 지급했을 때
임차료	집세를 지급했을 때
급여	임원, 종업원의 급료(월급)를 지급했을 때
복리후생비	종업원의 복리후생비용을 지급했을 때
수선비	수리비를 지급했을 때
소모품비	사무용품(문구) 등을 구입하여 사용했을 때
잡비	신문구독료, 도서인쇄비 등을 지급했을 때
여비교통비	교통비, 출장비 등을 지급했을 때
운반비	상품 판매 시의 운임(판매운임)을 지급했을 때
통신비	전신, 전화, 우편요금, 인터넷 사용요금 등을 지급했을 때
수도광열비	수도요금, 전기요금, 가스요금 등을 지급했을 때
세금과공과	재산세, 자동차세, 상공회의소 회비, 적십자 회비 등을 지급했을 때
보험료	자동차, 화재보험 등의 보험료를 지급했을 때
광고선전비	광고, 홍보, 마케팅 비용을 지급했을 때
감가상각비	유형자산을 사용함으로써 가치가 감소되었을 때
손상차손(대손상각비)	매출채권이 회수불능(손상확정)이 되었을 때
포장비	상품 판매 시의 포장비
자산의 평가손실	자산의 공정가치가 장부금액보다 하락한 손실
유형자산처분손실	유형자산을 원가 이하로 처분 시 손실

2. 포괄손익계산서

(1) 의의

일정 기간 동안의 경영성과를 파악하기 위하여 작성하는 재무보고서로, K-IFRS(한국채택국제회계기준)에서는 포괄손익계산서의 작성을 의무화하고 있다. '포괄손익계산서'는 수익총액에서 비용총액을 차감하여 당기순손익을 계산하고, 여기에 기타포괄손익을 가감하여 총포괄손익을 표시하는 손익계산서를 말한다.

▶ 포괄손익계산서 등식

- 당기순이익 = 총수익 - 총비용
- 당기순손실 = 총비용 - 총수익
- 총포괄이익 = 당기순이익 + 기타포괄이익
- 총포괄손실 = 당기순손실 + 기타포괄손실

(2) 형식

포괄손익계산서에는 수익과 비용 그리고 기타포괄손익항목이 모두 표시된다. K-IFRS(한국채택국제회계기준)에서는 단일포괄손익계산서로 작성하거나 두 개의 보고서(별개의 손익계산서와 포괄손익계산서로 분리하여 표시)로 작성하는 방법 중 한 가지를 선택하도록 하고 있다. 또한 비용의 분류방법을 성격별 또는 기능별로 구분하여 작성할 수도 있다.

포괄손익계산서				포괄손익계산서			
총 비 용	₩7,000	총 수 익	₩10,000	총 비 용	₩8,000	총 수 익	₩7,000
당기순이익	3,000					당기순손실	1,000
	₩10,000		₩10,000		₩8,000		₩8,000

이렇게 출제!

06 다음 계정과목을 수익과 비용으로 구분하여 ( ) 안에 기입하시오.

(1) 매   출 ( )   ⑾ 급   여 ( )
(2) 이 자 비 용 ( )   ⑿ 잡   비 ( )
(3) 이 자 수 익 ( )   ⒀ 잡 손 실 ( )
(4) 자 산 처 분 손 실 ( )   ⒁ 세 금 과 공 과 ( )
(5) 임 대 료 ( )   ⒂ 소 모 품 비 ( )
(6) 임 차 료 ( )   ⒃ 수 도 광 열 비 ( )
(7) 잡 이 익 ( )   ⒄ 배 당 금 수 익 ( )
(8) 매 출 원 가 ( )   ⒅ 광 고 선 전 비 ( )
(9) 보 험 료 ( )   ⒆ 당기손익-공정가치 측정 금융자산평가이익 ( )
(10) 운 반 비 ( )

[정답] • 수익: (1), (3), (5), (7), (17), (19)
　　　 • 비용: (2), (4), (6), (8), (9), (10), (11), (12), (13), (14), (15), (16), (18)

07 포괄손익계산서에 나타나는 항목이 아닌 것은? _{제24회 기출}

① 미수수익
② 매출액
③ 유형자산처분이익
④ 이자비용
⑤ 법인세비용

해설 포괄손익계산서에 나타나는 항목이 아닌 것은 자산, 부채, 자본이다. 미수수익은 자산이다.

[정답] ①

08 포괄손익계산서 회계요소에 해당하는 것은?

제27회 기출

① 자산
② 부채
③ 자본
④ 자본잉여금
⑤ 수익

해설 포괄손익계산서 회계요소에 해당하는 것은 수익과 비용이고 재무상태표 요소에 해당하는 것은 자산, 부채, 자본이다.

정답 ⑤

09 (주)한국의 20×1년 1월 1일부터 12월 31일까지 수익과 비용의 내용이다. 20×1년 12월 31일 포괄손익계산서를 작성하시오.

기간 중의 수익과 비용			
매 출 액	₩150,000	임 대 료 수 익	₩30,000
이 자 수 익	20,000	매 출 원 가	80,000
잡 비	30,000	여 비 교 통 비	15,000
수 도 광 열 비	25,000	소 모 품 비	20,000

손익계산서

(주)한국　　　　20×1. 1. 1.~20×1. 12. 31.　　　　단위: 원

비용	금액	수익	금액

정답

손익계산서

(주)한국　　　　20×1. 1. 1.~20×1. 12. 31.　　　　단위: 원

비용	금액	수익	금액
매 출 원 가	₩80,000	매 출 액	₩150,000
잡 비	30,000	임 대 료 수 익	30,000
여 비 교 통 비	15,000	이 자 수 익	20,000
수 도 광 열 비	25,000		
소 모 품 비	20,000		
당 기 순 이 익	30,000		
	₩200,000		₩200,000

3. 순손익의 측정방법

(1) 재산법
기초자본에 추가 출자액(유상증자)과 인출액(유상감자, 현금배당)을 가감한 후, 이를 기말자본과 비교하여 기말자본이 많으면 순이익, 기말자본이 적으면 순손실이 발생한다. 이 방법을 '재무상태표 접근법'이라 한다.

- 기말자본 − 기초자본 = 순이익(또는 순손실)
- 기말자본 − [기초자본 + (유상증자) − (현금배당, 유상감자)] = 순이익(또는 순손실)

(2) 손익법
일정 기간 동안의 수익총액과 비용총액을 비교하여 수익총액이 비용총액보다 많으면 순이익, 비용총액이 수익총액보다 많으면 순손실이 발생한다. 이 방법을 '손익계산서 접근법'이라 한다.

- 총수익 − 총비용 = 순이익
- 총비용 − 총수익 = 순손실

(3) 재산법과 손익법의 관계
재산법으로 계산한 순손익과 손익법으로 계산한 순손익은 반드시 일치한다.

- 기말자본 > 기초자본 = 순이익 = 총수익 > 총비용
- 기말자본 < 기초자본 = 순손실 = 총수익 < 총비용

▶ 회계 등식

- 자본 등식 ⇨ 자본 = 자산 − 부채
- 재무상태표 등식 ⇨ 자산 = 부채 + 자본
- 포괄손익계산서 등식 ⇨ ┌ 총비용 + 당기순이익 = 총수익
  └ 총수익 + 당기순손실 = 총비용
- 재산법 ⇨ ┌ 기말자본 − 기초자본 = 순이익
  └ 기초자본 − 기말자본 = 순손실
- 손익법 ⇨ ┌ 총수익 − 총비용 = 순이익
  └ 총비용 − 총수익 = 순손실

> 이렇게 출제!

10 (주)한국의 재무제표 자료가 다음과 같을 때, 기말부채는? 제26회 기출

기 초 자 산	₩12,000	총 수 익	₩30,000
기 초 부 채	7,000	총 비 용	26,500
기 말 자 산	22,000	유 상 증 자	1,000
기 말 부 채	?	현 금 배 당	500

① ₩12,500
② ₩13,000
③ ₩13,500
④ ₩14,500
⑤ ₩15,000

해설
- 기초자본: 기초자산(12,000) − 기초부채(7,000) = ₩5,000
- 당기순이익: 총수익(30,000) − 총비용(26,500) = ₩3,500
- 기말자본: 기초자본(5,000) + 당기순이익(3,500) + 유상증자(1,000) − 현금배당(500)
  = ₩9,000
- 기말부채: 기말자산(22,000) − 기말자본(9,000) = ₩13,000

정답 ②

11 다음 자료를 이용하여 계산한 기초자산은? 제24회 기출

기 초 부 채	₩50,000	기 말 자 산	₩100,000
기 말 부 채	60,000	유 상 증 자	10,000
현 금 배 당	5,000	총 포 괄 이 익	20,000

① ₩55,000
② ₩65,000
③ ₩70,000
④ ₩75,000
⑤ ₩85,000

해설
- 기말자본: 기말자산(100,000) − 기말부채(60,000) = ₩40,000
- 기초자본: 기말자본(40,000) + 현금배당(5,000) − [유상증자(10,000) + 총포괄이익(20,000)]
  = ₩15,000
- 기초자산: 기초부채(50,000) + 기초자본(15,000) = ₩65,000

정답 ②

12 (주)한국의 20×1년 자료가 다음과 같을 때, 기말자본은? 제22회 기출

기 초 자 산	₩1,000,000	기 초 부 채	₩700,000
현 금 배 당	100,000	유 상 증 자	500,000
총 비 용	1,000,000	총 수 익	900,000

① ₩800,000
② ₩600,000
③ ₩500,000
④ ₩300,000
⑤ ₩200,000

> **해설** • 기초자본: 기초자산(1,000,000) − 기초부채(700,000) = ₩300,000
> • 당기순손실: 총비용(1,000,000) − 총수익(900,000) = ₩100,000
> • 기말자본: 기초자본(300,000) + 유상증자(500,000) − 현금배당(100,000)
>   − 당기순손실(100,000) = ₩600,000
>
> 정답 ②

13 다음 자료로 계산한 당기총포괄이익은? 제18회 기출

기 초 자 산	₩5,500,000	기 말 자 산	₩7,500,000
기 초 부 채	3,000,000	기 말 부 채	3,000,000
유 상 증 자	500,000		

① ₩500,000
② ₩1,000,000
③ ₩1,500,000
④ ₩2,000,000
⑤ ₩2,500,000

> **해설** • 기초자본: 기초자산(5,500,000) − 기초부채(3,000,000) = ₩2,500,000
> • 기말자본: 기말자산(7,500,000) − 기말부채(3,000,000) = ₩4,500,000
> • 총포괄이익: 기말자본(4,500,000) − [기초자본(2,500,000) + 유상증자(500,000)]
>   = ₩1,500,000
>
> 정답 ③

14 다음 자료를 이용하여 계산한 당기의 비용총액은? 제16회 기출

기 초 자 산	₩22,000	기 말 자 산	₩80,000
기 초 부 채	3,000	기 말 부 채	50,000
현 금 배 당	1,000	유 상 증 자	7,000
수 익 총 액	35,000		

① ₩10,000
② ₩20,000
③ ₩30,000
④ ₩40,000
⑤ ₩50,000

해설
- 기초자본: 기초자산(22,000) − 기초부채(3,000) − 현금배당(1,000) + 유상증자(7,000) = ₩25,000
- 기말자본: 기말자산(80,000) − 기말부채(50,000) = ₩30,000
- 당기순이익: 기말자본(30,000) − 기초자본(25,000) = ₩5,000
- 비용총액: 총수익(35,000) − 당기순이익(5,000) = ₩30,000

정답 ③

15 (주)대한의 20×1년도 회계자료의 일부이다. 주어진 자료에 의하여 계산한 20×1년도 당기순손익은? 제12회 수정

기 초 자 산	₩70,000	기 중 유 상 증 자	₩10,000
기 초 부 채	40,000	현 금 배 당	22,000
기 말 자 산	120,000	총 수 익	130,000
기 말 부 채	50,000		

① 당기순손실 ₩40,000
② 당기순손실 ₩20,000
③ 당기순이익 ₩52,000
④ 당기순이익 ₩40,000
⑤ 당기순이익 ₩82,000

해설
- 기말자본: 기말자산(120,000) − 기말부채(50,000) = ₩70,000
- 수정 기초자본: [기초자산(70,000) − 기초부채(40,000)] + 유상증자(10,000) − 현금배당(22,000) = ₩18,000
- 당기순손익: 기말자본(70,000) − 기초자본(18,000) = ₩52,000 이익

정답 ③

16 (주)한국의 20×1년 자료가 다음과 같을 때, 20×1년 기말자본은? (단, 20×1년에 자본거래는 없다고 가정한다)   제25회 기출

기초자산(20×1년 초) ₩300,000	총수익(20×1년) ₩600,000
기초부채(20×1년 초) 200,000	총비용(20×1년) 400,000

① ₩100,000
② ₩200,000
③ ₩300,000
④ ₩400,000
⑤ ₩500,000

해설
- 기초자본: 기초자산(300,000) − 기초부채(200,000) = ₩100,000
- 당기순이익: 총수익(600,000) − 총비용(400,000) = ₩200,000
- 기말자본: 기초자본(100,000) + 당기순이익(200,000) = ₩300,000

정답 ③

중요 개념 확인하기!

❶ 자산은 미래의 경제적 효익을 어느 정도 기대할 수 있어야 하고 자산의 금액을 신뢰성 있게 측정할 수 있어야 한다. ○ | ×

❷ 기업의 자본은 소유주지분 또는 주주지분이라고도 한다. 이는 기업의 자산합계에서 부채합계를 차감한 잔여지분이다. ○ | ×

❸ 포괄손익계산서는 기업의 일정 시점 경영활동의 결과로 재무성과를 나타내는 재무보고서이다. ○ | ×

❹ 경제적 효익이란 수익을 창출할 수 있는 능력을 말하며, (   )이라고도 한다.

❺ 자산의 증가 또는 부채의 감소의 원인은 (   )이고, 자산의 감소 또는 부채의 증가의 원인은 (   )이다.

① X 자산은 미래의 경제적 효익을 확실히 기대할 수 있어야 하고 자산의 금액을 신뢰성 있게 측정할 수 있어야 한다.
② O ③ X 포괄손익계산서는 기업의 일정 기간 동안 경영활동의 결과로 재무성과를 나타내는 재무보고서이다.
④ 용역 잠재력 ⑤ 수익, 비용

CHAPTER 03 회계의 순환과정

✓ 이 단원은 회계정보를 장부에 기입하는 과정으로, 흔히 부기과정이라고 합니다. 다시 말해, 회계정보를 생산하여 전달하는 과정으로 장부기록의 순서, 거래, 분개, 전기, 시산표 등을 통해 수험생 여러분이 직접 쓰고 계산하여야 하는 아주 중요한 과정입니다. 거래의 식별, 분개와 전기, 시산표의 정의를 꼭 숙지하시기 바랍니다.

CHAPTER 한눈에 보기

1 회계의 순환과정
· 거래의 종류 이해하기

Q 용어 CHECK
· 회계의 순환과정
· 회계상 거래
· 거래의 이중성
· 계정(Account; A/C)
· 대차평균의 원리

2 분개와 전기
· 분개와 전기의 개념과 절차 파악하기

Q 용어 CHECK
· 분개와 전기

3 시산표와 결산 절차
· 시산표의 정의 이해하기
· 결산 예비절차, 결산 본절차, 결산 후 절차 이해하기

Q 용어 CHECK
· 시산표
· 결산

발문 미리보기

- 다음 중 회계상 거래가 아닌 것은?
- 다음 중 시산표를 통해서 발견할 수 있는 오류는?
- 다음 중 시산표에 관한 설명으로 옳지 않은 것은?

| POINT | 회계의 순환과정은 회계에서 가장 기초가 되는 장부기입에 관한 내용을 학습하는 단원으로, 기초과정에서는 가장 중요한 단원입니다. 거래·분개·전기 등을 확실히 숙지하여야 하고, 대표 발문 모두가 자주 출제되는 발문이므로 꼭 숙지하도록 합니다. 특히 시산표의 오류검증은 기본과정에서도 아주 중요합니다.

1 회계의 순환과정

1. 의의

'회계의 순환(Accounting Cycle)'이란 인위적으로 구분된 회계기간을 단위로 회계목적을 수행하기 위하여 매년 반복적으로 수행하는 기술적인 과정을 말한다. 즉, 회계대상의 증감변동인 거래를 식별하여 인식하고, 이를 기록·계산·정리하여 최종적인 재무제표를 작성하는 단계까지의 정보작성자와 정보이용자 사이의 정보전달의 순환과정을 말한다.

2. 순환과정

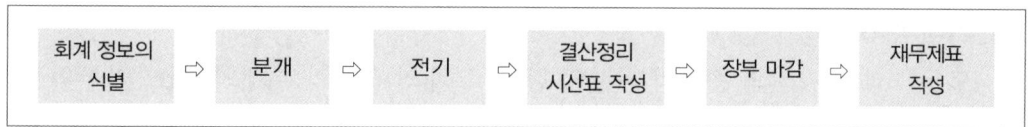

회계 정보의 식별 ⇨ 분개 ⇨ 전기 ⇨ 결산정리 시산표 작성 ⇨ 장부 마감 ⇨ 재무제표 작성

3. 회계상 거래(Transactions)

(1) 의의

① 장부에 기록할 경제적 사상(事象, Events)으로, 자산·부채 및 자본에 증감변화를 일으키는 모든 사건 또는 현상을 뜻한다.
② 일상적인 의미의 거래(계약, 주문, 약속, 업무추진 등)와 반드시 일치하지는 않는다.

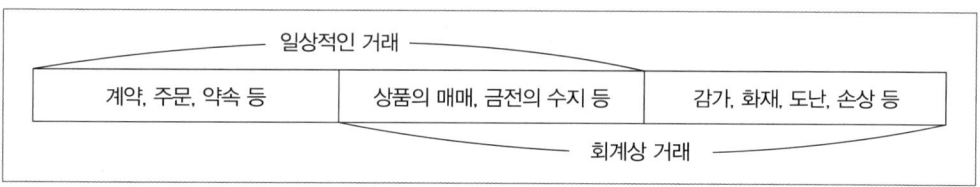

일상적인 거래: 계약, 주문, 약속 등 | 상품의 매매, 금전의 수지 등 | 감가, 화재, 도난, 손상 등
회계상 거래

(2) 회계상 거래인지 여부

상품·비품 등의 매매, 채권·채무의 발생과 소멸, 비용의 지급, 수익의 발생, 화재 및 도난에 의한 손실, 비품·건물의 사용에 의한 가치소모 등은 회계상 거래이다. 반면에 상품의 매매계약, 토지·건물의 임대차계약, 상품의 주문·보관, 담보제공, 종업원의 채용·퇴직, 신용제공 등은 회계상 거래가 아니다.

▶ 회계상 거래 여부 구별

회계상 거래인 것	회계상 거래가 아닌 것
• 현금의 수지 및 현금의 대차 • 현금의 분실(도난) • 상품의 파손, 부패, 도난 • 매출채권의 회수불능(대손) • 유형자산(건물 등)의 감가상각 • 재산세 등의 고지서 수취 • 화재 등으로 인한 손실 • 주식배당	• 상품의 주문, 매매계약 • 건물사무실의 임대차계약 • 담보, 신용제공 • 약속, 의뢰, 보관, 위탁 • 종업원의 채용 및 해임 • 현금 이외의 자산의 대여 • 주식분할(액면분할)

4. 거래 8요소의 결합관계

(1) 거래의 8요소

모든 거래는 자산의 증가와 자산의 감소, 부채의 증가와 부채의 감소, 자본의 증가와 자본의 감소, 비용의 발생과 수익의 발생이라는 8개의 요소로 구성되어 있다.

(2) 거래요소의 결합관계

거래의 8요소가 서로 결합되어 여러 가지 조합을 이루는 관계를 '거래요소의 결합관계'라고 한다.

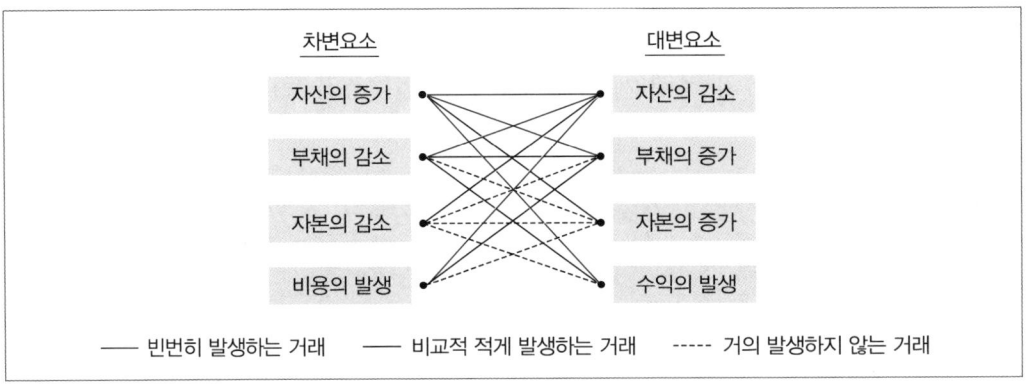

5. 거래의 이중성

모든 거래는 차변요소(왼쪽)와 대변요소(오른쪽)의 결합으로 이루어지는데, 이 경우에 차변요소의 금액과 대변요소의 금액이 일치하는 것을 '거래의 이중성'이라고 한다.

예 "상품 ₩150,000을 현금지급하고 매입하다." ⇨ 상품이라는 자산이 ₩150,000 증가(차변)하고, 현금이라는 자산이 ₩150,000 감소(대변)하는 거래로서, 양쪽 모두 금액은 ₩150,000으로 일치한다.

6. 거래의 종류

(1) 현금수지 여부에 따라
① **현금거래**: 현금의 수입·지출이 수반되는 거래(입금거래, 출금거래)
② **대체거래**: 현금이 수반되지 않는 거래(전부대체거래, 일부대체거래)

(2) 발생원천에 따라
① **외부거래**: 특정실체와 다른 실체 간에 일반적으로 발생하는 거래
② **내부거래**: 특정실체 내에서의 거래로서 감가상각, 상품감모의 처리 등과 같이 기업의 내부에서 발생하는 거래이며, 본·지점 간의 거래

(3) 손익발생(결합관계) 여부에 따라
① **교환거래**: 비용의 발생이나 수익의 발생은 없고, 다만 자산·부채·자본의 증감변동만이 발생하는 거래이며, 어떠한 경우에도 당기순이익에 영향이 없다. 즉, 거래의 총액은 자산·부채·자본의 증감액이다.

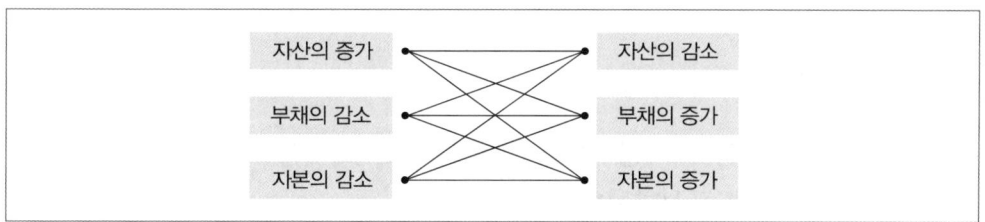

  예) 상품 ₩10,000을 매입하고 대금을 외상으로 하다.
  (차) (상품)자산의 증가   (대) (외상매입금)부채의 증가

② **손익거래**: 거래의 총액이 수익의 발생이나 비용의 발생에 의하여 생기는 거래로서 항상 당기순이익에 영향이 있다. 즉, 거래의 총액은 수익의 발생액이나 비용의 발생액이다.

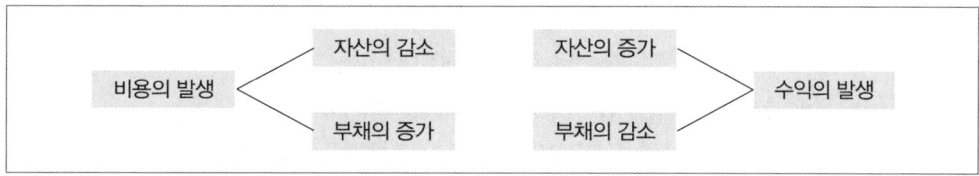

  예) 이자 ₩10,000을 현금으로 받다.
  (차) (현금)자산의 증가   (대) (이자수익)수익의 발생

③ **혼합거래**: 교환거래와 손익거래가 혼합된 거래로서, 거래의 총액 속에 수익이나 비용의 발생과 함께 자산이나 부채 및 자본의 증감액이 차변 또는 대변에 혼합되어 있는 거래이다.

```
자산의 증가 ─┬─ 자산의 감소        부채의 감소 ─┐
            └─ 수익의 발생        비용의 발생 ─┴─ 자산의 감소
```

㉠ 상품원가 ₩10,000을 ₩15,000에 매출하고 대금은 현금으로 받다.
　(차) (현금)자산의 증가　　(대) (상품)자산의 감소
　　　　　　　　　　　　　　　　(상품매출이익)수익의 발생

(4) 당기순이익에 영향을 주는 거래(손익거래): 수익이나 비용이 발생하는 거래
　㉠ 이자수익 ₩10,000을 현금으로 받다. ⇨ 수익 발생으로 순이익이 증가한다.
　㉠ 임차료 ₩10,000을 현금으로 지급하다. ⇨ 비용 발생으로 순이익이 감소한다.

이렇게 출제!

01 다음 사항 중 회계상 거래인 것에는 ○, 회계상 거래가 아닌 것에는 ×를 (　) 안에 표시하시오.

　(1) 매입한 상품 ₩50,000이 불량품이라서 정품과 교환하다.　　(　)
　(2) 화재로 인하여 건물 ₩50,000이 소실되다.　　(　)
　(3) 은행에서 현금 ₩50,000을 차입하기로 약속하다.　　(　)
　(4) 재산세 ₩50,000의 납부 통지서를 받다.　　(　)
　(5) 상품 ₩50,000을 매출하기로 주문받다.　　(　)
　(6) 현금 ₩50,000을 분실하다.　　(　)
　(7) 월급 ₩50,000을 지급하기로 하고 경리사원을 채용하다.　　(　)
　(8) 한국상점으로부터 컴퓨터 1대(₩50,000)를 기증받다.　　(　)
　(9) 점포 30평을 월세 ₩50,000의 조건으로 계약하다.　　(　)
　(10) 은행 차입을 위해 토지 ₩50,000을 담보로 제공하다.　　(　)

　[정답] • 회계상 거래인 것: (2), (4), (6), (8)
　　　　• 회계상 거래가 아닌 것: (1), (3), (5), (7), (9), (10)

02 다음 거래의 결합관계와 거래의 종류를 표시하시오.

(1) 현금 ₩100,000을 출자하여 상품매매업을 시작하다.
(2) 상품 ₩200,000을 매입하고 수표를 발행하여 지급하다.
(3) 전기요금 ₩10,000과 수도요금 ₩20,000을 은행에 현금으로 납부하다.
(4) 원가 ₩20,000의 상품을 ₩25,000에 어음을 받고 매출하다.
(5) 현금 ₩50,000을 은행에 당좌예금하다.
(6) 단기차입금 ₩30,000과 이자 ₩5,000을 현금으로 지급하다.
(7) 상품 ₩60,000을 매입하고 대금 중 반은 현금으로 지급하고, 반은 외상으로 하다.
(8) 집세 ₩10,000을 미지급하다.
(9) 원가 ₩10,000의 상품을 ₩9,000에 매출하고 대금은 외상으로 하다.
(10) 이자 ₩20,000이 보통예금 통장에 가산되다.

[정답] (1) (차) 자산의 증가   (대) 자본의 증가   (교환거래)
     (2) (차) 자산의 증가   (대) 자산의 감소   (교환거래)
     (3) (차) 비용의 발생   (대) 자산의 감소   (손익거래)
     (4) (차) 자산의 증가   (대) 자산의 감소   (혼합거래)
                                수익의 발생
     (5) (차) 자산의 증가   (대) 자산의 감소   (교환거래)
     (6) (차) 부채의 감소   (대) 자산의 감소   (혼합거래)
          비용의 발생
     (7) (차) 자산의 증가   (대) 자산의 감소   (교환거래)
                                부채의 증가
     (8) (차) 비용의 발생   (대) 부채의 증가   (손익거래)
     (9) (차) 자산의 증가   (대) 자산의 감소   (혼합거래)
          비용의 발생
     (10) (차) 자산의 증가   (대) 수익의 발생   (손익거래)

03 다음 거래 중 당기순이익에 영향이 있는 거래는 ○, 당기순이익에 영향이 없는 거래는 ×를 ( ) 안에 표시하시오.

(1) 현금 ₩50,000을 출자하여 영업을 시작하다. ( )
(2) 매입채무 ₩100,000을 수표로 발행하여 지급하다. ( )
(3) 전화요금 ₩80,000과 수도요금 ₩20,000을 현금으로 납부하다. ( )
(4) 원가 ₩200,000의 상품을 ₩250,000에 외상매출하다. ( )
(5) 매출채권 ₩150,000을 현금으로 회수하다. ( )
(6) 단기대여금에 대한 이자 ₩5,000을 현금으로 받다. ( )
(7) 단기차입금 ₩300,000과 이자 ₩7,000을 수표로 지급하다. ( )

(8) 상품 ₩80,000을 매입하고 대금 중 ₩50,000은 현금으로 지급하고, 잔액은 약속어음을 발행하여 지급하다. ( )
(9) 집세 ₩10,000과 이자 ₩20,000을 현금으로 지급하다. ( )
(10) 상품(원가 ₩50,000)을 ₩40,000에 매출하고 대금은 수표로 받다. ( )

[정답] • 당기순이익에 영향이 있는 거래: (3), (4), (6), (7), (9), (10)
      • 당기순이익에 영향이 없는 거래: (1), (2), (5), (8)

04 회계상 거래에 해당하지 않는 것은? 제22회 기출

① 재고자산을 ₩300에 판매하였으나 그 대금을 아직 받지 않았다.
② 종업원의 급여 ₩500 중 ₩200을 지급하였으나, 나머지는 아직 지급하지 않았다.
③ 거래처와 원재료를 1kg당 ₩100에 장기간 공급받기로 계약하였다.
④ 비업무용 토지 ₩1,200을 타 회사의 기계장치 ₩900과 교환하였다.
⑤ 거래처의 파산으로 매출채권 ₩1,000을 제거하였다.

[해설] 거래처와 원재료를 1kg당 ₩100에 장기간 공급받기로 계약하였다면 회계상 거래에 해당하지 않는다.

[정답] ③

05 자산과 비용에 모두 영향을 미치는 거래는? 제25회 기출

① 당기 종업원급여를 현금으로 지급하였다.
② 비품을 외상으로 구입하였다.
③ 현금을 출자하여 회사를 설립하였다.
④ 매입채무를 당좌예금으로 지급하였다.
⑤ 기존 차입금에 대하여 추가 담보를 제공하였다.

[해설] 자산과 비용이 발생하는 거래는 손익거래이다. ②, ③, ④는 교환거래이고 ⑤는 거래가 아니다.

[정답] ①

06 회계거래에 해당하지 않는 것은? 제18회 기출

① 기숙사에 설치된 시설물 ₩1,000,000을 도난당하다.
② 원가 ₩1,300,000의 상품을 현금 ₩1,000,000에 판매하다.
③ 이자 ₩500,000을 현금으로 지급하다.
④ 영업소 임차계약을 체결하고, 1년분 임차료 ₩1,200,000을 현금으로 지급하다.
⑤ 직원과 월급 ₩2,000,000에 고용계약을 체결하다.

[해설] 직원과 월급 ₩2,000,000에 고용계약을 체결하는 것은 거래가 아니다.

[정답] ⑤

7. 계정(Account; A/C)의 의의

거래의 발생으로 인하여 나타나는 자산·부채·자본·수익·비용의 변동을 상세히 기록하기 위하여 설정한 기본적인 계산단위를 '계정(Account; A/C)'이라고 한다.

- 계정과목: 각 계정에 붙여진 항목의 이름
- 계정형식: 표준식과 잔액식
- 대변(Creditor; Cr): 계정의 오른쪽
- 계정계좌: 각 계정의 기입장소
- 차변(Debtor; Dr): 계정의 왼쪽

8. 계정기입의 법칙

각 계정에 기입되는 모든 거래는 증가와 감소 또는 발생과 소멸 등의 서로 반대되는 두 가지 측면을 가지고 있다. 자산·부채·자본 및 비용·수익에 대한 각 항목의 증가 및 감소가 각 계정의 차변 및 대변에 어떻게 기입되는가를 표시하면 다음과 같으며, 이를 '계정기입의 법칙'이라고 한다.

(1) 재무상태표 계정의 기입방법

① **자산계정**: 증가는 차변에, 감소는 대변에 기입한다.
② **부채계정**: 증가는 대변에, 감소는 차변에 기입한다.
③ **자본계정**: 증가는 대변에, 감소는 차변에 기입한다.

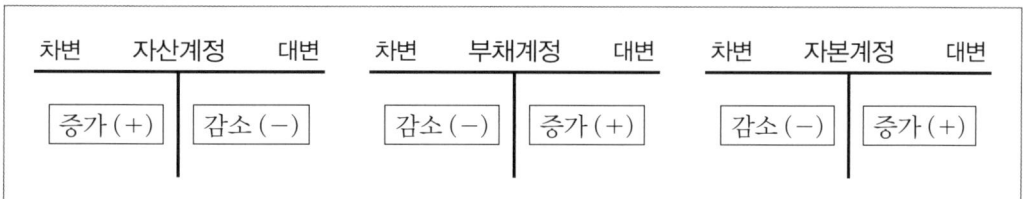

(2) 포괄손익계산서 계정의 기입방법

① **수익계정**: 발생은 대변에, 소멸은 차변에 기입한다.
② **비용계정**: 발생은 차변에, 소멸은 대변에 기입한다.

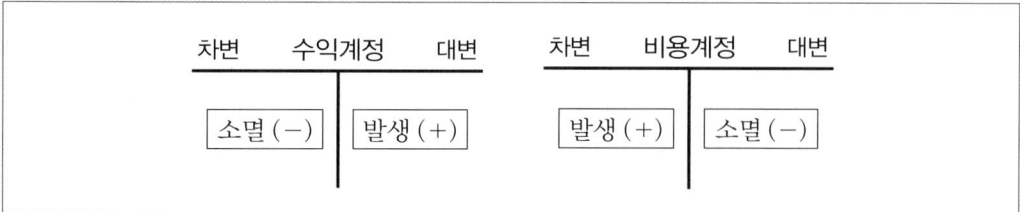

9. 실재계정과 명목계정

(1) 실재계정(실질계정)

유형·무형을 막론하고 실제로 실물이 존재하여 실재가치를 가지는 계정으로서, 물건·권리·의무 등을 나타내는 계정이다. 실재계정은 자산·부채·자본계정, 즉 재무상태표 계정과 일치한다.

(2) 명목계정

실제로 존재하지 않는 것으로서 허구적으로 가상한 계정이다. 명목계정은 자본의 증감을 일으키는 수익·비용의 계정을 말하는데, 보통 포괄손익계산서 계정을 말한다.

10. 대차평균의 원리

(1) 의의

거래가 이루어지면 반드시 어떤 계정의 차변과 또 다른 계정의 대변에 똑같은 금액을 기입하므로, 아무리 많은 거래가 계정에 기입되더라도 계정 전체를 통해서 본다면 차변금액 합계와 대변금액 합계는 반드시 일치하게 된다. 이 일치관계를 '대차평균의 원리'라고 한다.

(2) 기능

대차평균의 원리는 복식부기의 가장 중요하고 기본적인 원칙으로서, 계정 전체의 차변금액 합계와 대변금액 합계의 일치 여부를 확인함으로써 장부기장과 계산의 정확성 여부를 판단할 수 있다. 만약, 양쪽 금액이 일치하지 않는다면 장부기장상이나 계산에 있어서 오류가 발생했다는 것을 의미하는데, 복식부기의 이러한 기능을 일컬어 '자기검증기능'이라 한다.

> **이렇게 출제!**
>
> **07** 다음 내용에 해당하는 알맞은 계정과목을 ( ) 안에 기입하시오.
>
> (1) 지폐 및 주화, 통화대용증권(자기앞수표 등)   (   )
> (2) 은행에 당좌예입하거나 수표를 발행하였을 때   (   )
> (3) 통화 및 자기앞수표 등 통화대용증권과 당좌예금·보통예금을 합한 것
>   (   )
> (4) 현금흐름(원리금) 수취와 매도의 목적으로 보유한 사채 (   )
> (5) 단기 시세차익을 목적으로 주식, 사채를 매입하였을 때 (   )
> (6) 상품을 매출하고 대금은 외상으로 하였을 때   (   )

(7) 상품을 매출하고 대금은 약속어음으로 받았을 때 (   )
(8) 상품이 아닌 재화 등을 매각처분하고 대금을 외상(또는 어음)으로 했을 때
                                                              (   )
(9) 현금을 빌려주고 차용증서(또는 어음)를 받았을 때 (   )
(10) 상품을 주문하고 계약금을 지급하였을 때 (   )
(11) 판매를 목적으로 외부로부터 매입한 물품 (   )
(12) 사무용품을 구입하였을 때 (   )
(13) 영업용 책상, 의자, 금고, 응접세트, 컴퓨터, 복사기 등을 구입하였을 때
                                                              (   )
(14) 영업에 사용할 목적으로 점포, 창고 등을 구입하였을 때 (   )
(15) 상품을 매입하고 대금은 외상으로 하였을 때 (   )
(16) 상품을 매입하고 대금은 약속어음으로 발행하였을 때 (   )
(17) 상품이 아닌 재화 등을 구입하고, 대금을 외상(또는 어음)으로 했을 때
                                                              (   )
(18) 현금을 빌려오고 차용증서(또는 어음)를 써 준 경우 (   )
(19) 상품을 주문받고 착수금을 받았을 때 (   )
(20) 기업주가 출자한 현금이나 상품, 건물 등 (   )
(21) 상품을 원가 이상으로 매출하고 생긴 이익 (   )
(22) 단기대여금 또는 은행예금에서 얻은 이자를 받았을 때 (   )
(23) 집세를 받았을 때 (   )
(24) 중개역할을 하고 중개수수료를 받았을 때 (   )
(25) 폐품 등을 처분하고 생긴 이익금 또는 영업활동 외에서 생긴 적은 이익금
                                                              (   )
(26) 상품을 원가 이하로 매출하고 생긴 손실 (   )
(27) 점원의 급료(월급)를 지급하였을 때 (   )
(28) 단기차입금에 대한 이자를 지급하였을 때 (   )
(29) 집세를 지급하였을 때 (   )
(30) 택시요금, 시내교통비를 지급하였을 때 (   )
(31) 전기요금, 수도요금, 가스요금을 지급하였을 때 (   )
(32) 전화요금, 인터넷 사용요금, 우표 등을 지급하였을 때 (   )
(33) 사무용 장부, 볼펜 등을 구입하여 사용하였을 때 (   )
(34) 재산세, 자동차세 및 상공회의소 회비를 지급하였을 때 (   )
(35) 화재보험료, 자동차보험료를 지급하였을 때 (   )

[정답]
(1) 현금
(2) 당좌예금
(3) 현금및현금성자산
(4) 기타포괄손익-공정가치 측정 금융자산
(5) 당기손익-공정가치 측정 금융자산
(6) 외상매출금
(7) 받을어음
(8) 미수금
(9) 단기대여금
(10) 선급금
(11) 상품
(12) 소모품
(13) 비품
(14) 건물
(15) 외상매입금
(16) 지급어음
(17) 미지급금
(18) 단기차입금
(19) 선수금
(20) 자본금
(21) 매출총이익
(22) 이자수익
(23) 임대료
(24) 수수료수익
(25) 잡이익
(26) 매출총손실
(27) 급여
(28) 이자비용
(29) 임차료
(30) 여비교통비
(31) 수도광열비
(32) 통신비
(33) 소모품비
(34) 세금과공과
(35) 보험료

2 분개와 전기

1. 분개(分介, Journalizing)

거래가 발생하면 거래의 내용을 분석하여 어느 계정에 얼마의 금액을 기입할 것인가를 구체적인 과목별로 결정해야 하는데, 이와 같은 과정을 '분개'라고 하며, 분개를 거래의 발생순서에 따라 기입하는 장부를 '분개장(Journal)'이라고 한다. 분개장은 모든 거래를 날짜별로 기록하므로, 영업일지의 역할도 한다.

(1) 분개의 절차

① 거래를 식별한다. 즉, 회계상의 거래인가를 확인한다.
② 계정과목을 결정한다.
③ 계정기입의 법칙(분개의 법칙)에 따라 어느 곳(차변 또는 대변)에 기입할 것인가를 결정한다.
④ 기입해야 할 금액을 결정한다.
⑤ 차변금액과 대변금액의 일치 여부를 확인한다.

(2) 분개장제도

① 분개장은 회계상의 거래를 최초로 기입하는 원시기입장으로서, 보통분개장(General Journal)과 특수분개장(Special Journal)으로 분할하여 복수분개장제도를 이용하는 경우가 있다.
② 특수분개장으로 사용하는 것은 분개장을 보조하는 보조기입장(현금출납장, 당좌예금출납장, 매입장, 매출장, 받을어음기입장, 지급어음기입장 등)이 있으며, 특수분개장에 기입되지 않는 거래는 보통분개장에 기입한다.

2. 전기와 총계정원장

거래를 분개하여 분개장에 기입이 끝나면 분개한 것을 해당 계정에 옮겨 적는 절차를 '전기(Posting)'라고 한다. 전기는 분개의 차변에 있는 계정은 해당 계정의 차변에 기입하고, 대변에 있는 계정은 해당 계정의 대변에 기입한다. 이와 같이 모든 거래는 분개를 통해 각 총계정원장에 전기되는 것이다. 총계정원장은 결산의 기초가 되는 장부로서, 기업의 재무상태와 경영성과를 파악하는 데 중요한 역할을 담당한다.

이렇게 출제!

08 다음 거래를 분개하시오.

1. 현금 ₩60,000과 건물 ₩40,000으로 영업을 개시하다.
2. 상품 ₩50,000을 매입하고 대금은 외상으로 하다.
3. 상품 ₩20,000(원가 ₩15,000)을 매출하고 대금은 약속어음으로 받다.
4. 현금 ₩20,000을 은행에 당좌예금하다.
5. 외상매입금 ₩10,000을 수표를 발행하여 지급하다.
6. 현금 ₩10,000을 대여하고 약속어음을 받다.
7. 단기대여금 ₩10,000과 이자 ₩2,000을 현금으로 회수하다.
8. 영업용 차량운반구 ₩20,000을 구입하고, 대금 중 ₩15,000은 수표를 발행하여 지급하고, 잔액은 1개월 후에 지급하기로 하다.
9. 우표 및 엽서 구입대금 ₩10,000을 현금으로 지급하다.
10. 영업용 비품 ₩20,000을 구입하고 대금은 약속어음을 발행하여 지급하다.
11. 단기차입금 ₩50,000에 대한 이자 ₩1,000을 현금으로 지급하다.
12. 상품 ₩18,000(원가 ₩20,000)을 매출하고 대금 중 ₩10,000은 현금으로 받고, 잔액은 약속어음으로 받다.
13. 점포에 대한 집세 ₩40,000을 현금으로 지급하다.
14. 점포에 대한 집세 ₩50,000을 현금으로 받다.
15. 자동차세 ₩10,000을 수표로 납부하다.

번호	차변과목	금액	대변과목	금액
1				
2				
3				
4				
5				
6				
7				
8				
9				
10				
11				
12				
13				
14				
15				

[정답]

번호	차변과목	금액	대변과목	금액
1	현　　　　　금 건　　　　　물	₩60,000 40,000	자　　　본　　　금	₩100,000
2	상　　　　　품	50,000	외　상　매　입　금	50,000
3	받　을　어　음	20,000	상　　　　　품 상 품 매 출 이 익	15,000 5,000
4	당　좌　예　금	20,000	현　　　　　금	20,000
5	외　상　매　입　금	10,000	당　좌　예　금	10,000
6	단　기　대　여　금	10,000	현　　　　　금	10,000
7	현　　　　　금	12,000	단　기　대　여　금 이　자　수　익	10,000 2,000
8	차　량　운　반　구	20,000	당　좌　예　금 미　지　급　금	15,000 5,000
9	통　신　비	10,000	현　　　　　금	10,000
10	비　　　　　품	20,000	미　지　급　금	20,000
11	이　자　비　용	1,000	현　　　　　금	1,000
12	현　　　　　금 받　을　어　음 상 품 매 출 손 실	10,000 8,000 2,000	상　　　　　품	20,000
13	임　　　차　　　료	40,000	현　　　　　금	40,000
14	현　　　　　금	50,000	임　　　대　　　료	50,000
15	세　금　과　공　과	10,000	현　　　　　금	10,000

09 다음 거래를 분개하시오.

1. 현금 ₩100,000(차입금 ₩20,000 포함)으로 영업을 시작하다.
2. 비품 ₩40,000을 구입하고 대금 중 반은 현금지급하고 잔액은 외상으로 하다.
3. 현금 ₩10,000을 대여하고 약속어음을 받다.
4. 상품 ₩50,000을 주문하고 계약금 ₩5,000을 현금으로 지급하다.
5. 상품 ₩30,000을 매입하고 대금 중 ₩20,000은 현금으로 지급하고, 잔액은 약속어음을 발행하여 지급하다.
6. 영업용 건물 ₩20,000을 구입하고 대금 중 ₩15,000은 수표를 발행하여 지급하고, 잔액은 약속어음을 발행하여 지급하다.
7. 상품 ₩30,000(원가 ₩25,000)을 매출하고 대금 중 ₩20,000은 현금으로 받아 즉시 당좌예금하고, 잔액은 약속어음으로 받다.
8. 상품 ₩30,000(원가 ₩35,000)을 매출하고 대금은 수표로 받다.
9. 사무용품 ₩10,000을 구입하고 현금으로 지급하다(비용처리할 것).
10. 건물을 수선하고 수선비 ₩10,000을 1개월 후에 지급하기로 하다.

번호	차변과목	금액	대변과목	금액
1				
2				
3				
4				
5				
6				
7				
8				
9				
10				

정답

번호	차변과목	금액	대변과목	금액
1	현 금	₩100,000	자 본 금 단 기 차 입 금	₩80,000 20,000
2	비 품	40,000	현 금 미 지 급 금	20,000 20,000
3	단 기 대 여 금	10,000	현 금	10,000
4	선 급 금	5,000	현 금	5,000
5	상 품	30,000	현 금 지 급 어 음	20,000 10,000
6	건 물	20,000	당 좌 예 금 미 지 급 금	15,000 5,000
7	당 좌 예 금 받 을 어 음	20,000 10,000	상 품 상 품 매 출 이 익	25,000 5,000
8	현 금 상품매출손실	30,000 5,000	상 품	35,000
9	소 모 품 비	10,000	현 금	10,000
10	수 선 비	10,000	미 지 급 수 선 비	10,000

10 다음 거래를 분개하여 총계정원장(T자형)에 전기하시오.

> 1월 1일 현금 ₩500,000을 출자하여 영업을 개시하다.
> 3일 현금 ₩200,000을 은행에 당좌예금하다.
> 5일 상품 ₩120,000을 매입하고 대금은 외상으로 하다.
> 7일 사무용 책상 ₩50,000을 구입하고 대금은 수표를 발행하여 지급하다.
> 15일 상품 ₩80,000(원가 ₩50,000)을 외상으로 매출하다.
> 25일 이달분 집세 ₩10,000을 현금으로 지급하다.
> 31일 이달분 급여 ₩15,000을 현금으로 지급하다.

일자	차변과목	금액	대변과목	금액
1/1				
1/3				
1/5				
1/7				
1/15				
1/25				
1/31				

[정답]

일자	차변과목	금액	대변과목	금액
1/1	현 금	₩500,000	자 본 금	₩500,000
1/3	당 좌 예 금	200,000	현 금	200,000
1/5	상 품	120,000	외 상 매 입 금	120,000
1/7	비 품	50,000	당 좌 예 금	50,000
1/15	외 상 매 출 금	80,000	상 품 상 품 매 출 이 익	50,000 30,000
1/25	임 차 료	10,000	현 금	10,000
1/31	급 여	15,000	현 금	15,000

총계정원장

```
            현금                              당좌예금
1/1 자본금 500,000 | 1/3 당좌예금 200,000    1/3 현금 200,000 | 1/7 비품 50,000
                  | 1/25 임차료  10,000
                  | 1/31 급  여  15,000

            상품                              외상매출금
1/5 외상매입금 120,000 | 1/15 외상매출금 50,000   1/15 제 좌 80,000 |
```

```
        비품                           외상매입금
1/7 당좌예금 50,000        │         │ 1/5 상  품   120,000

        자본금                           상품매출이익
                │ 1/1 현  금  500,000      │ 1/15 외상매출금 30,000

        임차료                            급여
1/25 현  금  10,000       │         1/31 현  금  15,000 │
```

11 다음은 (주)한국의 1월 거래내역이다. 분개하고 총계정원장에 전기하시오.

1월 1일	현금 ₩600,000을 출자하여 영업을 시작하다.
3일	상품 ₩400,000을 매입하고, 대금은 현금으로 지급하다.
7일	영업용 비품 ₩100,000을 구입하고, 어음을 발행하다.
10일	원가 ₩200,000의 상품을 ₩250,000에 외상으로 매출하다.
15일	현금 ₩150,000을 차입하다.
20일	상품 ₩400,000을 매입하고, 대금은 외상으로 하다.
23일	외상매출금 ₩100,000을 현금으로 회수하다.
24일	차입금 중 ₩100,000을 현금으로 상환하다.
25일	상품 ₩400,000(원가 ₩300,000)을 매출하고, 대금은 현금으로 받다.
30일	종업원 급여 ₩60,000을 현금으로 지급하다.

일자	차변과목	금액	대변과목	금액
1/1				
1/3				
1/7				
1/10				
1/15				
1/20				
1/23				
1/24				
1/25				
1/30				

[정답]

일자	차변과목	금액	대변과목	금액
1/1	현 금	₩600,000	자 본 금	₩600,000
1/3	상 품	400,000	현 금	400,000
1/7	비 품	100,000	미 지 급 금	100,000
1/10	외 상 매 출 금	250,000	상 품 상 품 매 출 이 익	200,000 50,000
1/15	현 금	150,000	단 기 차 입 금	150,000
1/20	상 품	400,000	외 상 매 입 금	400,000
1/23	현 금	100,000	외 상 매 출 금	100,000
1/24	단 기 차 입 금	100,000	현 금	100,000
1/25	현 금	400,000	상 품 상 품 매 출 이 익	300,000 100,000
1/30	급 여	60,000	현 금	60,000

총계정원장

```
              현금                                    상품
1/1 자 본 금   600,000 | 1/3 상  품   400,000    1/3 현   금   400,000 | 1/10 외상매출금 200,000
1/15 단기차입금 150,000 | 1/24 단기차입금 100,000  1/20 외상매입금 400,000 | 1/25 현   금   300,000
1/23 외상매출금 100,000 | 1/30 급  여    60,000
1/25 제    좌  400,000 |

           외상매출금                                   비품
1/10 제 좌   250,000 | 1/23 현 금   100,000      1/7 미지급금 100,000 |

           외상매입금                                 단기차입금
                     | 1/20 상 품   400,000      1/24 현 금   100,000 | 1/15 현 금   150,000

            미지급금                                    자본금
                     | 1/7 비 품    100,000                           | 1/1 현 금    600,000

              급여                                   상품매출이익
1/30 현 금   60,000  |                                              | 1/10 외상매출금  50,000
                                                                    | 1/25 현   금   100,000
```

3 시산표와 결산 절차

1. 시산표(試算表)

(1) 의의

'시산표(Trial Balance; T/B)'는 총계정원장의 기입이 바르게 되었는지 검증하기 위하여 작성하는 일람표로서, 작성시기와 목적에 따라 결산수정전시산표, 결산수정후

시산표, 이월시산표로 구분된다. 또한 결산수정전시산표는 합계시산표, 잔액시산표, 합계잔액시산표로 분류하고, 시산표를 작성하는 목적은 분개장에서 원장으로의 전기가 정확하게 이루어졌는가를 검토하는 것으로 결산 전 개괄적인 재무상태와 경영성과를 파악하기 위함이다.

(2) 시산표의 종류

① **합계시산표**: 원장 각 계정의 차변합계액과 대변합계액을 모은 것으로, 합계시산표의 합계액은 그 회계기간에 있어서의 거래총액이므로 분개장의 합계와도 반드시 일치한다.

② **잔액시산표**: 원장 각 계정의 차변합계액과 대변합계액의 차액인 잔액으로써 작성되는 시산표이다. 자산계정과 비용계정은 차변합계액이 대변합계액보다 크므로 그 잔액이 차변에 발생하고, 부채와 자본 및 수익계정은 대변합계액이 차변합계액보다 크므로 그 잔액이 대변에 발생한다. 이를 '시산표 등식'이라고 한다.

▶ 시산표 등식

> 기말자산 + 총비용 = 기말부채 + 기초자본 + 총수익

③ **합계잔액시산표**: 원장 각 계정의 차변합계액과 대변합계액, 그리고 잔액을 모아서 작성한 표이다. 즉, 합계시산표와 잔액시산표를 집계한 표이다.

(3) 시산표의 오류(불일치)

① 시산표의 차변과 대변의 합계액이 일치하지 않을 때에는 분개장의 분개로부터 시산표를 작성할 때까지의 절차를 역으로 조사(시산표 ⇨ 총계정원장 ⇨ 분개장)하여 다음과 같이 불일치의 원인을 가려내야 한다.
   ㉠ 시산표 차·대변의 합계액 계산에 틀림이 없는지 검산한다.
   ㉡ 총계정원장의 각 계정합계액 또는 잔액을 시산표에 틀림없이 이기하였는지 조사한다.
   ㉢ 총계정원장의 각 계정합계액과 잔액의 계산에 틀림이 없는지 검산한다.
   ㉣ 분개장으로부터 총계정원장에의 전기에 잘못이 없는지 검산한다.
   ㉤ 분개 자체에 오류가 없는지 검토한다.

② 다음의 경우는 시산표의 합계가 일치하여 발견할 수 없는 오류에 해당한다.
   ㉠ 거래 전체의 분개가 누락되거나 전기가 누락된 경우
   ㉡ 어떤 거래를 이중으로 분개하거나 또는 차·대변 양변에 이중으로 전기한 경우
   ㉢ 계정과목을 잘못 설정하였거나 타계정에 전기한 경우

ⓔ 차·대변에 다 같이 틀린 동일금액으로 분개하거나 전기한 경우
ⓜ 오류가 우연히 상계된 경우

2. 정산표

(1) 의의

'정산표(Working Sheet; W/S)'는 잔액시산표를 기초로 하여 예비적으로 포괄손익계산서와 재무상태표를 작성하는 가결산서이다. 이는 임의적(선택) 절차로, 생략할 수 있다.

(2) 정산표의 작성

① 잔액시산표를 통하여 원장의 모든 계정의 잔액을 그대로 시산표란에 옮겨 적는다.
② 시산표란에서 각 계정과목의 금액 중 수익과 비용에 속하는 과목의 금액은 포괄손익계산서란에, 자산·부채 및 자본에 속하는 과목의 금액은 재무상태표란에 옮겨 적는다.
③ 포괄손익계산서란 및 재무상태표란의 대차차액을 각각 당기순이익(또는 순손실)으로 하여 금액이 적은 편에 기입하고, 대차를 평균시켜 마감한다.

3. 결산 절차

재무정보를 명확하게 계산하고 정리하여 그 결과를 정보이용자에게 보고하는, 재무회계의 순환과정 중 마지막 절차이자 모든 장부를 마감하는 과정을 '결산(Closing)'이라고 한다. 결산은 다음의 절차에 따라 이루어진다.

(1) 결산 예비절차(장부검증)

① **시산표의 작성**: 원장기록의 요약, 원장 전기 검증
② **재고조사표의 작성**(결산정리사항): 장부상 금액과 실제금액을 조사하여 수정
③ **정산표의 작성**(임의절차)

(2) 결산 본절차(장부의 마감)

① **총계정원장의 마감**
  ㉠ 수익·비용계정을 집합손익계정에 대체
  ㉡ 집합손익계정의 차/대변 잔액(= 당기순손익)을 이익잉여금(자본)계정에 대체
  ▶ '대체'란 계정의 금액을 다른 계정으로 옮기는 것을 말하고, 대체 시에는 반드시 대체분개가 필요하다.
  ㉢ 자산·부채·자본계정을 '차기이월'로 마감 ⇨ 이월시산표 작성
② **분개장 및 보조부 등의 마감**

(3) 결산 후 절차(재무제표 작성)

① 기말 재무상태표
② 기간 포괄손익계산서
③ 기간 현금흐름표
④ 기간 자본변동표
⑤ 주석
⑥ 비교기간의 기초 재무상태표(재무제표 항목을 소급하여 재작성 또는 재분류하는 경우)

> **이렇게 출제!**
>
> **12** 다음의 거래를 분개하고 총계정원장에 전기한 후 시산표와 포괄손익계산서 및 재무상태표를 작성하시오.
>
> | 1월 | 1일 | 현금 ₩100,000(차입금 ₩20,000 포함)을 출자하여 영업을 시작하다. |
> | | 3일 | 사무용 비품 ₩30,000을 현금으로 구입하다. |
> | | 8일 | 상품 ₩50,000을 매입하고 대금 중 ₩30,000은 현금으로 지급하고, 잔액은 외상으로 하다. |
> | | 10일 | 상품 ₩45,000(원가 ₩30,000)을 외상으로 매출하다. |
> | | 15일 | 전기요금 및 수도요금 ₩8,000을 현금으로 지급하다. |
> | | 20일 | 단기차입금 ₩10,000과 이자 ₩2,000을 현금으로 지급하다. |
> | | 23일 | 외상매출금 ₩20,000을 현금으로 회수하다. |
> | | 25일 | 집세 ₩3,000을 현금으로 받다. |
> | | 31일 | 종업원의 이달분 급여 ₩5,000을 현금으로 지급하다. |

일자	차변과목	금액	대변과목	금액
1/1				
1/3				
1/8				
1/10				
1/15				
1/20				
1/23				
1/25				
1/31				

정답	일자	차변과목	금액	대변과목	금액
	1/1	현　　　　　　금	₩100,000	자　　본　　금 단 기 차 입 금	₩80,000 20,000
	1/3	비　　　　　　품	30,000	현　　　　　　금	30,000
	1/8	상　　　　　　품	50,000	현　　　　　　금 외 상 매 입 금	30,000 20,000
	1/10	외 상 매 출 금	45,000	상　　　　　　품 상 품 매 출 이 익	30,000 15,000
	1/15	수 도 광 열 비	8,000	현　　　　　　금	8,000
	1/20	단 기 차 입 금 이 자 비 용	10,000 2,000	현　　　　　　금	12,000
	1/23	현　　　　　　금	20,000	외 상 매 출 금	20,000
	1/25	현　　　　　　금	3,000	임　　대　　료	3,000
	1/31	급　　　　　　여	5,000	현　　　　　　금	5,000

총계정원장

```
           현금              1              외상매출금          2
1/1  제   좌 100,000 | 1/3  비    품 30,000   1/10 제  좌 45,000 | 1/23 현    금 20,000
1/23 외상매출금 20,000 | 1/8  상    품 30,000
1/25 임 대 료   3,000 | 1/15 수도광열비 8,000            상품              3
                     | 1/20 제    좌 12,000   1/8  제  좌 50,000 | 1/10 외상매출금 30,000
                     | 1/31 급    여  5,000

           비품              4              외상매입금          5
1/3  현    금 30,000                                      | 1/8  상    품 20,000

         단기차입금          6                자본금              7
1/20 현    금 10,000 | 1/1  현    금 20,000               | 1/1  현    금 80,000

        상품매출이익         8                임대료              9
                     | 1/10 외상매출금 15,000              | 1/25 현    금  3,000

         수도광열비         10                이자비용            11
1/15 현    금  8,000                 1/20 현    금  2,000

           급여             12
1/31 현    금  5,000
```

합계시산표

차변합계	원면	계정과목	대변합계
₩123,000	1	현　　　　금	₩85,000
45,000	2	외 상 매 출 금	20,000
50,000	3	상　　　　품	30,000
30,000	4	비　　　　품	–
–	5	외 상 매 입 금	20,000
10,000	6	단 기 차 입 금	20,000
–	7	자 　본　 금	80,000
–	8	상품매출이익	15,000
–	9	임　 대　 료	3,000
8,000	10	수 도 광 열 비	–
2,000	11	이 자 비 용	–
5,000	12	급　　　　여	–
₩273,000		합계	₩273,000

잔액시산표

차변잔액	원면	계정과목	대변잔액
₩38,000	1	현　　　　금	
25,000	2	외 상 매 출 금	
20,000	3	상　　　　품	
30,000	4	비　　　　품	
	5	외 상 매 입 금	₩20,000
	6	단 기 차 입 금	10,000
	7	자 　본　 금	80,000
	8	상품매출이익	15,000
	9	임　 대　 료	3,000
8,000	10	수 도 광 열 비	
2,000	11	이 자 비 용	
5,000	12	급　　　　여	
₩128,000		합계	₩128,000

손익a/c

수도광열비	₩8,000	상품매출이익	₩15,000
이 자 비 용	2,000	임　 대　 료	3,000
급　　　 여	5,000		
자 　본　 금	3,000		
	₩18,000		₩18,000

이월시산표

현금및현금성자산	₩38,000	외상매입금	₩20,000
외상매출금	25,000	단기차입금	10,000
상　　　 품	20,000	자 　본　 금	83,000
비　　　 품	30,000		
	₩113,000		₩113,000

포괄손익계산서

수도광열비	₩8,000	상품매출이익	₩15,000
이 자 비 용	2,000	임　 대　 료	3,000
급　　　 여	5,000		
당기순이익	3,000		
	₩18,000		₩18,000

재무상태표

현금및현금성자산	₩38,000	외상매입금	₩20,000
외상매출금	25,000	단기차입금	10,000
상　　　 품	20,000	자 　본　 금	83,000
비　　　 품	30,000	(당기이익 3,000)	
	₩113,000		₩113,000

13 시산표의 차변금액이 대변금액보다 크게 나타나는 오류에 해당하는 것은?

제23회 기출

① 건물 취득에 대한 회계처리가 누락되었다.
② 차입금 상환에 대해 분개를 한 후, 차입금계정에는 전기를 하였으나 현금계정에는 전기를 누락하였다.
③ 현금을 대여하고 차변에는 현금으로 대변에는 대여금으로 동일한 금액을 기록하였다.
④ 미수금 회수에 대해 분개를 한 후, 미수금계정에는 전기를 하였으나 현금계정에는 전기를 누락하였다.
⑤ 토지 처분에 대한 회계처리를 중복해서 기록하였다.

해설 총계정원장에 전기 시 어느 한쪽만 전기하였다면 대차가 불일치한다. 차입금 상환에 대해 분개를 한 후, 차입금계정에는 전기를 하였으나 현금계정에는 전기를 누락하였다면 대변의 금액이 적게 나타난다.

정답 ②

14 회계거래의 기록과 관련된 설명으로 옳지 않은 것은?

제19회 기출

① 분개란 복식부기의 원리를 이용하여 발생한 거래를 분개장에 기록하는 절차이다.
② 분개장의 거래기록을 총계정원장의 각 계정에 옮겨 적는 것을 전기라고 한다.
③ 보조 회계장부로는 분개장과 현금출납장이 있다.
④ 시산표의 차변합계액과 대변합계액이 일치하는 경우에도 계정기록의 오류가 존재할 수 있다.
⑤ 시산표는 총계정원장의 차변과 대변의 합계액 또는 잔액을 집계한 것이다.

해설 회계장부에는 주요부와 보조부가 있다. 주요부에는 분개장과 총계정원장이 있으며, 보조부에는 보조기입장과 보조원장이 있다. 즉, 분개장은 주요부에 속한다.

정답 ③

15 수정전시산표에 관한 설명으로 옳지 않은 것은?

제20회 기출

① 통상 재무제표를 작성하기 이전에 거래가 오류 없이 작성되었는지 자기검증하기 위하여 작성한다.
② 총계정원장의 총액 혹은 잔액을 한곳에 모아 놓은 표이다.
③ 결산 이전의 오류를 검증하는 절차로 원장 및 분개장과 더불어 필수적으로 작성해야 한다.
④ 복식부기의 원리를 전제로 한다.
⑤ 차변합계와 대변합계가 일치하더라도 계정분류, 거래인식의 누락 등에서 오류가 발생했을 수 있다.

해설 시산표는 총계정원장 기록을 요약하고 검증하는 일람표로서 필수적 장부[주요부(분개장, 총계정원장)처럼]로 분류되지 않으며, 결산보고서에 속하지 않기 때문에 결산 시 필수적으로 작성해야 하는 것은 아니다.

정답 ③

16 장부기입의 오류를 검증하기 위하여 작성하는 표는?

① 재고조사표
② 시산표
③ 이월시산표
④ 정산표
⑤ 은행계정조정표

해설 대차평균의 원리에 의하여 각 계정의 오류를 검증하기 위해 작성되는 표를 시산표라 한다.

정답 ②

17 수정후시산표의 각 계정잔액이 존재한다고 가정할 경우, 장부마감 후 다음 회계연도 차변으로 이월되는 계정과목은?

제24회 기출

① 이자수익
② 자본금
③ 매출원가
④ 매입채무
⑤ 투자부동산

> **해설** 다음 회계연도 차변으로 이월되는 계정과목은 자산(투자부동산)계정이다. 수익과 비용은 차기로 이월되지 않는 계정이고, 부채와 자본은 잔액이 대변으로 이월된다.
>
> 정답 ⑤

18 다음 중 회계등식이 옳지 않은 것은?

① 자산 = 부채 + 자본
② 기말자산 + 총비용 = 기말부채 + 기말자본 + 총수익
③ 총비용 + 순이익 = 총수익
④ 기말자산 = 기말부채 + 기초자본 + 순이익
⑤ 기말자본 − 기초자본 = 순이익

> **해설** 시산표 등식은 '기말자산 + 총비용 = 기말부채 + 기초자본 + 총수익'이다.
>
> 정답 ②

19 결산에 관한 내용 중 옳지 않은 것은?

① 결산절차 중 정산표는 생략이 가능하다.
② 집합손익계정에서 당기순이익을 계산한다.
③ 이월시산표는 자산·부채·자본·수익·비용계정의 잔액을 모아 작성한다.
④ 원장의 장부잔액과 실제잔액이 일치하지 않을 경우에는 원장을 수정기입한다.
⑤ 자산·부채·자본계정의 잔액은 '차기이월'로 마감한다.

> **해설** 이월시산표는 자산·부채·자본계정의 잔액을 모아 작성한다.
>
> 정답 ③

20 결산 본절차에 관한 설명으로 옳지 않은 것은?

① 기타장부를 마감한다.
② 원장의 장부금액과 실제금액의 차이를 수정하여 일치시킨다.
③ 집합손익계정을 설정하고 수익과 비용계정을 마감한다.
④ 이월시산표를 작성한다.
⑤ 집합손익계정을 마감하여 순이익을 자본금계정에 대체한다.

> **해설** 원장의 장부금액과 실제금액을 수정하여 일치시키는 것은 결산예비절차이다.
>
> 정답 ②

21 한국채택국제회계기준에서 제시하고 있는 전체 재무제표에 해당하지 않는 것을 모두 고른 것은?

제27회 기출

> ㉠ 기말 재무상태표
> ㉡ 경영진 재무검토보고서
> ㉢ 환경보고서
> ㉣ 기간 현금흐름표
> ㉤ 기간 손익과 기타포괄손익계산서
> ㉥ 주석

① ㉠, ㉡
② ㉡, ㉢
③ ㉢, ㉣
④ ㉣, ㉤
⑤ ㉤, ㉥

해설 전체 재무제표에 해당하지 않는 것은 ㉡. 경영진 재무검토보고서와 ㉢. 환경보고서이다. 한국채택국제회계기준에서 정하는 전체 재무제표는 다음과 같다.
- 기말 재무상태표
- 기간 손익과 기타포괄손익계산서
- 기간 자본변동표
- 기간 현금흐름표
- 주석(유의적인 회계정책 및 그 밖의 설명으로 구성)

정답 ②

22 재무상태표에 나타나지 않는 계정은?

제23회 기출

① 자본금
② 선급보험료
③ 손실충당금
④ 이익준비금
⑤ 임차료

해설 임차료는 비용계정으로 손익계산서 항목이다.

정답 ⑤

23 당기순이익을 감소시키는 거래가 아닌 것은?

제20회 기출

① 거래처 직원 접대 후 즉시 현금 지출
② 영업용 건물에 대한 감가상각비 인식
③ 판매사원용 피복 구입 후 즉시 배분
④ 영업부 직원에 대한 급여 미지급
⑤ 토지(유형자산)에 대한 취득세 지출

해설 토지의 취득세는 토지원가에 포함되기 때문에 당기순이익에 영향을 미치지 않는다.

정답 ⑤

24 (주)한국의 회계상 거래 중 비용이 발생하고 부채가 증가하는 거래는?

제26회 기출

① 전기에 토지를 처분하고 받지 못한 대금을 현금수취하였다.
② 화재로 인하여 자사 컴퓨터가 소실되었다.
③ 당해 연도 발생한 임차료를 지급하지 않았다.
④ 대여금에서 발생한 이자수익을 기말에 인식하였다.
⑤ 전기에 지급하지 못한 종업원 급여에 대하여 당좌수표를 발행하여 지급하였다.

> **해설** 당해 연도 발생한 임차료를 지급하지 않았다면 임차료비용이 발생하고 미지급임차료 부채가 증가한다.
>
> 정답 ③

중요 개념 확인하기!

❶ 손익거래는 수익 발생이나 비용 발생에 의하여 생기는 거래로서 항상 당기순이익에 영향을 주는 거래이다. ○ | ×

❷ 상품이 아닌 토지·건물 등을 구입하고, 대금을 약속어음으로 발행하여 지급하면 지급어음계정을 사용한다. ○ | ×

❸ 시산표의 차변합계액과 대변합계액이 일치하는 경우에는 계정기록의 오류가 존재하지 않는다. ○ | ×

❹ 시산표는 통상 재무제표를 작성하기 이전에 거래가 오류 없이 작성되었는지 자기검증하기 위하여 작성한다. ○ | ×

❺ 이월시산표는 자산·부채·자본·수익·비용계정의 잔액을 모아 작성한다. ○ | ×

❻ 자산·부채·자본계정의 잔액은 '차기이월'로 마감하고 수익과 비용계정은 집합손익계정으로 대체한다. ○ | ×

❼ 한국채택국제회계기준에서 규정한 전체 재무제표에는 주석을 포함하지 않는다. ○ | ×

❽ 결산 예비절차는 '시산표의 작성 → 재고조사표의 작성 → 정산표의 작성' 순으로 진행한다. ○ | ×

❾ 거래 내용을 분석하여 어느 계정에 얼마의 금액을 기입할지 과목별로 결정하여 기록하는 과정을 (　　　)(이)라고 하며, 분개한 것을 거래 발생순서에 따라 총계정원장에 옮겨 적는 것을 (　　　)(이)라고 한다.

❿ (　　　)(이)란 회계의 순환과정 중 모든 장부를 마감하는 마지막 과정으로, 장부를 검증하고 마감한 후 재무제표를 작성하는 절차를 갖는다.

① ○ ② × 상품이 아닌 토지·건물 등을 구입하고, 대금을 약속어음으로 발행하여 지급하면 미지급금계정을 사용한다.
③ × 시산표의 차변합계액과 대변합계액이 일치하는 경우에도 계정기록의 오류가 존재할 수 있다. ④ ○
⑤ × 이월시산표는 자산·부채·자본계정의 잔액을 모아 작성한다. ⑥ ○ ⑦ × 한국채택국제회계기준에서 규정한 전체 재무제표에는 재무상태표, 포괄손익계산서, 현금흐름표, 자본변동표, 주석을 포함한다. ⑧ ○ ⑨ 분개, 전기 ⑩ 결산

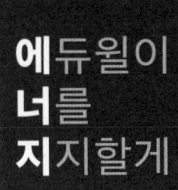

산을 움직이려는 자는
작은 돌을 들어내는 일로 시작한다.

– 공자

SUBJECT 2

공동주택 시설개론

CHAPTER 01 건축구조개론
CHAPTER 02 건축설비개론

학습 전 체크!

❓ 어떻게 출제되나요?

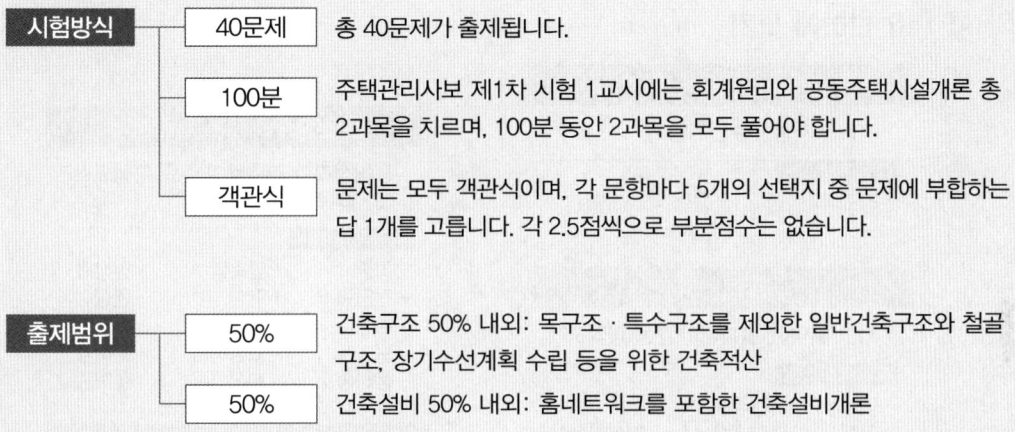

시험방식		
	40문제	총 40문제가 출제됩니다.
	100분	주택관리사보 제1차 시험 1교시에는 회계원리와 공동주택시설개론 총 2과목을 치르며, 100분 동안 2과목을 모두 풀어야 합니다.
	객관식	문제는 모두 객관식이며, 각 문항마다 5개의 선택지 중 문제에 부합하는 답 1개를 고릅니다. 각 2.5점씩으로 부분점수는 없습니다.

출제범위		
	50%	건축구조 50% 내외: 목구조·특수구조를 제외한 일반건축구조와 철골구조, 장기수선계획 수립 등을 위한 건축적산
	50%	건축설비 50% 내외: 홈네트워크를 포함한 건축설비개론

❗ 이렇게 공부하세요!

건축구조는 뼈대를 이해하라!

건축구조에서는 건축물의 뼈대를 구성하는 큰 틀이 어떻게 이루어져 있는지, 그 뼈대를 받쳐주는 토질과 기초는 어떠한지에 대해 큰 그림을 그리며 이해해야 합니다.

건축설비는 계통별로 파악하자!

건축설비에서는 인간이 생활하기 위해 건축물에 급수, 난방, 배수 등의 설비를 어떻게 하는지 그 계통별로 파악할 수 있어야 합니다.

그림을 그려가며 공부하라!

전체적인 구조를 그림으로 그리면서 공부하는 것이 좋습니다.

CHAPTER 01 건축구조개론

건축구조는 건축물의 뼈대라고 이해하시면 됩니다. 시설개론 40문제 중 20문제가 출제되는 단원이며, 건축물의 뼈대구조가 어떻게 되는지 이해하고, 그 뼈대가 안전하기 위해서는 어떻게 법적 기준을 만족하면 되는지를 학습하시기 바랍니다.

CHAPTER 한눈에 보기

1 건축구조개론 단위 이해
- 구조편 시험출제 단위암기

Q 용어 CHECK
- 강도 · 힘 · 응력 · MPa

2 건축구조개론 일반사항
- 용어정리와 건축물의 주요 구성요소 및 설계하중 파악하기

Q 용어 CHECK
- 하중 · 압축력 · 인장력
- 전단력 · 탄성 · 연성
- 취성 · 소성 · 기둥
- 보 · 고정하중 · 활하중
- 풍하중 · 지진하중 · 설하중

3 토공사
- 지반, 흙막이, 흙파기의 내용 파악하기

Q 용어 CHECK
- 예민비 · 간극수압 · 침하
- 다짐 · 지내력 · 액상화현상
- 흙막이 · 터파기 · 지반개량

4 기초구조
- 기초의 분류, 기초의 기본과 용어 파악하기

Q 용어 CHECK
- 얕은기초 · 깊은기초 · 복합기초
- 연속기초 · 전면기초 · 부등침하

5 철근콘크리트 구조
- 철근공사, 거푸집, 콘크리트의 특징을 파악하기

Q 용어 CHECK
- 피복두께 · 스터럽 · 띠철근
- 이형철근 · 거푸집 · 골재
- 물-결합재비 · 배합 · 반죽질기
- 시공연도 · 보양

6 강구조(철골구조)
- 강구조 용어와 접합방법 및 특성을 파악하기

Q 용어 CHECK
- 피치 · 플랜지 · 웨브 · 형강
- 필릿용접 · 그루브용접 · 고장력볼트

7 조적구조
- 벽돌의 품질 및 규격, 조적쌓기 종류 및 시공방법을 파악하기

Q 용어 CHECK
- 벽돌구조 · 블록구조 · 돌구조
- 모르타르 · 줄눈 · 쌓기방법

8 수장 및 창호·유리공사
- 수장의 개념과 창호 및 유리공사의 종류별 특징 파악하기

Q 용어 CHECK
- 수장 · 걸레받이 · 고막이
- 반자 · 멀리온 · 미닫이
- 미서기(미세기) · 여닫이
- 자재문 · 회전문 · 복층유리
- 강화유리 · 로이유리

9 미장·타일·도장공사
- 미장의 용어와 타일 및 도장공사의 종류별 특징 파악하기

Q 용어 CHECK
- 덧먹임 · 고름질 · 초벌
- 재벌 · 정벌

10 장기수선 계획수립 등을 위한 건축적산
- 적산과 견적의 차이점과 개념 파악하기

Q 용어 CHECK
- 개산견적 · 명세견적 · 정미량
- 소요량 · 총공사비 · 적산 · 견적

발문 미리보기

- 건물 구조 형식에 관한 설명으로 옳지 않은 것은?
- 방수공사에 관한 설명으로 옳은 것은?

|POINT| 건축물의 뼈대에 필요한 재료와 특징을 파악하고, 각각의 요소들이 안전하기 위해서 법적 설계기준에 얼마나 적합한지를 잘 알아야 합니다.

1 건축구조개론 단위 이해

1. SI(International System of Units) 단위

(1) 단위계

① 종래 우리는 CGS, MKS계 단위를 혼용하여 사용하였지만, 지금은 SI 단위를 사용한다.

② 각 단위계별 단위 대조표

단위계 \ 양	길이	질량	시간	힘	응력
SI계	mm	kg	s	N	N/mm^2, MPa
CGS계	cm	g	s	dyn	dyn/cm^2
MKS계	m	kg	s	kgf	kgf/m^2

③ SI 접두어

배수	명칭	기호	배수	명칭	기호
10^{12}	테라(tera)	T	10^{-1}	데시(deci)	d
10^9	기가(giga)	G	10^{-2}	센티(centi)	c
10^6	메가(mega)	M	10^{-3}	밀리(milli)	m
10^3	킬로(kilo)	k	10^{-6}	마이크로(micro)	μ
10^2	헥토(hecto)	h	10^{-9}	나노(nano)	n

(2) 개념에 따른 단위 사용

① **중량(무게)의 개념**

　예) 사람의 몸무게 kg, 콘크리트의 단위용적중량: $2t/m^3 = 2,000kg/m^3$

② **강도의 개념**

　예) 콘크리트 재령 28일의 설계기준강도: $150kgf/cm^2 = 15N/mm^2 = 15MPa$

③ **힘의 개념**

　예) 보에 작용하는 등분포 하중: N/m

2. 단위 환산

(1) 힘의 단위

① 1kgf의 힘을 N으로 환산

② 1kgf는 질량 1kg의 물체에 중력가속도 $9.8m/s^2$를 내게 하는 힘

$(1kg) \times (9.8m/s^2) = 9.8kg \cdot m/s^2 = 9.8N ≒ 10N$

∴ $1kgf = 9.8N ≒ 10N$

(2) 응력의 단위

① $1Pa(Pascal) = 1N/m^2$, $1MPa(Mega\ Pascal) = 1N/mm^2$를 주로 사용

∴ $1MPa = 1N/mm^2 = 10^6 Pa = 10^3 kPa$

② $1Pa = 1N/m^2 = 0.102kgf/10,000cm^2 = 1.02 \times 10^{-5} kgf/cm^2$

③ $1kPa = 10^3 Pa = 10^3 \times 1.02 \times 10^{-5} kgf/cm^2$
$= 1.02 \times 10^{-2} kgf/cm^2 = 0.0102 kgf/cm^2$

④ $1MPa = 10^6 Pa = 10^6 \times 1.02 \times 10^{-5} kgf/cm^2 = 10.2 kgf/cm^2$

∴ $1kgf/cm^2 = 1/10.2 MPa = 0.098MPa ≒ 0.1MPa$

> **참고** 단위 환산 적용
>
> • $1kgf = 9.8N ≒ 10N$
> • $1kgf/cm^2 = 0.098MPa ≒ 0.1MPa$

2 건축구조개론 일반사항

1. 용어 정리

(1) 구조에 관한 용어

① **부재**(部材): 골조를 구성하는 구성요소의 뜻으로 구조물의 뼈대를 형성하는 각 단위재를 말한다.

② **하중**(荷重): 구조물 또는 부재에 응력(應力) 및 변형(變形)을 발생시키는 일체의 작용을 말한다.

③ **연직하중**: 구조물에 중력방향으로 작용하는 하중, 중력하중이라고도 한다.

④ **횡하중**(수평하중): 수직방향 구조물에 수평으로 작용하는 하중을 말한다.

⑤ **응력**(應力): 물체의 외부에서 외력이 가해질 때, 그 물체 내부에 이것을 저항하려고 하는 힘이 발생한다. 이 저항을 응력이라 한다.

⑥ **압축력**(壓縮力): 부재의 양끝에서 중앙으로 작용하는 힘(= 누르는 힘)을 말하고, 부재가 견디는 힘은 압축강도라고 하며, 기둥에 주로 작용한다.

⑦ **인장력**(引仗力): 부재의 양끝에서 바깥으로 잡아당기는 힘을 말하고, 부재가 견디는 힘은 인장강도라고 한다. 철근에 주로 작용하며, 보 또는 바닥판에도 휨에 의해 인장력이 발생한다.

⑧ **휨모멘트**: 바닥판이나 보에 작용하는 힘으로 양끝이 고정된 상태에서 가운데를 누르는 힘에 의해 발생한다.

⑨ **전단력**(剪斷力): 부재의 상하에서 서로 반대로 작용하는 힘을 말하며, 가위와 같은 역할을 한다. 주로 보의 양끝에서 휨에 의해 발생한다.

⑩ **부재력**(部材力): 하중 및 외력에 의하여 구조부재에 생기는 축방향력(軸方向力)·휨모멘트·전단력(剪斷力)·비틀림 등을 말한다.

⑪ **구조내력**: 구조부재 및 이와 접하는 부분 등이 견딜 수 있는 부재력을 말한다.

(2) 재료에 관한 용어

① **내구성**(耐久性): 건축물 및 공작물의 안전성을 일정한 수준으로 유지하기 위해 필요한 것으로서, 장기간에 걸친 외부의 물리적, 화학적 또는 기계적 작용에 저항하여, 변질되거나 변형되지 않고 처음의 설계조건과 같이 오래 사용할 수 있는 구조물의 성능을 말한다.

② **내화성**(耐火性): 재료의 열에 대한 저항성으로 불에 노출되어도 쉽게 손상되지 않고 고온에 견디는 성질을 말한다.

③ **불연성**(不燃性): 콘크리트, 석재, 기와, 유리 등과 같이 불에 타지 않는 성질을 말한다.

④ **난연성**(難練性): 물질이 연소하는 성질을 분류하면 가연성(可燃性), 난연성, 불연성 등이 있으며, 난연성은 가연성과 불연성의 중간으로 연소하기 어려운 재료의 성질을 말하며, 화재의 확대를 늦추거나 또는 멈추게 하는 처리를 한 물체의 표면 또는 구조로 되어 있다.

⑤ **탄성**(彈性): 외부 힘에 의하여 변형을 일으킨 물체가 힘이 제거되었을 때 원래의 모양으로 되돌아가려는 성질로 일상생활에서는 고무나 스프링 등에서 쉽게 볼 수 있다.

⑥ **연성**(延性): 탄성한계를 넘는 힘을 가함으로써 물체가 파괴되지 않고 늘어나는 성질을 말한다.

⑦ **소성**(塑性): 물체에 작은 외력을 가하여도 변형하지 않고, 어느 정도(항복값) 이상의 외력을 가하면 변형하고 외력을 제거하여도 원래의 형상으로 되돌아가지 않는 성질을 말한다.

⑧ **취성**(脆性): 물체에 외력을 가할 때 탄성한계가 적으면 그 한계를 넘자마자 파괴를 일으키는 성질을 말한다. 즉, 물체가 쉽게 부서지는 성질을 말한다.

⑨ **강도**(强度): 구조물이나 그것을 구성하는 부재가 외력에 대하여 저항하는 힘의 최댓값을 말하며, 재료의 경우에는 주로 단위 단면적당 힘의 크기로 나타낸다.

⑩ **강성**(剛性): 구조물 또는 그것을 구성하는 부재는 하중을 받으면 변형하는데, 이 변형에 대한 저항의 정도를 말한다.

2. 건축물의 주요 구성요소

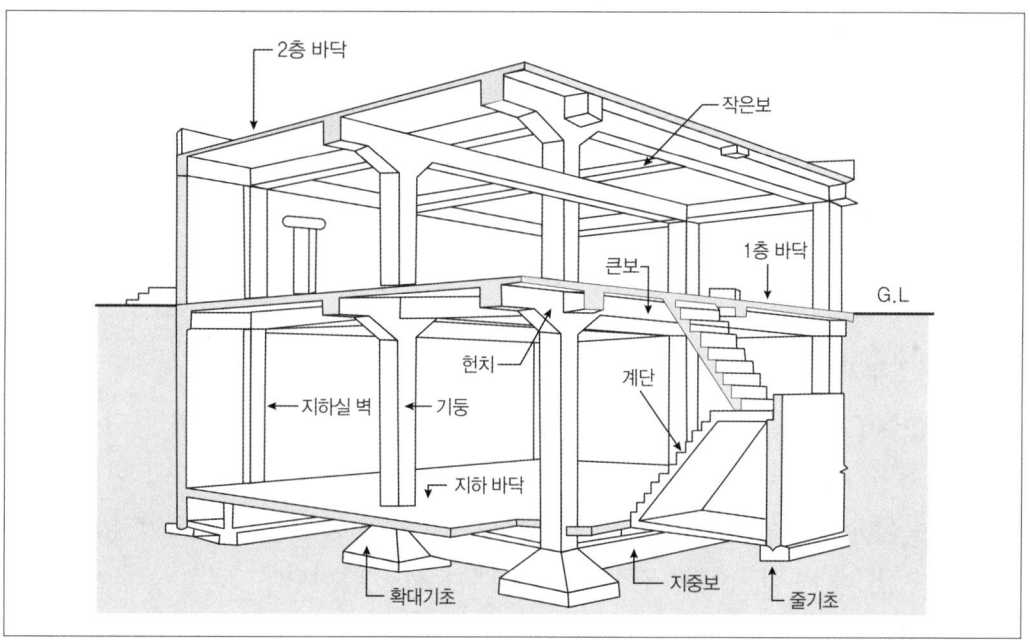

(1) 구조부재

① **기초**(Foundation): 건물 하부의 구조로서 건물의 무게를 지반에 전달하여 완전히 지탱하게 하는 것을 말한다.

② **기둥**(Column): 높이가 최소 단면 치수의 3배 혹은 그 이상이고, 주로 축방향의 압축하중을 지지하는 데에 쓰이는 압축부재를 말한다.

③ **벽**(Wall): 두께에 직각으로 측정한 수평 치수가 그 두께의 3배를 넘는 수직부재를 말하며, 수직으로 설치하여 공간을 구성하는 부재로 단순히 기둥과 벽체의

공간을 막아 주는 역할만 하는 장막벽(= 비내력벽, 칸막이벽)과 바닥판을 지지하여 하부로 전달하는 내력벽(耐力壁)이 있다.

④ **보**(Beam, Girder): 건물 혹은 구조물의 형틀 부분을 구성하는 수평부재로 작은 보(Beam), 큰보(Girder)가 있다.

⑤ **바닥**(Floor, Slab): 공간을 막아 놓은 밑바닥, 즉 건물의 수평체이고 그 위에 실리는 하중을 받아 이것을 기둥 또는 벽에 전달하는 것을 말한다.

⑥ **지붕틀**(Roof): 건물의 최상부를 막아 우설(雨雪)을 막는 구조체이다.

⑦ **계단**(Stairs): 층대 또는 층계라고도 하며, 고저차가 있는 상하를 연결시키는 통로가 되는 것이다.

이렇게 출제!

01 건축물의 구성부분 중 하중을 지지하지 않는 것은? 제11회 기출

① 보   ② 기둥
③ 바닥판   ④ 계단
⑤ 칸막이벽

해설 기둥, 보, 내력벽, 지붕틀, 주계단 등은 상부의 하중을 지지하는 주요 구조부이나 칸막이벽은 자체의 하중만을 담당하는 비내력벽이다.

정답 ⑤

---

(2) 비구조부재

① **천장**(Ceiling, 반자): 지붕 밑 또는 위층의 바닥 밑을 막아 열 차단, 음향 방지(흡음, 방음)와 장식을 겸한 것을 말하고, 그 구조체를 반자라고 한다.

② **수장**(Fixture): 주로 장식을 목적으로 구조체에 붙여 대는 것의 총칭으로서 내부 수장, 즉 벽면, 바닥, 천장에 붙여 대는 것을 말한다.

③ **창호**(Window & Door): 출입, 채광, 통풍, 기타 목적으로 벽체 또는 지붕, 천장 등에 댄 것이다.

3. 설계하중

(1) 장기하중

① **고정하중**(Dead Load): 건축물의 주요 구조부와 이에 부착·고정되어 있는 비내력 부분 및 각종 시설·설비 등의 중량에 의하여 구조물의 존치기간 중 지속적으로 작용하는 연직하중을 말한다.

② **활하중**(Live Load): 적재하중이라고도 하며, 건물의 사용 및 점유에 의해서 발생되는 하중으로 사람, 가구, 이동칸막이, 창고의 저장물, 설비기계 등의 하중을 말한다.

(2) 단기하중
① 구조물에 일시적으로 작용하는 하중을 말한다.
② 설하중(S), 풍하중(W), 지진하중(E), 강우하중(R), 충격하중(I) 등을 말한다.

이렇게 출제!

02 건축물의 하중에 관한 설명으로 옳지 않은 것은? 제21회 기출

① 지진하중은 지반 종류의 영향을 받는다.
② 풍하중은 지형의 영향을 받는다.
③ 고정하중은 구조체의 자중을 포함한다.
④ 설하중은 지붕 형상의 영향을 받는다.
⑤ 가동성 경량 칸막이벽은 고정하중에 포함된다.

해설 가동성 경량 칸막이벽은 이동이 수시로 가능하므로 활하중에 포함된다.

정답 ⑤

---

3 토공사

1. 지반

(1) 용어 정리
① **투수성**(透水性): 물이 토양 속을 얼마나 쉽게 통과할 수 있느냐를 나타내는 척도를 말한다.
② **가소성**(可塑性): 외력에 의해 형태가 변한 물체가 외력이 없어져도 원래의 형태로 돌아오지 않는 물질의 성질을 말하며 탄성한계를 넘는 힘이 작용할 때 나타난다.
③ **함수율**(含水率): 어떤 용적의 흙에 포함되는 물의 중량과 흙의 전중량에 대한 비율을 백분율로 나타낸 값을 말한다.
④ **간극비**(間隙比): 흙의 간극 체적과 흙입자 체적의 비를 간극비라 한다.
⑤ **간극수압**(間隙水壓): 흙입자 간의 간극에 존재하는 물이 나타내는 압력을 말한다.

⑥ **예민비**(Sensitivity Ratio): 진흙의 자연 시료는 어느 정도 강도는 있으나 그 함수율을 변화시키지 않고 이기면 약하게 되는 성질이 있는데, 그 정도를 나타내는 것이 예민비이다.
⑦ **압밀침하**: 외력에 의하여 간극 내의 물이 빠져 흙입자 간의 사이가 좁아지면서 침하되는 것을 말한다.
⑧ **다짐**: 사질 지반에서 외력에 의해 공기가 빠져나가면서 압축되는 현상(간격이 좁아지는 현상, 밀도가 증가되는 현상)을 말한다.
⑨ **내부마찰각**(內部摩擦角): 흙에 전단응력이 존재하면 흙입자 사이의 서로 얽히는 작용으로 입자 사이에 마찰저항이 발생하는데 이때 발생하는 흙 사이의 마찰각을 말한다.
⑩ **허용지내력**: 지반의 허용지지력 내에서 침하 또는 부동침하가 허용한도 내로 될 수 있게 하는 하중을 말한다.
⑪ **액상화 현상**: 물에 포화된 느슨한 모래가 진동, 충격 등에 의한 간극수압의 급격한 상승으로 인하여 전단저항을 잃어버리는 현상을 말한다.

(2) 흙에 대한 이해
① 지반을 구성하고 있는 것은 암반(경암과 연암), 자갈, 자갈 + 모래가 섞인 풍화토, 흙(loam = 롬토)이다.
② 암반이 부서지면 자갈이 되고, 자갈은 작은 자갈과 모래로 부서지고, 이것들은 다시 흙이 된다. 흙은 크기에 따라 가장 입자가 큰 모래와 그 다음 크기인 실트, 가장 작은 입자인 점토로 구성되어 있다.

2. 흙막이

(1) 용어 정리

흙막이 시공 장면

① **흙막이**: 땅파기에 있어 지반의 붕괴 및 주변의 침하 등을 방지하기 위하여 설치하는 가설구조물을 말한다.
② **흙막이판**: 토류판(土留板)이라고도 하며, H형강 엄지말뚝의 플랜지 사이에 수평으로 설치되는 나무판으로서 배면(背面)의 측압을 직접 지지하는 휨부재를 말한다.

(2) 일반사항
① 흙파기공사 중 가장 주의해야 할 사항은 흙의 무너짐이다.
② 흙막이란 흙의 무너짐을 예방하기 위해 흙을 파 내려가면서 나무나 철재판을 사용하여 지중에 수직으로 설치하는 벽체를 말하며, 파낸 흙은 차량 등을 동원하여 외부로 반출하게 된다.

3. 흙파기

(1) 용어 정리
① **터파기**: 구조물의 기초 또는 지하부분을 구축하기 위하여 행하는 지반의 굴착을 말한다.
② **지반의 개량**: 지반의 지지력 증대 또는 침하의 억제에 필요한 토질의 개선을 목적으로 흙다짐, 탈수 및 치환 등으로 공학적 능력을 개선시키는 것을 말한다.

(2) 일반사항
① 흙을 걷어낼 때에는 흙의 무너짐이나 인근건물의 붕괴를 고려하여야 하는데, 공사부지가 인근건물과 멀리 떨어져 있는 경우에는 무너질 가능성이 있는 흙을 경사지게 깎아내어 공사하는 방법을 사용한다. 이를 오픈 컷(open cut) 공법이라고 한다.
② 중앙부에서 먼저 굴착하고 그 주변으로 굴착하는 방법을 사용하는 것을 아일랜드 컷(island cut) 공법이라고 하고, 무른 지반인 경우에는 어느 지점에서 굴착을 하더라도 흙의 붕괴가 예상되므로 주변에서 먼저 흙막이공사를 한 후 중앙으로 굴착해가는 것을 트렌치 컷(trench cut) 공법이라고 한다.

> **이렇게 출제!**
>
> **03** 흙의 휴식각을 고려하여 별도의 흙막이를 설치하지 않는 터파기 공법은?
>
> 제26회 기출
>
> ① 역타(top down) 공법
> ② 어스앵커(earth anchor) 공법
> ③ 오픈 컷(open cut) 공법
> ④ 아일랜드(island) 공법
> ⑤ 트랜치 컷(trench cut) 공법
>
> **해설** 오픈 컷(open cut) 공법의 설명이다.
>
> 정답 ③

4 기초구조

1. 기초분류 체계도

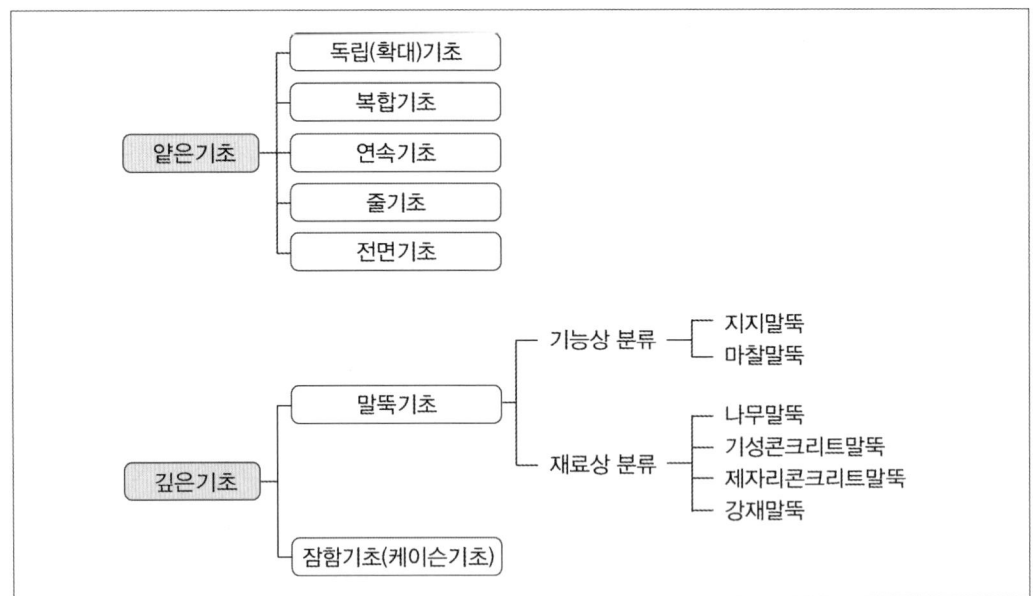

① **얕은기초:** 기초 폭에 비하여 근입 깊이가 얕고 상부 구조물의 하중을 분산시켜 기초하부 지반에 직접 전달하는 기초이다.
② **깊은기초:** 기초의 지반 근입 깊이가 깊고 상부 구조물의 하중을 말뚝 등에 의해 깊은 지지층으로 전달하는 기초형식이다.

2. 일반사항

(1) 용어 정리

① **기초**(基礎): 기초판과 지정을 합하여 말하며, 상부구조에 대응하여 부를 때는 기초구조라고 하기도 한다.

② **기초판**(基礎版): 기둥 또는 벽체에 작용하는 하중을 지중에 전달하기 위하여 기초가 펼쳐진 부분을 말한다.

③ **지정**(地定): 기초를 안전하게 지지하기 위하여 기초를 보강하거나 지반의 내력을 보강하는 것으로 자갈, 잡석 및 말뚝 등의 부분을 말한다.

④ **말뚝**(Pile): 기초판으로부터의 하중을 지반에 전달하도록 하기 위하여 기초판 아래에 만들어진 기둥 모양의 지정을 말한다.

⑤ **지중보**: 기초와 기초를 연결하는 수평보로 주각부의 강성을 증대시킨다.

⑥ **독립**(확대)**기초**: 상부 구조물의 기둥 또는 벽체를 지지하면서 그 하중을 말뚝이나 지반에 전달하는 기초형식이다.

⑦ **복합기초**: 2개 또는 그 이상의 기둥으로부터의 응력을 하나의 기초판을 통해 지반 또는 지정에 전달하도록 하는 기초를 말한다.

⑧ **연속기초**: 벽 아래를 따라 또는 일련의 기둥을 묶어 띠모양으로 설치하는 기초의 저판에 의하여 상부 구조로부터 받는 하중을 지반에 전달하는 형식의 기초이다.

⑨ **줄기초**: 벽체를 지중으로 연장한 기초로서 길이 방향으로 긴 기초이다.

⑩ **전면기초**: 상부 구조물의 여러 개의 기둥 또는 내력벽체를 하나의 넓은 슬래브로 지지하는 기초형식이다.

⑪ **지지말뚝**: 연약한 지층을 관통하여 굳은 지반이나 암반층까지 도달시켜 지지력의 대부분을 말뚝선단의 저항으로 지지하는 말뚝을 말한다.

⑫ **마찰말뚝**: 지지력의 대부분을 주면(柱面)의 마찰로 지지하는 말뚝을 말한다.

⑬ **케이슨기초**: 지상에서 제작하거나 지반을 굴착하고 원위치에서 제작한 콘크리트통에 속채움을 하는 깊은기초 형식을 말한다.

⑭ **부동**(= 부등)**침하**: 한 건물에서 부분적으로 서로 상이하게 침하되는 현상을 말한다.

> **이렇게 출제!**
>
> **04 기초에 관한 설명으로 옳지 않은 것은?** 제21회 수정
>
> ① 얕은기초: 기초 폭에 비하여 근입 깊이가 얕고 상부 구조물의 하중을 분산시켜 기초하부 지반에 직접 전달하는 기초
> ② 말뚝기초: 말뚝을 지중에 삽입하여 하중을 지반 속 깊은 곳의 지지층으로 전달하는 깊은기초의 대표적인 기초 형식
> ③ 연속기초: 상부구조물의 여러 개의 기둥 또는 내력벽체를 하나의 넓은 슬래브로 지지하는 기초 형식
> ④ 복합기초: 두 개 이상의 기둥으로부터의 하중을 하나의 기초판을 통하여 지반으로 전달하는 구조체
> ⑤ 확대기초: 상부구조물의 기둥 또는 벽체를 지지하면서 그 하중을 말뚝이나 지반에 전달하는 기초 형식
>
> **해설** 전면기초: 건물 전체의 하중을 두꺼운 하나의 기초판으로 지반에 전달하는 기초
>
> 정답 ③

(2) 동결선

① 대기온도의 영향이 미치지 아니하는 깊이의 하부를 동결선이라고 한다.
② 동결선을 고려하지 않을 경우, 한랭지의 외기온도가 계속하여 0℃ 이하가 되면 지중에 함유하는 수분이 동결하여 지반이 부풀어 오른다. 이 현상이 계속되어 하부까지 얼어 내려가면 토사의 용적이 증가하여 구조물 및 기초 중 얕은 부분은 떠오르는 피해가 생긴다.
③ 동결선의 깊이는 남부지방은 60cm, 중부지방은 90cm, 북부지방은 120cm이다.

5 철근콘크리트 구조

1. 철근공사

(1) 용어 정리

① **피복두께**: 철근 표면에서 이를 감싸고 있는 콘크리트 표면까지의 최단거리를 말한다.
② **갈고리**: 철근의 정착 또는 겹침이음을 위해 철근 끝을 구부린 부분으로, 철근의 끝부분을 180°, 135°, 90° 등의 각도로 구부려 만든다.
③ **스터럽**(stirrup): 보의 주철근을 둘러싸고 이에 직각이 되게 또는 경사지게 배치한 철근으로서 전단력에 저항하도록 배치한 보강철근을 말한다.

④ **띠철근**: 기둥에서 종방향 철근의 위치를 확보하고 전단력에 저항하도록, 정해진 간격으로 배치된 횡방향의 보강철근을 말한다.

> **이렇게 출제!**
>
> **05** 다음 철근콘크리트 보의 단면에서 철근의 피복두께를 나타내는 것은?
>
> 제14회 기출
>
>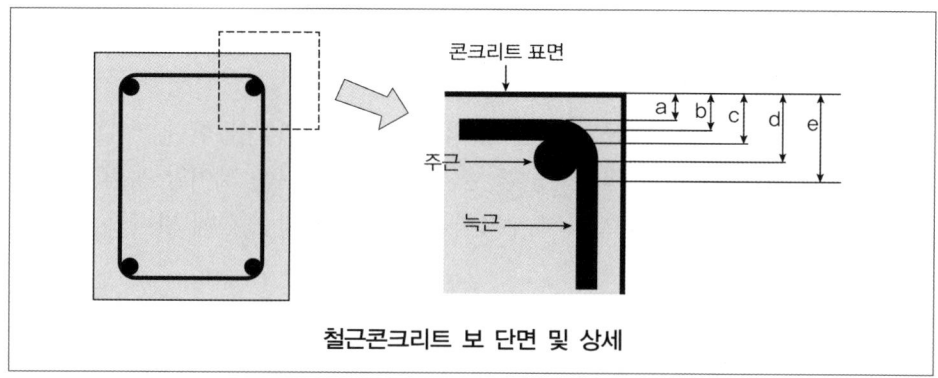
>
> 철근콘크리트 보 단면 및 상세
>
> ① a(콘크리트 표면에서 늑근 바깥쪽 표면까지의 거리)
> ② b(콘크리트 표면에서 늑근 중심까지의 거리)
> ③ c(콘크리트 표면에서 주근 바깥쪽 표면까지의 거리)
> ④ d(콘크리트 표면에서 주근 중심까지의 거리)
> ⑤ e(콘크리트 표면에서 주근 안쪽 표면까지의 거리)
>
> **해설** 가장 가까운 철근의 표면은 a(콘크리트 표면에서 늑근 바깥쪽 표면까지의 거리)이다.
>
> **정답** ①

(2) 일반사항

① 철근은 인장강도가 약한 콘크리트를 보강하기 위해 사용하며, 형태가 일정하지 않은 이형(異形)철근을 많이 사용한다.

② 사용하는 철근의 직경과 배근간격 등은 구조계산에 의해 명기된 도면에 따른다.

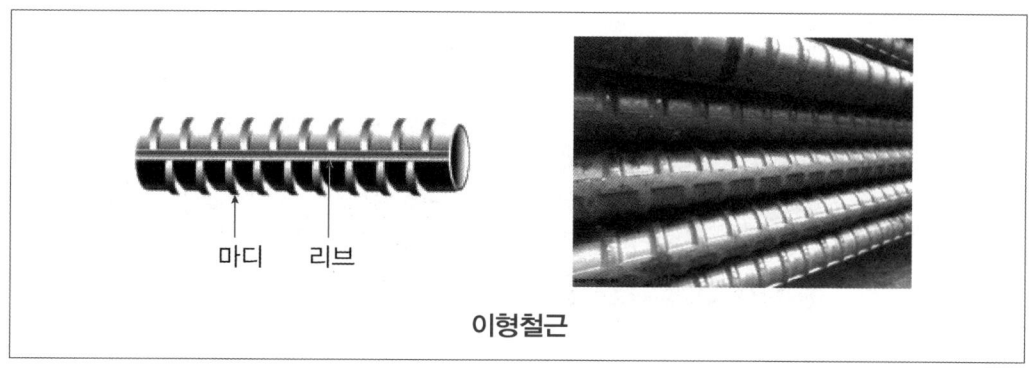

이형철근

(3) 철근의 종류와 표기방법

① **ø9**: 직경 9mm인 원형철근
② **D10**: 공칭직경 10mm인 이형철근
③ **HD**(High tension Deformed bar) **10**: 공칭직경 10mm인 고강도 철근
④ **SD300**: 일반 이형철근으로 항복강도는 300MPa

이렇게 출제!

06 철근에 관한 설명으로 옳은 것은? 제23회 기출

① 띠철근은 기둥 주근의 좌굴 방지와 전단보강 역할을 한다.
② 갈고리(Hook)는 집중하중을 분산시키거나 균열을 제어할 목적으로 설치한다.
③ 원형철근은 콘크리트와의 부착력을 높이기 위해 표면에 마디와 리브를 가공한 철근이다.
④ 스터럽(Stirrup)은 보의 인장보강 및 주근 위치고정을 목적으로 배치한다.
⑤ SD400에서 400은 인장강도가 400MPa 이상을 의미한다.

해설 ② 배력철근은 집중하중을 분산시키거나 균열을 제어할 목적으로 설치한다.
③ 이형철근은 콘크리트와의 부착력을 높이기 위해 표면에 마디와 리브를 가공한 철근이다.
④ 스터럽(Stirrup)은 보의 전단보강 및 주근 위치고정을 목적으로 배치한다.
⑤ SD400에서 400은 항복강도가 400MPa 이상을 의미한다.

정답 ①

---

2. 거푸집

(1) 용어 정리

① **거푸집**(form): 부어 넣은 콘크리트가 소정의 형상, 치수를 유지하며 콘크리트가 적당한 강도에 도달하기까지 지지하는 것을 말한다.
② **동바리**: 콘크리트 타설시 보 및 슬래브 등의 연직하중을 지지하기 위한 가설구조물을 말한다.

거푸집 및 동바리 시공 장면

(2) 일반사항

① 거푸집이란 철근콘크리트 공사에서 필수적으로 사용되는 재료로, 비빔 후 굳지 않은 콘크리트의 형상을 유지시키기 위한 형틀을 말하며, 유로폼이 일반적으로 사용되고 있다.

② 거푸집은 한 번 사용하고 버리는 물건이 아니라 계속하여 사용되는 것으로, 콘크리트가 성형되어 변형이나 처짐이 생기지 않을 정도가 되면 설치했던 거푸집은 철거하고 다음 구조물 시공을 위해 반복하여 사용한다.

③ 거푸집은 단순히 설치하는 것이 아니라 도면에서 요구하는 형상을 유지하는 틀이므로 콘크리트 타설시 변형이 없어야 한다. 따라서 튼튼한 재질이어야 하며, 붕괴·변형 등이 생기지 않도록 설치하여야 한다.

3. 콘크리트

(1) 용어 정리

① **잔골재**: 10mm 체를 전부 통과하고 5mm 체를 거의 다 통과하며 0.08mm 체에 모두 남는 골재를 말한다.

② **굵은골재**: 5mm 체에 다 남는 골재를 말한다.

③ **단위수량**: 아직 굳지 않은 콘크리트 $1m^3$ 중에 포함된 물의 양을 말한다.

④ **물 - 결합재비**(물시멘트비): 모르타르 또는 콘크리트에 포함된 시멘트 페이스트 내의 시멘트에 대한 물의 질량 백분율을 말한다.

⑤ **혼화재료**: 시멘트, 물, 골재 이외의 재료로서 비빔시 필요에 따라 모르타르 또는 콘크리트의 성분으로 부가혼합하는 재료를 말한다.

⑥ **부배합과 빈배합**: 콘크리트는 골재와 시멘트를 적정비율로 혼합하여 사용한다. 이때 단위골재에 대한 단위시멘트의 양이 많으면 부배합(富配合)이라고 하고, 적으면 빈배합(貧配合)이라고 한다.

⑦ **반죽질기**(Consistency): 주로 수(水)량에 의하여 좌우되는 아직 굳지 않은 콘크리트의 변형 또는 유동에 대한 저항성을 말한다.

⑧ **시공연도**(Workability): 묽기 정도 및 재료 분리에 저항하는 정도 등 복합적 의미에서의 시공 난이 정도를 말한다.

⑨ **블리딩**: 굳지 않은 콘크리트에서 고체 재료의 침강 또는 분리에 의하여 콘크리트에서 물과 시멘트 혹은 혼화재의 일부가 콘크리트 윗면으로 상승하는 현상을 말한다.

⑩ **레이턴스**: 콘크리트 타설 후 블리딩에 의해 부유물과 함께 내부의 미세한 입자가 부상하여 콘크리트의 표면에 형성되는 경화되지 않은 층을 말한다.

⑪ **보양**(curing): 모르타르 또는 콘크리트를 시공한 다음 소정의 품질이 되도록 양생하는 것 또는 시공 중 수장재 등의 재면이 손상되지 않게 하는 것을 말한다.

(2) 일반사항

① 시멘트, 모래, 자갈을 물과 반죽하여 거푸집이라는 틀 속에 부어 넣어 구조물을 만드는 방법으로, 강알칼리성인 콘크리트는 내구성 및 압축강도가 우수하나 인장강도가 작아 단독으로 구조물을 형성하기에는 부족하므로 철근으로 인장력을 보강하여 시공한다.
② 현장에서 직접 시멘트와 모래, 자갈, 물을 배합하여 사용하던 과거와는 달리 현재의 콘크리트는 전문공장에서 일정하게 배합하여 공급되는 레디믹스트콘크리트(통칭 '레미콘')를 주문하여 사용하고 있으며, 타설작업도 콘크리트 펌프카를 이용하여 높은 곳까지 타설하고 있다.
③ 압축강도뿐만 아니라 인장강도가 요구되는 건축물에는 철근으로 보강하여 사용한다.
④ 자체 무게가 $1m^3$당 약 2.3톤(철근콘크리트는 2.4톤)으로 무겁다는 특성을 가지고 있다.
⑤ 콘크리트는 물을 섞어 배합하였기 때문에 일정 시간까지는 유동성의 상태로서, 시멘트와의 반응(수화반응이라 한다)에 의해 1시간 정도가 되면 굳기 시작하여 10시간 정도가 되면 성형이 이루어진다. 설계에서 요구하는 강도는 보통 콘크리트인 경우 28일(= 재령)이며 시멘트의 종류에 따라 달라지는데 늦게 경화되는 제품이 강도가 좋다.

(3) 보의 형태와 종류

① **단순보**: 양단이 기둥이나 벽 등에 단순히 얹혀 있는 상태의 보를 말한다.
② **내민보**: 연속보의 한 끝이나 지점에 고정된 보의 한 끝이 지점에 내밀어 달려 있는 캔틸레버 구조의 보를 말한다.
③ **양단고정보**: 보의 양쪽 단부가 벽이나 기둥 등에 접합된 고정된 보를 말한다.

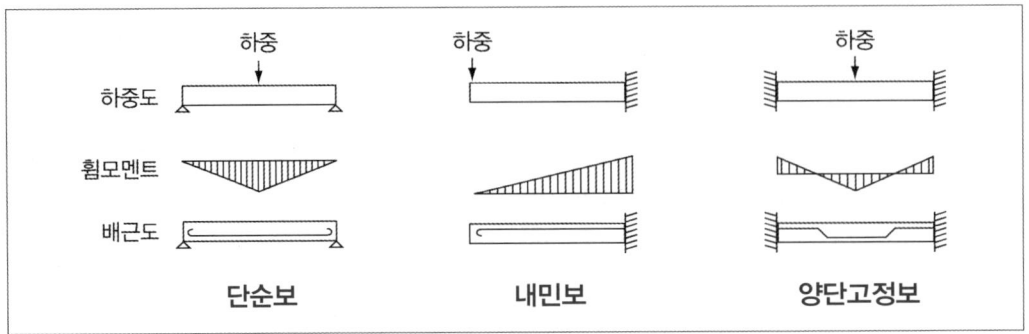

(4) 기둥

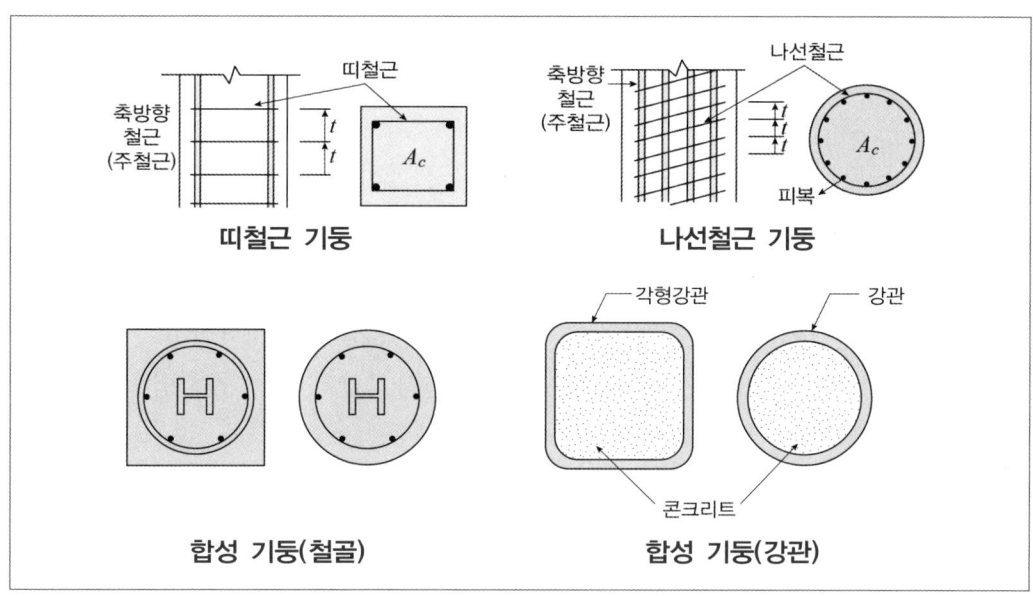

(5) 슬래브(slab)

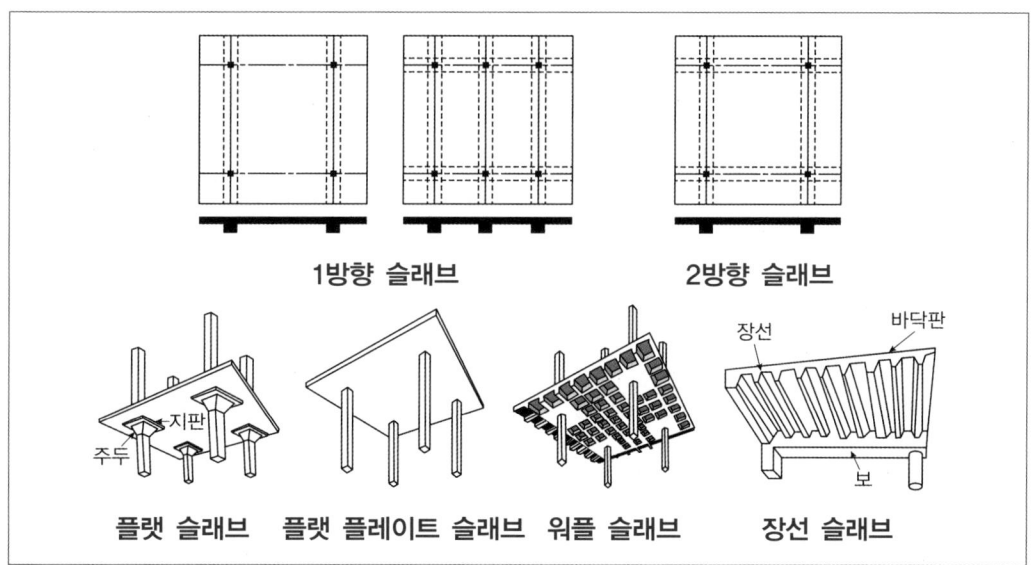

6 강구조(철골구조)

1. 일반사항

(1) 정의

① 철골공사란 형강, 강관, 강판 등을 가공 결합하여 기둥, 보 등의 부재를 접합의 방법으로써 구조체를 형성하는 공사이다.
② 강구조는 콘크리트 구조물이나 조적 구조물처럼 현장에서 모든 공정이 이루어지지 않고 기둥과 보는 공장에서 주로 용접의 방법으로 제작하고, 나머지 공정은 현장에서 시공하여 구축하는 구조로서 공사기간이 짧은 공사방법이다.

> **이렇게 출제!**
>
> **07 강구조의 장점 및 단점에 관한 설명으로 옳지 않은 것은?** 제22회 기출
>
> ① 강재는 재질이 균등하며, 강도가 커서 철근콘크리트에 비해 건물의 중량이 가볍다.
> ② 장경간 구조물이나 고층 건축물을 축조할 수 있다.
> ③ 시공정밀도가 요구되어 공사기간이 철근콘크리트에 비해 길다.
> ④ 고열에 약해 내화설계에 의한 내화피복을 해야 한다.
> ⑤ 압축력에 대해 좌굴하기 쉽다.
>
> **해설** 강구조는 공장 제작작업과 현장 조립작업으로 공사의 표준화를 도모할 수 있어 시공효율이 매우 높으며, 건식공법이므로 철근콘크리트에 비해 공사기간이 짧다.
>
> **정답** ③

(2) 용어 정리

① **게이지 라인**(gauge line): 볼트의 중심선을 연결하는 선을 말한다.
② **게이지**(gauge): 게이지 라인과 게이지 라인 사이의 응력 수직방향 중심 간격을 말한다.
③ **피치**(pitch): 볼트 중심 사이의 간격을 말한다.
④ **연단거리**(edge distance): 리벳이나 볼트 등의 구멍 중심으로부터 피접합재의 연단까지의 거리를 말한다.
⑤ **클리어런스**(clearance): 볼트와 수직재면과의 거리(작업시 필요한 여유)를 말한다.
⑥ **플랜지**(flange): H형강보에서 상하에 날개처럼 내민 부분을 말한다.
⑦ **웨브**(web): H형강보에서 중앙복부를 말하며, 이 부분의 부재를 복부재라고도 한다.

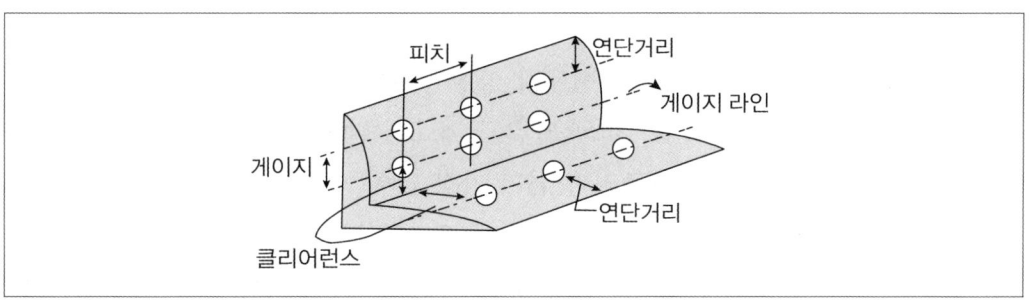

(3) 강재의 종류

① **형강**(shape plate): 단면적에 비하여 단면의 응력이 최대로 발휘될 수 있는 형태로 된 것으로 H형강, I형강, ㄷ형강(channel), ㄱ형강(angle) 등이 많이 사용된다.

② **봉강**(steel bar) 및 **강관**(steel pipe): 봉강의 단면은 원형, 4각, 6각, 8각 등이 있고, 철골구조로는 주로 원형봉강과 이형철근이 사용되며, 강관은 강판을 원형으로 말아서 만든 것을 말한다.

2. 접합방법 및 특성

(1) 용어 정리

① **예열**: 균열 발생이나 열영향부의 경화를 막기 위해서 용접 또는 가스절단하기 전에 모재에 미리 열을 가하는 것을 말한다.

② **그루브**(groove): 용접에서 두 부재 간 사이를 트이게 한 홈으로, 용착금속을 채워 넣는 부분을 말한다.

③ **뒷댐재**(back strip): 용접에서 부재의 밑에 대는 금속판으로 모재와 함께 용접된다.

④ **엔드탭**(end tab): 용접선의 단부에 붙인 보조판으로 아크의 시작부나 종단부의 크레이터 등의 결함 방지를 위하여 사용한다. 사용 후 그 판은 제거한다.

⑤ **위빙**(weaving): 용접방향과 직각으로 용접봉 끝을 움직여 용착너비를 증가시켜 용접층수를 작게 하여 효과적으로 운행하는 방법을 말한다.

⑥ **위핑**(weeping): 용접작업 중에 용접봉을 용접하는 방향에 대하여 가로로 왔다갔다 움직여 용착금속을 녹여 붙이는 방법을 말한다.

⑦ **그루브용접**(맞댐용접): 접합재를 동일평면으로 유지하며 그 끝을 적당한 모양 또는 각도로 가공하여 용접살을 개선부에 채워 넣는 용접방식을 말한다.

⑧ **필릿용접**(모살용접): 부재의 끝을 깎아내지 않고 부재와 부재의 교차선을 따라 등변 또는 부등변 삼각형 모양으로 용접살을 붙여 용접하는 방식을 말한다.

(2) 개념

① 강구조는 접합의 방법으로 뼈대가 형성되는데, 과거에는 리벳접합의 방법이 주로 사용되었으나, 용접기술의 발달과 재료의 발달로 현재는 공장작업은 아크용접, 현장작업은 고력볼트의 방법이 가장 많이 사용되고 있다.

② 철골공사는 현장에서는 기초공사를 하고, 공장에서는 기둥과 보에 해당하는 골조부분을 제작하여 장비를 이용해 현장에 설치하며, 철근콘크리트에 비하여 공사기간이 대단히 빠르다(현장에서 모든 공정이 이루어지기도 한다).

(3) 접합방법

① **용접**

용접접합

㉠ 용접이란 접합하고자 하는 두 부재를 외부의 발생열로 녹여서 상호 결합시키는 방법(용착)으로, 다른 접합방법에 비하여 재료가 절약되고, 경량이 되면서 강력한 접합이 된다.

㉡ 용접은 기술자의 능력에 대한 의존도가 크며 결함부의 발견이 어렵다.

② **고장력(고력)볼트**

고장력볼트 접합

㉠ 접합하고자 하는 부재를 일정 부분 겹치게 한 후 체결용 구멍을 뚫어 끼워서 체결하는 방법은 고장력볼트와 일반볼트가 같으나, 고장력볼트는 일반볼트보다 강도가 좋은 재료를 사용하여 부재 상호 간에 마찰력이 발생하도록 강력하게 접합하는 방법이다.

㉡ 일반볼트는 일정한 힘을 초과하면 볼트나 너트가 더 이상 견디지 못하고 파괴되지만, 고장력볼트는 부재에 마찰력이 발생할 수 있을 때까지 견디게 되므로 마찰력에 의해 강력하게 접합이 되며 체결 후에는 부재의 반복응력(=피로)에 의한 파괴현상이 적게 나타난다. 또한 기존 리벳접합의 방법처럼 가열하여 시공하지 않아도 되며 소음도 적은 방법이어서 많이 사용한다.

7 조적구조

1. 일반사항

(1) 정의

① 조적공사란 벽돌이나 블록, 돌 등을 접착제인 모르타르(시멘트 + 모래 + 물)를 사용하여 하나씩 쌓아 올려 구조물을 만드는 방법으로, 주로 벽체를 형성하여 구조물을 만들며 철근콘크리트 구조물의 내부 칸막이 등에 사용된다.

② 조적공사는 철근콘크리트나 철골공사에 비하여 균열이 많고, 횡력에 약하므로 저층의 구조물이나 칸막이 벽, 담장 등의 시공에 사용된다.

모르타르 시공 장면

(2) 용어 정리

① **조적개체**: 규정한 요구조건을 만족하는 벽돌, 석재 또는 콘크리트블록을 말한다.

② **물축임**: 줄눈 모르타르 및 충전 모르타르 중의 물을 벽돌구조체가 흡수하지 않도록 사전에 벽돌면 및 바탕면에 적절히 물을 뿌려주는 것을 말한다.

③ **줄눈 모르타르**: 벽돌의 줄눈에 벽돌을 상호 접착하기 위해 사용하는 모르타르를 말한다.

④ **치장줄눈 모르타르**: 벽돌쌓기 후 줄눈에 치장 및 내구성 등을 목적으로 사용되는 치장용 모르타르를 말한다.

⑤ **통줄눈쌓기**: 세로줄눈이 일직선이 되도록 개체를 길이로 쌓는 방법을 말한다.

⑥ **막힌줄눈쌓기**: 세로줄눈이 막히도록 개체를 길이로 쌓는 방법을 말한다.

⑦ **보강블록구조**: 속빈 콘크리트 블록 개체의 속빈 부분 또는 수직단면 간의 공동부에 철근을 매입하고 그라우팅하여 내력벽으로 한 블록구조를 말한다.

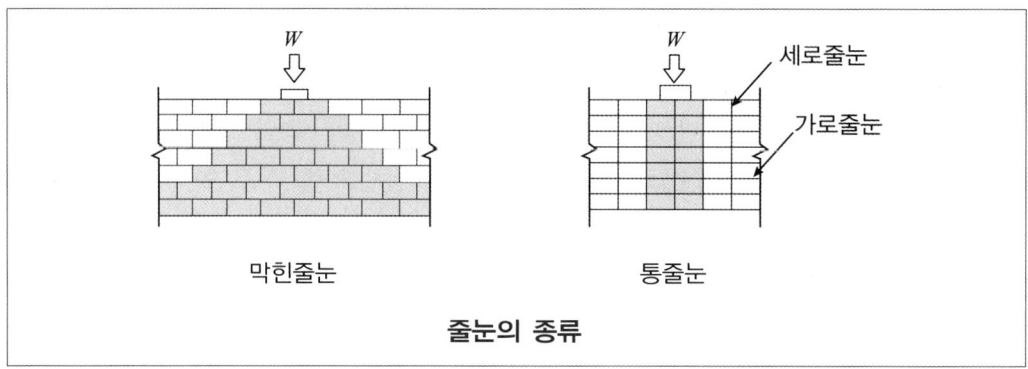

줄눈의 종류

(3) 벽돌의 품질 및 규격

① 벽돌은 점토를 빚어 약 800℃ 이상의 고온에 구워 만든 제품으로, 압축강도가 크고 흡수율이 적어야 하며, 소성(연소열로 구워 만든 제품)이 잘 되어 붉은 색을 띠고 두들겼을 때 청음이 나야 하며, 형상이 바르고 갈라진 틈이 없어야 좋은 벽돌이다.

② 기존에 사용하던 벽돌과 현재 권장하고 있는 표준벽돌 두 종류가 있으며, 표준벽돌은 길이 190mm, 너비 90mm, 두께 57mm의 크기이다.

2. 조적쌓기 종류 및 시공방법

(1) 쌓기 종류

① 한 단씩 쌓아 올릴 때의 1단을 '1켜'라고 하고, 평면상의 두께를 'B'라고 하며, 켜와 켜 사이의 접착부분을 '줄눈'이라고 한다.

② 쌓는 방법은 길이를 전면으로 보이게 배치하는 길이쌓기와 모서리(마구리) 면이 전면으로 보이게 쌓는 마구리쌓기 등이 있다.

③ 벽두께를 증가시키는 방법에 따라 1.5B(= 290mm), 2.0B(= 390mm), 2.5B(= 490mm) 등으로 쌓으며 두께가 두꺼울수록 벽체의 힘이 좋다.

(2) 시공방법

① 벽돌은 쌓기 전에 충분히 물축임하여 사용하며, 모르타르는 벽돌강도 이상이 되어야 한다.

② 하루에 쌓는 높이는 보통 1.2m(18켜)로 하고, 최대 1.5m(22켜) 이하로 한다.

③ 시공상 가로 및 세로줄눈의 너비는 표준 10mm로 하고, 치장줄눈의 깊이는 6mm로 한다.

이렇게 출제!

08 콘크리트(시멘트) 벽돌을 사용하는 조적공사에 관한 설명으로 옳은 것은?

제26회 기출

① 하루의 쌓기 높이는 1.2m(18켜 정도)를 표준으로 하고, 최대 1.5m(22켜 정도) 이하로 한다.
② 표준형 벽돌크기는 210mm × 100mm × 60mm이다.
③ 내력 조적벽은 통줄눈으로 시공한다.
④ 치장줄눈 파기는 줄눈 모르타르가 경화한 후 실시한다.
⑤ 줄눈의 표준 너비는 15mm로 한다.

해설 ② 표준형 벽돌크기는 190mm × 90mm × 57mm이다.
③ 내력 조적벽은 막힌줄눈으로 시공한다.
④ 치장줄눈 파기는 줄눈 모르타르가 경화하기 전 실시한다.
⑤ 줄눈의 표준너비는 10mm이다.

정답 ①

8 수장 및 창호·유리공사

(1) 수장공사

① **개념**
  ㉠ 나무 등을 사용하여 내부의 벽체, 천장, 계단, 바닥 등에 재료를 붙여서 마감하는 공사를 말한다.
  ㉡ 수장공사면을 마감면으로 하기도 하지만, 일반적으로는 도색 또는 도배하여 마감한다.

② **용어 정리**
  ㉠ 걸레받이: 내벽과 바닥이 맞닿은 곳에 가로로 댄 것을 말한다. 벽밑과 마루부분이 접하는 부분의 경우 오염이 되기 쉬운데 이때 벽면을 보호하고, 청소시 벽면이 더러워지는 것을 방지하는 역할을 한다.
  ㉡ 고막이: 외부벽의 더러워지기 쉬운 밑부분과 윗부분을 구분하기 위하여 외벽 밑부분을 지면에서 높이 약 50cm 정도의 폭으로 벽면보다 1~2cm 정도 나오게 하거나 들어오게 처리한 것을 말한다.

③ **바닥공사**
  ㉠ 목재마루, 비닐시트 등을 설치하는 작업을 말하며, 주로 접착제를 사용하거나 건식으로 설치한다.
  ㉡ 바닥재 시공 시에는 사용용도를 파악하여 적합하게 시공하여야 한다.

④ **벽체**
  ㉠ 외부 벽체에 목재로 판벽을 하는 경우에는 판재를 가로로 배치하여야 우수가 침투되지 않는다. 세로로 배치할 경우에는 누수가 발생한다.
  ㉡ 덧대어 치장하는 방법 외에도 필요에 따라 공간을 나누는 칸막이 설치를 하는데 경량칸막이는 차음 및 단열에 유의하여야 한다.

⑤ **반자**
  ㉠ 천장에 설치되는 배관 및 전선 등을 숨기고 의장, 흡음, 단열 등의 목적으로 설치한다.
  ㉡ 반자에는 주택에 주로 사용하는 목재반자와 사무실 등에 사용하는 경량철골 반자가 있다.

(2) 창호 및 유리공사

① 용어 정리

    ㉠ **멀리온**: 창면적이 클 때 창의 보강 및 미관을 목적으로 사용하는 보강재를 말한다.

    ㉡ **미닫이창호**: 창호받이재에 홈을 한 줄 파거나 레일을 붙여 문을 이중벽 속에 밀어 넣는 창호를 말한다.

    ㉢ **미세기(미서기)창호**: 웃틀과 밑틀에 두 줄로 홈을 파서 문 한 짝을 다른 한 짝 옆에 밀어 붙이게 한 창호를 말한다.

    ㉣ **플로어힌지**: 바닥에 힌지장치를 한 철틀함을 설치하고 보통 경첩으로 지지하기 곤란한 무거운 문을 자동으로 닫히게 하는 철물이다.

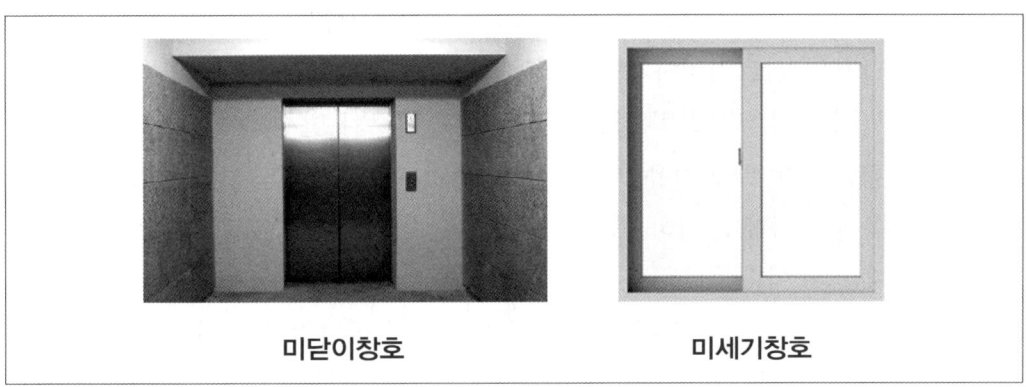

미닫이창호   미세기창호

② 창호의 분류

    ㉠ **여닫이문(창)**: 문틀과 직각으로 작동하는 문(hinge door)으로, 작동에 공간이 필요하다. 경첩(가벼운 문에 사용), 지도리(피봇힌지＝돌쩌귀, 무거운 문에 사용), 도어체크, 도어스톱, 도어홀더, 실린더 록 등이 사용된다.

    ㉡ **미닫이문(창)**: 문틀과 수평으로 작동하는 문(sliding door)으로, 문을 개방할 경우 창면적의 100%가 열리는 문(예 벽장문, 승강기문)을 말한다.

    ㉢ **미서기문(창)**: 문틀과 수평으로 작동하는 문으로, 문을 개방할 경우 면적의 50%가 개방되며, 도르래(호차), 레일, 크레센트(잠금장치) 등이 사용된다.

    ㉣ **자재문**: 문틀과 직각으로 작동하는 문이나 여닫이와 다르게 내부 및 외부로 작동이 자유로운 문이다.

    ㉤ **접문**: 자바라문이라고도 하며, 접히는 문을 말한다. 임시 칸막이의 용도나 창고 등의 문으로 사용하는데 도어행거에 의해 작동된다.

    ㉥ **회전문**: 공항이나 관공서 등에 설치된 문으로 한 사람씩 문을 밀어 출입이 가능하며, 출입 인원의 통제나 냉난방 시간에 열손실 차단의 목적으로 사용된다.

| 접문 | 회전문 |

③ **유리의 종류**

- ⊙ **보통유리**: 크라운유리 또는 소다석회유리라고도 하며, 적외선은 투과시키나 자외선은 투과시키지 못하는 판유리를 말한다.
- ⓒ **복층유리**: 페어(pair)글라스라고도 하며, 2장 또는 3장의 판유리를 일정한 간격을 두고 기밀하게 금속테두리를 한 다음 유리 사이의 내부에 공기를 봉입한 것으로, 단열 및 방음성능이 좋고 결로가 발생되지 않는다.
- ⓒ **강화유리**: 보통판유리를 700℃~800℃ 정도의 연화점 이상으로 가열한 다음 균등하게 급격히 냉각시킨 것으로, 열처리에 의해 휨강도가 보통유리의 6배 정도이다.
- ⓔ **로이유리**: 한쪽 면에 얇은 은막을 코팅한 에너지 절약형 유리로서 가시광선의 투과율을 높여 자연채광을 극대화하고, 외부의 열에너지를 최소화하여 겨울철에는 건물 내 장파장의 열선을 실내로 재반사시켜 보온성능을 증대시키며, 여름철에는 바깥 열기를 차단하여 냉방부하를 저감시킨다.

이렇게 출제!

09 반사유리나 컬러유리의 한쪽 면을 은으로 코팅한 것으로 열의 이동을 최소화시켜 주는 에너지 절약형 유리는? 제23회 기출

① 망입유리 ② 로이유리
③ 스팬드럴유리 ④ 복층유리
⑤ 프리즘유리

해설 로이유리는 열적외선을 반사하는 은소재 도막으로 코팅하여 방사율과 열관류율을 낮추고 가시광선 투과율을 높인 유리로서 일반적으로 복층유리로 제조하여 사용하며, 저방사유리라고도 한다. 한쪽 면에 얇은 은막으로 코팅하여, 열의 이동을 최소화시켜 주는 에너지 절약형 유리이다.

정답 ②

9 미장 · 타일 · 도장공사

(1) 미장공사

① **일반사항**
   ㉠ 미장이란 재료를 반죽하여 벽이나 계단 등에 발라서 마무리하는 작업을 말한다.
   ㉡ 미장면에는 도배를 하거나 페인트를 칠하여 다시 최종 마감을 한다.

② **용어 정리**
   ㉠ **바탕처리**: 요철 또는 변형이 심한 개소를 고르게 손질바름하여 마감두께가 균등하게 되도록 조정하고 균열 등을 보수하는 것으로, 바탕면이 지나치게 평활할 때에는 거칠게 처리하고 바탕면의 이물질을 제거하여 미장바름의 부착이 양호하도록 표면을 처리하는 것을 말한다.
   ㉡ **덧먹임**: 바르기의 접합부 또는 균열의 틈새, 구멍 등에 반죽된 재료를 밀어 넣어 때워 주는 것을 말한다.
   ㉢ **라스 먹임**: 메탈 라스, 와이어 라스 등의 바탕에 모르타르 등을 최초로 발라 붙이는 것을 말한다.
   ㉣ **고름질**: 바름두께 또는 마감두께가 두꺼울 때 혹은 요철이 심할 때 초벌바름 위에 발라 붙여 주는 것 또는 그 바름층을 말한다.
   ㉤ **미장두께**: 각 미장층별 발라 붙인 면적의 평균 바름두께를 말한다.
   ㉥ **마감두께**: 바름층 전체의 두께를 말한다. 다만, 라스 또는 졸대 바탕일 때는 바탕 먹임의 두께를 제외한다.
   ㉦ **초벌·재벌·정벌바름**: 바름벽은 여러 층으로 나뉘어 바름이 이루어진다. 이 바름층을 바탕에 가까운 것부터 초벌바름, 재벌바름, 정벌바름이라 한다.

이렇게 출제!

10 미장공사에 관한 설명으로 옳지 않은 것은? 제16회 기출

① 고름질은 요철이 심할 때 초벌바름 위에 발라 붙여 주는 작업이다.
② 마감두께는 손질바름을 포함한 바름층 전체의 바름두께를 말한다.
③ 미장두께는 각 미장층별 발라 붙인 면적의 평균 바름두께를 말한다.
④ 라스 먹임은 메탈 라스, 와이어 라스 등의 바탕에 모르타르 등을 최초로 발라 붙이는 것이다.
⑤ 덧먹임은 바르기 접합부 또는 균열 틈새 등에 반죽된 재료를 밀어 넣어 때워 주는 것이다.

> **해설** 마감두께는 바름층 전체의 바름두께를 말하며, 손질바름은 제외한다.
>
> 정답 ②

(2) 타일공사

① 일반사항
   ㉠ 타일은 평판상(平板狀)의 점토질 소성제품으로 모르타르나 타일용 접착제를 이용하여 시공한다.
   ㉡ 일반적으로 내구성·내수성·내마모성 등이 뛰어나며 이집트·바빌로니아 등의 왕궁이나 궁전 바닥에 타일이 깔려 있는 것으로 보아 바닥 재료로서 옛날부터 사용되었음을 알 수 있다.

② 용어 정리
   ㉠ 유약(釉藥): 타일에 액체나 기체가 스며들지 못하게 하며, 광택이 나게 하는 효과가 있다.
   ㉡ 무유타일(porcelain tile): 미리 원료 배합을 하며 몰드로 찍은 후 가마에 굽는 것으로, 유약을 바르지 않고 한 번만 굽는다.
   ㉢ 시유타일(ceramic tile): 재료를 섞고 몰드로 찍어서 한 번 구워 비스킷(biscuit)을 만든 후 유약을 바르고 다시 한 번 구워낸 타일로, 두 번 소성을 하기 때문에 double firing이라고 부른다.
   ㉣ 클링커(Clinker)타일: 색상은 다갈색이며 고온에서 충분히 소성한 타일로, 표면에 요철 무늬를 넣어 보행시 미끄러짐을 방지할 수 있어 주로 외부바닥이나 옥상 등에 사용된다.
   ㉤ 폴리싱(Polishing)타일: 고온고압으로 소성한 자기질 무유타일의 표면을 연마 처리한 것이다.

클링커타일

폴리싱타일

> **이렇게 출제!**
>
> **11** 표면이 거친 석기질 타일로 주로 외부바닥이나 옥상 등에 사용되는 것은?
>
> 제20회 기출
>
> ① 테라코타(terra cotta)타일 ② 클링커(clinker)타일
> ③ 모자이크(mosaic)타일 ④ 폴리싱(polishing)타일
> ⑤ 파스텔(pastel)타일
>
> **해설** 클링커타일은 표면에 요철무늬를 넣어 보행시 미끄러짐을 방지할 수 있어 주로 외부바닥이나 옥상 등에 사용된다.
>
> 정답 ②

(3) 도장공사

① **일반사항**

㉠ 도장공사는 목재, 금속면 또는 콘크리트면 등에 도료를 칠하여 물체를 보호하고 수명을 연장시키면서 아름다움을 추구하는 목적으로 사용된다.

㉡ 도료의 종류 및 사용처는 물체의 특성과 도료의 특성에 의해 결정되므로 사용시에는 도료의 선택에 주의를 요한다. 특히 외부용은 일사 등 기후조건에 견딜 수 있는 내후성(耐候性)이 있어야 하고, 열을 방출하는 방열기나 난방관용은 내열성이 있어야 한다.

② **용어 정리**

㉠ **도장의 배합비율**: 도료의 배합비율 및 시너의 희석비율은 질량비로 표시한다.

㉡ **안료**: 물, 기름, 기타 용제에 녹지 않는 착색분말로서, 색채를 내며 도막을 불투명하게 하여 표면을 은폐하고 도막의 두께를 더해서 햇빛으로부터 결합재의 손상을 방지한다.

㉢ **건성유**: 아마인유 등으로 건조가 늦고 시일이 지남에 따라 연화한다.

㉣ **용제**: 도막의 구성요소를 녹여서 적당한 도료상태의 유동성을 만드는가 하면 동식물성 기름을 화학적으로 처리하여 건조성, 내수성을 개선시킨다.

㉤ **희석제**: 도료 자체를 희석하고, 솔질이 잘 되게 하며 적당한 휘발성 및 건조속도를 유지시킨다.

㉥ **건조제**: 건성유의 건조를 촉진시키는 작용을 하는 것으로 가열시킨 기름에 용해시킨 연, 망간, 코발트 등이나 상온에서 기름에 용해시킨 연단, 이산화망간, 수산화망간을 사용한다.

10 장기수선 계획수립 등을 위한 건축적산

(1) 일반사항

① **정의**
　㉠ 적산은 설계도서(도면, 시방서, 구조계산서)에 의해 공사에 필요한 물량 및 수량, 노무량 등을 산출하는 행위를 말한다.
　㉡ 견적은 적산량에 단가를 곱하여 공사비를 산출하는 행위를 말한다.

② **견적의 종류**
　㉠ 개산견적: 설계도서의 미(未)작성 또는 견적기일이 촉박한 경우 과거의 자료나 물가, 통계자료 등을 기초로 하여 개략적인 방법으로 공사비를 산출하는 것으로, 건축공사에서는 '면적대비 견적'이 많이 이용된다.
　㉡ 명세견적: 현장설명과 설계도서에 의거하여 정확하고 세부적으로 물량을 산출하고 각 공사별로 상세하게 견적하는 것으로, 가장 정확한 산출방법이다.

③ **수량산출**
　㉠ 설계수량(정미수량): 설계도 및 시방서의 설계치수를 근거로 하여 산출한 수량으로, 할증률(재료의 운반, 절단, 가공 및 시공 중에 발생되는 손실량)이 포함되지 않은 순수한 수량을 말하며 노임단가의 적용에 사용한다.
　㉡ 공사수량(소요수량): 설계수량에 할증률을 감안한 수량으로 실제 공사시에 소요되는 수량이다.

④ **적산시 주의사항**
　㉠ 수량의 단위 및 소수자리는 표준품셈 단위표준에 의한다.
　㉡ 수량의 계산은 지정 소수자리 아래 1자리까지 산출하여 반올림한다.

(2) 공사비의 구성

① **공사원가**(순공사비): 직접공사비(공사시공과정에서 발생한 재료비, 노무비, 경비의 합계액)에 간접공사비를 더한 비용을 말한다.
② **총원가**: 순공사비에 일반관리비(본사 근무 임직원의 급여 등 관리운영에 필요한 제반 비용을 말한다)를 포함한 비용을 말한다.
③ **총공사비**: 공사원가에 이윤(공사원가에서 자재비를 공제한 금액의 일정 비율)을 더한 비용을 말한다.

> **이렇게 출제!**
>
> **12** 다음은 공사비 구성의 분류표이다. ( )에 들어갈 항목으로 옳은 것은?
>
> 제22회 기출
>
> | 총공사비 | 부가이윤 | | | |
> |---|---|---|---|---|
> | | 총원가 | 일반관리비부담금 | | |
> | | | 공사원가 | 간접공사비 | |
> | | | | | 재료비 |
> | | | | ( ) | 노무비 |
> | | | | | 외주비 |
> | | | | | 경비 |
>
> ① 공통경비   ② 직접경비   ③ 직접공사비
> ④ 간접경비   ⑤ 현장관리비
>
> **해설** 직접공사비는 재료비(=자재비), 노무비, 경비를 말한다.
>
> **정답** ③

중요 개념 확인하기!

❶ 기둥(Column)은 높이가 최소 단면 치수의 3배 혹은 그 이상이고, 주로 축방향의 인장하중을 지지하는 데에 쓰이는 압축부재를 말한다.   ○ | ✕

❷ 고정하중은 구조체의 자중을 포함한다.   ○ | ✕

❸ 깊은기초는 기초 폭에 비하여 근입 깊이가 얕고 상부 구조물의 하중을 분산시켜 기초하부 지반에 직접 전달하는 기초이다.   ○ | ✕

❹ 늑근은 기둥에서 종방향 철근의 위치를 확보하고 전단력에 저항하도록, 정해진 간격으로 배치된 횡방향의 보강철근을 말한다.   ○ | ✕

❺ 웨브(web)는 H형강보에서 중앙복부를 말하며, 이 부분의 부재를 복부재라고도 한다.   ○ | ✕

❻ 표준벽돌은 길이 190mm, 너비 90mm, 두께 ( )mm의 크기이다.

❼ ( )는 내벽과 바닥이 맞닿은 곳에 가로로 댄 것을 말한다. 벽 밑과 마루 부분이 접하는 부분의 경우 오염이 되기 쉬운데 이때 벽면을 보호하고, 청소 시 벽면이 더러워지는 것을 방지하는 역할을 한다.

❽ 미닫이문(창)은 문틀과 수평으로 작동하는 문(sliding door)으로, 문을 개방할 경우 창면적의 ( )%가 열리는 문을 말한다.

❾ ( )타일(porcelain tile)은 미리 원료 배합을 하며 몰드로 찍은 후 가마 굽는 것으로, 유약을 바르지 않고 한 번만 굽는다.

❿ ( )견적은 현장설명과 설계도서에 의거하여 정확하고 세부적으로 물량을 산출하고 각 공사별로 상세하게 견적하는 것으로, 가장 정확한 산출방법이다.

① ✕ 인장하중 → 압축하중 ② ○ ③ ✕ 깊은기초 → 얕은기초 ④ ✕ 늑근 → 띠철근 ⑤ ○ ⑥ 57 ⑦ 걸레받이
⑧ 100 ⑨ 무유 ⑩ 명세

CHAPTER 02 건축설비개론

✅ 건축설비는 건축물이 잘 작동할 수 있도록 도와주는 요소들이라고 생각하시면 됩니다. 시설개론 40문제 중 20문제가 출제되는 단원이며, 건축물에 공급되는 각 설비시스템의 흐름과 구성요소들의 특징을 학습하면 좋은 성과가 있을 것입니다.

CHAPTER 한눈에 보기

1 건축설비개론 단위 이해
- 설비편 시험출제 단위암기

Q 용어 CHECK
- 주파수 · 밀도 · 압력 · 전력
- 동력 · 열량 · 농도

2 건축설비개론 일반사항
- 설비기초이론 및 물·열의 특성을 파악하기

Q 용어 CHECK
- 절대온도 · 노점온도 · 절대습도
- 상대습도 · 현열 · 잠열
- 비열 · 전도 · 전달
- 관류 · 단열 · 결로현상

3 급수설비
- 급수공급방식의 종류 및 특징을 파악하기

Q 용어 CHECK
- 수도직결방식 · 고가수조방식
- 압력탱크방식 · 펌프직송방식

4 급탕설비
- 온수의 공급방식의 종류 및 특징을 파악하기

Q 용어 CHECK
- 개별식 · 중앙식 · 순간온수기
- 저탕형 탕비기 · 기수혼합식
- 직접가열식 · 간접가열식

5 배수 및 통기설비
- 배수의 종류, 배관설계 및 통기설비의 특징을 파악하기

Q 용어 CHECK
- 잡배수 · 분류식 배수
- 합류식 배수 · 배수관의 구배
- 봉수 · 트랩 · 통기관

6 오수정화설비
- 오수정화설비의 용어정의와 오수처리방법을 파악하기

Q 용어 CHECK
- BOD · COD · SS
- 혐기성균 · 호기성균

7 가스설비
- 가스의 종류 및 특성을 파악하기

Q 용어 CHECK
- 액화천연가스 · 액화석유가스

8 소방설비
- 소방설비의 종류 및 특성을 파악하기

Q 용어 CHECK
- 소화설비 · 경보설비
- 피난구조설비 · 소화활동설비

9 난방설비
- 난방방식의 종류 및 특성을 파악하기

Q 용어 CHECK
- 중앙난방 · 지역난방
- 대류난방 · 복사난방

10 냉동설비
- 냉동방법을 파악하기

Q 용어 CHECK
- 압축식냉동기 · 흡수식냉동기

11 전기설비
- 전기설비의 용어정의, 수변전설비 내용 파악하기

Q 용어 CHECK
- 전류 · 전압 · 저항 · 강전설비
- 약전설비 · 부하설비 용량

12 엘리베이터
- 엘리베이터 구성요소 및 권상기 구성요소 파악하기

Q 용어 CHECK
- 기계실 · 권상기 · 승강기
- 승강로 · 균형추

발문 미리보기

- 급탕설비에 관한 설명으로 옳지 않은 것은?
- 공동주택의 화재안전성능기준에 관한 설명으로 옳지 않은 것은?

|POINT| 설비는 계통(과정 처리 흐름)을 이해하고, 그 시스템들이 어떻게 작용하는지를 파악하여 결과적으로 건축물이 법적기준에 부족함이 없는지 파악하는 게 중점이 됩니다. 이에 따라 설비를 이루는 용어의 정의, 설비처리를 하는 설비기기의 기능을 이해하는 것이 중요합니다.

1 건축설비개론 단위 이해

(1) SI(International System of Units) 단위

① 기본단위

기본량	이름	기호	정의
길이	미터	m	1미터는 빛이 진공에서 1/299,792,458초 동안 진행한 경로의 길이이다.
질량	킬로그램	kg	1킬로그램은 질량의 단위이며 국제 킬로그램의 질량과 같다.
시간	초	s	시간 1분을 60으로 나누었을 때, 그 나뉜 각각의 시간을 세는 단위를 나타내는 말이다.

② 유도단위

유도량	이름	기호
넓이	제곱미터	m^2
부피	세제곱미터	m^3
속력, 속도	미터 매 초	m/s
가속도	미터 매 초 제곱	m/s^2
밀도	킬로그램 매 세제곱미터	kg/m^3

③ 차원단위

유도량	이름	기호
주파수	헤르츠	Hz
힘	뉴턴	N
압력, 응력	파스칼	Pa
에너지, 일, 열량	줄	J
일률, 전력, 동력	와트	W
전하량, 전기량	쿨롱	C
전위차, 기전력, 전압	볼트	V
전기용량	패럿	F
전기저항	옴	Ω
섭씨온도	섭씨도	℃

④ SI와 함께 쓰이는 단위

유도량	이름	기호	SI 단위로 나타낸 값
시간	분	min	1분 = 60s
	시간	h	1h = 60min = 3,600s
	일	d	1d = 24h = 1,440min = 86,400s
각도	도	°	$1° = (\pi/180)$rad
	분	′	$1′ = (1/60)° = (\pi/10,800)$rad
	초	″	$1″ = (1/60)′ = (1/3,600)° = (\pi/648,000)$rad
부피	리터	L	$0.001m^3$
질량	톤	t	$1t = 10^3 kg$
넓이	헥타르	ha	$1ha = 100a = 10,000m^2$
압력	바	bar	$1bar = 10^5 Pa$

(2) 단위 사용기준 및 단위 환산방법

구분	기존단위	SI 단위	비고
힘	kgf	N(뉴턴)	$1kgf = 1kg \times 9.80665 = 9.8N ≒ 10N$
압력	kgf/cm^2	Pa(파스칼)	$1kgf/cm^2 = 1kg \times 98,066.5 = 98,066.5Pa$ $= 98kPa = 0.098MPa ≒ 0.1MPa$
열량	cal	J(줄)	$1cal = 4.187J ≒ 4.19J$ $1kcal = 4,187J = 4.187kJ ≒ 4.19kJ$
일률, 동력	cal/h	W(와트)	$1W = 1J/s$, $1kW = 1kJ/s$
	kcal/h	kW	예) 온수표준방열량: $450kcal/m^2 h = 0.523kW/m^2$ 증기표준방열량: $650kcal/m^2 h = 0.756kW/m^2$
열전도율	$kcal/m \cdot h \cdot ℃$	$kW/m \cdot K$	비열: $kcal/kg \cdot ℃ \Rightarrow kJ/kg \cdot K$
열전달률	$kcal/m^2 \cdot h \cdot ℃$	$kW/m^2 \cdot K$	
열관류율	$kcal/m^2 \cdot h \cdot ℃$	$kW/m^2 \cdot K$	
농도	ppm(parts per million)		$1ppm = \dfrac{1}{1,000,000} = 1mg/L$

2 건축설비개론 일반사항

(1) 기초이론

① **물질의 상태변화**

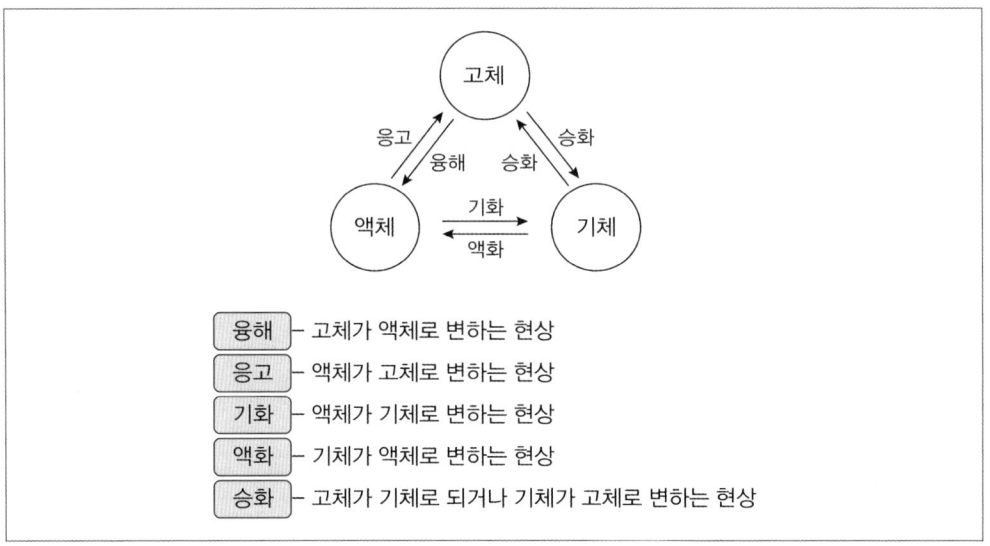

② **온도**
　㉠ **섭씨온도**: 빙점을 0℃로 하고 비등점을 100℃로 하여 100등분한 온도의 표시방법이다.
　㉡ **화씨온도**: 빙점을 32°F로 하고, 비등점을 212°F로 하여 180등분한 것으로 외국에서 사용하는 온도의 표시방법이다.
　㉢ **절대온도**: 물체의 분자운동 에너지가 정지하고 압력이 0으로 되는 상태의 온도를 말하며, 0°K = -273.15℃이다.
　㉣ **노점온도**: 공기 중의 수분이 이슬로 맺히는 온도로, 정해진 온도가 없이 건구온도와 습구온도와의 관계에 의해 결정된다.
　㉤ **건구온도**: 우리가 흔히 말하는 기온을 건구온도라 한다.
　㉥ **습구온도**: 공기 중의 수분에 의한 온도를 말하는 것으로, 물을 묻혀 회전시킨 후 측정하며, 건조한 경우에는 습도가 낮으며 습한 경우에는 습도가 높게 나타나기 때문에 상대습도 산출을 위해 측정한다.

③ **습도**
　㉠ **절대습도**: 온도와 관계없이 $1m^3$ 또는 $1kg$의 공기 중에 포함되어 있는 수증기의 중량을 말한다.
　㉡ **상대습도**: 공기 중의 수증기량과 그 공기온도에서의 포화수증기량과의 비율을 말한다.

④ **열량**
  ㉠ **현열**: 상태는 변하지 않고 온도 변화에 따라 출입하는 열
  ㉡ **잠열**: 온도는 변하지 않고 상태 변화에 따라 출입하는 열
  ㉢ **엔탈피**(Enthalpy): 단위중량의 습공기가 갖는 열량의 총합
  ㉣ **비열**: 어떤 물질 1kg을 1℃ 올리기 위하여 필요한 열량을 의미(kJ/kg·K)
  ㉤ **열용량**: 어떤 재료가 축적하고 있는 열량

(2) 물의 특성

① **일반사항**
  ㉠ 물은 1기압 4℃일 때 부피가 최소이며 무게는 최대로 된다. 따라서 얼음은 물 위로 떠오르며 수증기는 공기 중으로 날아간다. 또한 물이 얼 경우에는 약 9%의 부피가 팽창하여 수도관의 동파원인이 되고, 100℃의 물이 100℃의 증기로 될 때에는 약 1,700배가 팽창한다.
  ㉡ 물은 높이에 의해 압력이 발생하는데 이를 수압이라고 하며, 물의 높이를 수두라고 하는데 kgf/cm^2로 표시하는 이전의 방법과 N/mm^2인 MPa로 표시하는 최근의 방법이 있다.
    예) $10mAq = 1kgf/cm^2 = 0.1MPa$
  ㉢ 물은 1기압 4℃의 조건일 때 비중이 1이기 때문에 부피와 무게를 같이 사용한다.

부피	$1cm^3$ = 1cc	1ℓ = 1,000cc	1kℓ = $1m^3$ = 1,000ℓ
무게	1g	1kg = 1,000g	1톤 = 1,000kg

② **배관**
  ㉠ 유체는 배관에 의해 수송이 되고 배관 재질의 표면 거칠기 및 관경, 길이에 따라 손실이 발생하는데, 이를 배관손실이라고 한다.
  ㉡ 배관의 굵기와 호칭법

단위 (기호)	호칭지름 기호 표시의 예								
mm	15mm	20mm	25mm	32mm	40mm	50mm	65mm	80mm	100mm
inch (B)	$\frac{1}{2}$B	$\frac{3}{4}$B	1B	$1\frac{1}{4}$B	$1\frac{1}{2}$B	2B	$2\frac{1}{2}$B	3B	4B
	(12.7mm)	(19.05mm)	(25.4mm)	(31.75mm)	(38.1mm)	(50.8mm)	(63.5mm)	(76.2mm)	(101.6mm)

(3) 열(熱)에 관한 기본사항

① **열의 이동**

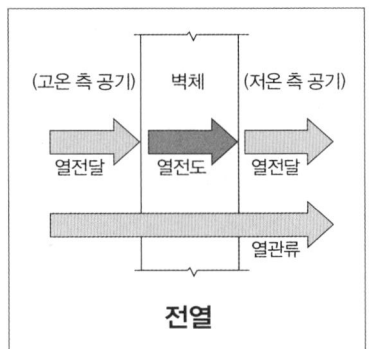

ㄱ. 전도: 고체 내부에서의 열의 이동을 말하며 고온에서 저온으로 이동한다.

ㄴ. 전달: 고체 표면에서 주위 유체 또는 주위 유체에서 고체 표면에 전해지는 열의 이동현상이다.

ㄷ. 관류: 고체를 사이에 두고 양 유체 간의 이동현상을 말하며 열의 통과현상이다.

ㄹ. 대류: 뜨거운 공기는 가벼워져 위로 올라가고 차가운 공기는 무거워져 아래로 내려오는 현상으로, 밀도(=비중)차에 의한 열의 이동을 말한다.

ㅁ. 복사: 어떤 매개체 없이 축열(=저장 열)에 의해 고온부에서 저온부로 열이 직접 전달되는 현상으로, 스스로의 전자방출에 의해 이루어진다.

② **단열 및 결로현상**

ㄱ. 단열: 열의 유동에 대해 높은 저항력이 있는 재료로 열이 전달되지 않도록 하게 하는 것을 말한다.

ㄴ. 결로현상: 공기 중의 수증기에 의해 벽이나 천장 등에 물방울이 맺히는 현상으로 실내공기 중의 습한 공기가 실내의 벽이나 천장, 마룻바닥 등의 표면에 접촉할 때 표면온도가 실내공기의 노점온도보다 낮으면 공기 중의 수증기가 물방울이 되어 표면에 이슬로 맺히는 현상이다.

이렇게 출제!

01 겨울철 벽체의 표면결로 방지대책으로 옳지 않은 것은? 제21회 기출

① 실내에서 발생하는 수증기량을 줄인다.
② 환기를 통해 실내의 절대습도를 낮춘다.
③ 벽체의 단열 강화를 통해 실내 측 표면온도를 높인다.
④ 실내 측 표면온도를 주변 공기의 노점온도보다 낮춘다.
⑤ 난방기기를 이용하여 벽체의 실내 측 표면온도를 높인다.

해설 겨울철 벽체의 표면결로 방지를 위해서는 실내 측 표면온도를 주변 공기의 노점온도보다 높인다.

정답 ④

3 급수설비

1. 일반사항

(1) 정의
① 급수설비란 인간의 생활과 생산에 필요한 물을 공급하여 위생적이고 편리하게 이용할 수 있도록 하는 기기와 장치를 말한다.
② 급수설비의 급수원은 일반적으로 수돗물이 사용되지만, 수돗물을 공급받지 못하는 지역에서는 지하수, 하천수, 호수 등을 이용한다.

(2) 물의 종류
① **지표수**: 땅 위에 고여 있는 물들로, 유기질에 의한 오염의 가능성이 있으나 쉽게 취할 수 있어 취수(取水)하여 상수원으로 사용한다.
② **지하수**: 땅속에 있는 무기질이 함유된 깨끗한 물로서, 수량이 적고 채수(採水)에 어려움이 있어 우물물로 사용된다.
③ 정수장에서 침전(沈澱) ⇨ 폭기(曝氣) ⇨ 여과 ⇨ 멸균의 과정으로 정수된 물은 배관에 의해 공급된다.

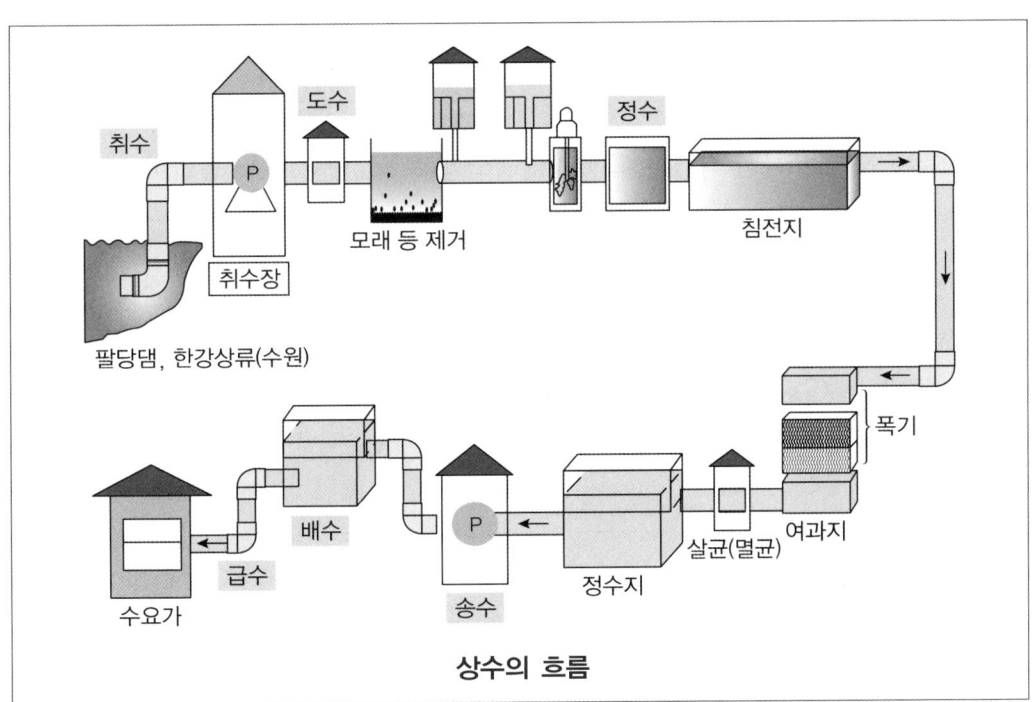

상수의 흐름

2. 공급방식

(1) 수도직결식
① 일반 가정주택의 경우 공급받는 방식으로, 수도관에 직접 연결하여 사용하는 급수방식이다.
② 물의 오염가능성은 적으나 수압에 변동이 있고 단수 시에 사용이 곤란하다.

(2) 고가수조방식
① 아파트 등 공동주택에 적용되고 있는 급수방식으로, 상수도에서 지하에 있는 대형 저수조에 저수한 후 옥상에 설치된 고가수조에 펌프로 양수하여 자연 압력(중력)에 의해 급수하는 하향방식이다.
② 수압이 일정하며 저수용량이 많아서 대규모나 단수가 우려되는 지역에 적합하다.
③ 저수용량이 많은 관계로 오염의 가능성이 크며, 건축물의 무게가 증가하여 건축비가 증대하고 유지관리비가 소요되는 단점이 있다.

(3) 압력탱크방식
① 지하저수조에 저장한 물을 펌프를 사용하여 정밀 제작한 압력탱크에 물을 양수한 후 공기로 가압하여 공급하는 방식이다.
② 옥내 소화전과 같이 국부적으로 고압이 필요한 곳에 적합하다.
③ 펌프를 사용하여 직접 압력탱크에 공급하므로 정전시에는 공급이 불가하며 취급이 어렵고 고장이 잦은 단점이 있다.

(4) 펌프직송방식
① 지하저수조에 저장한 물을 각각의 펌프에 연결하여 자동으로 공급하는 방식이다.
② 해당 층 사용량을 자동으로 감지(=자동제어설비)하는 설비가 필요하며 최상층에 수압이 요구되는 경우에 적합하다.

이렇게 출제!

02 급수방식에 관한 내용으로 옳지 않은 것은? 제26회 기출

① 고가수조방식은 건물 내 모든 층의 위생기구에서 압력이 동일하다.
② 펌프직송방식은 단수 시에도 저수조에 남은 양만큼 급수가 가능하다.
③ 펌프직송방식은 급수설비로 인한 옥상층의 하중을 고려할 필요가 없다.
④ 고가수조방식은 타 급수방식에 비해 수질오염 가능성이 높다.
⑤ 수도직결방식은 수도 본관의 압력에 따라 급수압이 변한다.

> **해설** 옥상에만 고가탱크가 있다면 층별 수압분포는 다르다. 예를 들어 상층부는 낮고, 하층부는 높다.
>
> 정답 ①

4 급탕설비

1. 일반사항

(1) 정의

① 급탕설비란 가열한 물에 공급 장치를 설치하여 깨끗한 온수를 필요로 하는 장소에 공급하는 기기와 장치를 말한다.

② 일반적으로 대변기, 소변기, 오물싱크 등을 제외한 위생기구로 급탕되며, 사용용도에 따라 음료용, 목욕용, 세정용, 소독용 등으로 분류된다.

(2) 온수의 가열방법

① 온수란 냉수(보통 15℃ 정도)를 약 70~80℃로 가열하여 사용하는 물을 말한다.

② 물을 가열하면 체적이 팽창하고, 밀폐용기 내에서는 압력이 증가하고, 용존기체가 용출하며, 가열 에너지의 소비와 그에 따른 CO_2가 발생한다. 또한, 수중의 잔류염소가 소멸된다.

2. 온수의 공급방식

(1) 종류

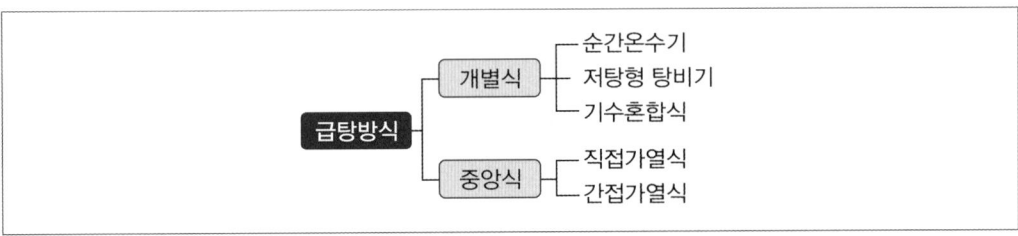

(2) 특징

① **개별식**: 개인이 필요에 따라 사용하는 방식으로, 사용이 편리하나 효율이 떨어지는 단점이 있다.

② **중앙식**: 기계실에서 일괄적으로 가열하여 공급하는 방식으로, 필요량만 가열하여 공급하므로 효율은 높으나 배관에서 발생하는 열손실이 크다는 단점이 있다.

㉠ **직접가열식**: 보일러에서 만들어진 온수를 직접 세대에 공급하거나 저장용기(저탕조)에 저장 후 공급하는 방식으로, 건물의 높이에 따른 보일러 자체의 압력이 필요하여 주로 소규모에 사용된다.

㉡ **간접가열식**: 보일러에서 만든 열원으로 저탕조의 냉수를 가열(보일러에서 발생한 열원으로 냉수를 가열하는 장치를 열교환기라고 하며 압력용기이다)하고 가열된 물을 공급하는 방식으로, 난방과 급탕공급이 가능하며 대규모에 적합하다.

이렇게 출제!

03 급탕설비에 관한 내용으로 옳지 않은 것은? 제23회 수정

① 간접가열식이 직접가열식보다 열효율이 좋다.
② 개방식 팽창탱크는 순환펌프의 흡입 측에서 팽창관을 접속시키며, 그 설치 높이는 배관계의 가장 높은 곳보다 1.2m 이상으로 한다.
③ 일반적으로 급탕관의 관경을 환탕관(반탕관)의 관경보다 크게 한다.
④ 자동온도조절기(Thermostat)는 저탕탱크에서 온수온도를 적절히 유지하기 위해 사용하는 것이다.
⑤ 급탕배관을 복관식(2관식)으로 하는 이유는 수전을 열었을 때, 바로 온수가 나오게 하기 위해서이다.

해설 직접가열식이 간접가열식보다 열효율이 좋다.

정답 ①

---

5 배수 및 통기설비

1. 배수설비

(1) 정의

① 배수설비란 급수나 온수를 사용하고 배출되는 물을 처리하는 설비를 말한다.
② 배수는 사용목적에 따라 잡배수·오수·우수·특수배수로 구별하며, 사용장소에 따라 옥내배수와 옥외배수로 구분한다.

(2) 배수의 종류

① **잡배수**: 일반 배수라고 하며 싱크대, 세면기, 욕조 등에서 배출되는 물이다.
② **오수**: 대변기, 소변기에서 배출되는 물이다.
③ **우수**: 우천시 지붕이나 마당에서 배출되는 빗물을 말한다.
④ **특수배수**: 공장 등에서 발생한 물로서 유해하고 유독한 물질이 함유된 물이다.

⑤ **옥내배수**: 건물외벽에서 바깥으로 1m까지의 배수를 말한다.
⑥ **옥외배수**: 옥내배수 이외의 배수로 공공하수도관이나 정화조까지의 배수를 말한다.
⑦ **중력식 배수**: 공공하수도관에 자연적으로 연결되어 배수되는 방법이다.
⑧ **기계식 배수**: 공공하수도관보다 배수관의 높이가 낮은 위치에 있어 펌프로 퍼 올려서 배수하는 방법이다.
⑨ **분류식 배수**: 단지 내에서 잡배수와 오수를 분류하여 배출하는 방법이다.
⑩ **합류식 배수**: 단지 내에서 잡배수와 오수를 합류하여 배출하는 방법이다.
⑪ **중수도**: 오수를 제외한 위생기구에서 나온 물을 재처리하여 사용하는 물로서, 청소나 세정수, 조경수로 사용하며 음료용, 목욕용, 공기조화기용, 세탁용으로는 사용할 수 없다.

2. 배관설계

(1) 배수관의 구배

① 사용된 물은 빨리 건물 외부로 배출되어야 하는데 배수의 원활한 흐름을 위해서는 적당한 구배를 두어야 한다.
② 배수관의 구배는 배수관 직경의 역수 이상으로 한다.
③ 아울러 배수관의 유속은 너무 빨라도 배수관에 영향(파손)을 주므로 옥내 배수관은 0.6~1.2m/sec 정도로 한다.

(2) 봉수 및 트랩 설치

① 배수관의 물은 사용할 때에만 흘러 깨끗하지 못하며, 일정 조건이 되면 부패가 발생하고 부패하면서 벌레나 악취가 발생하게 된다.
② 발생된 유독가스나 악취, 벌레가 배수관을 타고 실내로 유입될 수 있으므로 배수관의 중간에 물을 채워 이를 방지하는데, 이를 '트랩'이라고 한다.
③ 봉수의 깊이는 최소 50mm~최대 100mm가 적당하다.

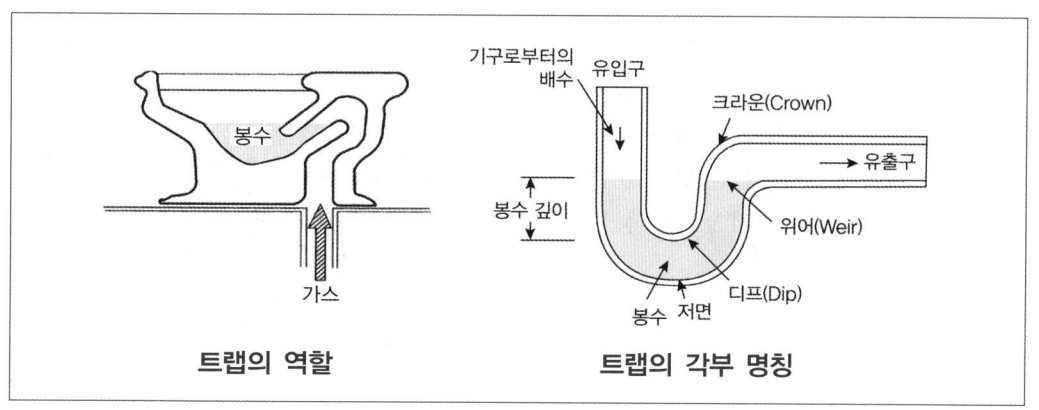

트랩의 역할 / 트랩의 각부 명칭

3. 통기설비

(1) 통기관의 개념

① 트랩 속의 물은 배수관 내에서 배수시에 발생되는 기압 변동으로 인해 없어져 버리는 일이 있으므로, 이것을 방지하기 위해 가능한 한 자연대기압에 가깝게 되도록 배수관 내로 공기를 유입·배출하도록 하여야 하는데, 이와 같은 역할을 하는 것이 통기관이다.

② 배수계통의 배관 내는 말단에 이르기까지 공기가 유통되도록 통기관을 설치하는 것이 원칙이다.

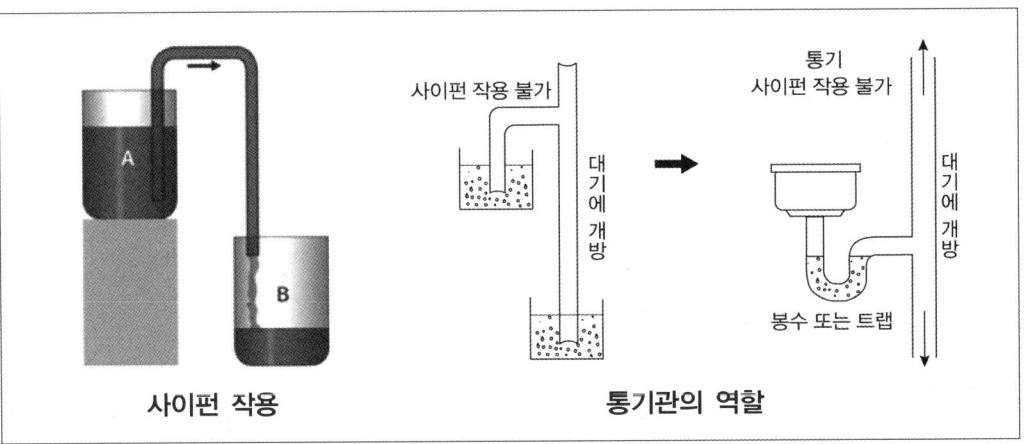

(2) 통기관의 설치 목적

① 배수트랩의 봉수를 보호한다.
② 배수관 내의 압력 변동을 흡수하여 배수의 흐름을 원활하게 한다.
③ 신선한 외기를 통하게 하여 배수관 청결을 유지한다.

> **이렇게 출제!**
>
> **04** 통기관의 설치 목적으로 옳은 것을 모두 고른 것은? 제16회 기출
>
> ㉠ 배수트랩의 봉수를 보호한다.
> ㉡ 배수관에 부착된 고형물을 청소하는 데 이용한다.
> ㉢ 신선한 외기를 통하게 하여 배수관 청결을 유지한다.
> ㉣ 배수관을 통해 냄새나 벌레가 실내로 침입하는 것을 방지한다.
> ㉤ 배수관 내의 압력 변동을 흡수하여 배수의 흐름을 원활하게 한다.
>
> ① ㉠, ㉡, ㉣ ② ㉡, ㉢, ㉤
> ③ ㉠, ㉢, ㉤ ④ ㉠, ㉡, ㉢, ㉣
> ⑤ ㉠, ㉢, ㉣, ㉤

> 해설 ⓒ 배수관에 부착된 고형물을 청소하는 데 이용하는 것은 청소구의 설치 목적이다.
> ② 배수관을 통해 냄새나 벌레가 실내로 침입하는 것을 방지하는 것은 트랩의 설치 목적이다.
>
> 정답 ③

6 오수정화설비

1. 일반사항

(1) 정의

① **오수처리시설**: 오수를 침전·분해 등으로 정화하는 시설을 말하되 단독정화조를 제외한다.

② **단독정화조**: 수세식 화장실에서 나오는 오수를 침전·분해 등 환경부령이 정하는 방법에 의하여 정화하는 시설을 말한다.

오수처리시설

정화조

(2) 용어 정리

① **BOD**(Biochemical Oxygen Demand): 생물학적 산소요구량이다.

② **COD**(Chemical Oxygen Demand): 화학적 산소요구량이다.

③ **DO**(Dissolved Oxygen): 오수 중에 융해되어 있는 산소의 양으로 ppm으로 표시한다.

④ **SS**(Suspended Solids): 오수 중에 함유되어 있는 입자 지름 2mm 이하의 불용성의 부유물질을 ppm으로 표시한 것이다.

⑤ **활성오니**: 오수 중에 있는 미생물 덩어리이다.

⑥ **스컴**(scum): 오수 표면 위로 떠오르는 오물찌꺼기이다.

2. 오수정화방법

(1) 정화조의 처리 순서
① 오수는 정화조에 유입되어 처리된 후 배출되거나 시(市) 종말처리장으로 직접 배출된다.
② 단지 내에서 직접 처리될 경우 그 처리 방식은 유입 ⇨ 부패조 ⇨ 여과조 ⇨ 산화조 ⇨ 소독조를 거쳐 방류하게 된다.

(2) 오수처리방법
① **혐기성균**: 공기를 싫어하는 균으로 부패조에 서식한다. 혐기성균은 소화, 침전 작용을 하며 넓은 장소 및 저유 시간이 필요하고, 악취 발생, 비용 절감 등의 특징이 있다.
② **호기성균**: 공기를 좋아하는 균으로, 산화조에 서식하며 살수나 송기를 통하여 공기를 공급한다. 호기성균은 분해, 산화작용을 하여 좁은 공간에서 짧은 시간에 처리할 수 있으나 비용이 많이 소요되는 특징이 있다. 현존 정화조 처리 방식의 대부분이 이 균을 이용한다.

이렇게 출제!

05 오수처리설비에 관한 설명으로 옳지 않은 것은? 제25회 기출

① DO는 용존산소량으로 DO 값이 작을수록 오수의 정화능력이 우수하다.
② COD는 화학적 산소요구량, SS는 부유물질을 말한다.
③ BOD 제거율이 높을수록 정화조의 성능이 우수하다.
④ 오수처리에 활용되는 미생물에는 호기성 미생물과 혐기성 미생물 등이 있다.
⑤ 분뇨란 수거식 화장실에서 수거되는 액체성 또는 고체성 오염물질을 말한다.

해설 DO는 용존산소량으로, DO 값이 작을수록 오수의 정화능력이 떨어진다.

정답 ①

7 가스설비

(1) 일반사항

① **정의**
  ㉠ 가스설비는 인간의 생활을 위해 난방 및 취사, 급탕 등을 위하여 필요한 에너지를 공급하는 매체인 가스를 사용하는 각종 시설을 말한다.
  ㉡ 현재 국내에서 사용되고 있는 가스는 수소, 일산화탄소, 메탄 등의 혼합물이다.

② **가스의 특성**
  ㉠ 무색·무취로서 누설시 감지가 어렵다.
  ㉡ 중량에 비해 열량이 크다.
  ㉢ 연소 후 재나 매연이 생기지 않으며 금속에 대한 부식성이 적다.
  ㉣ 점화 및 소화가 용이하고 온도 조절이 가능하다.
  ㉤ 사용장소까지 직접 공급이 가능하다.
  ㉥ 가스가 누설되면 폭발의 위험이 있으며 그 피해범위가 크다.

③ **도시가스의 공급압력 분류**
  ㉠ 고압: 1MPa 이상의 압력
  ㉡ 중압: 0.1MPa 이상 1MPa 미만의 압력
  ㉢ 저압: 0.1MPa 미만의 압력

(2) 가스의 종류 및 특성

① **액화천연가스**(LNG ; Liquefied Natural Gas)
  ㉠ 석유를 시추하면 제일 먼저 가스가 나오는데 주로 메탄가스로, 이것을 포집하여 액화시키면 액화천연가스가 된다.
  ㉡ 액화천연가스의 주성분은 메탄으로, 공기보다 가벼워 누설 시 쉽게 공기 중에 분산되는 특성을 가진다.
  ㉢ 배관으로만 공급되며 발열량은 약 $38,000 kJ/m^3$로서 사용단위는 m^3/h이다.

② **액화석유가스**(LPG ; Liquefied Petroleum Gas)
  ㉠ 원유를 정제하는 과정에서도 가스가 나오는데, 메탄가스보다 무거운 프로판, 부탄가스로, 이것들을 액화시키면 액화석유가스가 된다.
  ㉡ 액화석유가스의 주성분은 프로판과 부탄으로, 공기보다 무거워 누설시 쉽게 공기 중에 분산되지 않기 때문에 폭발의 위험이 큰 가스이다.
  ㉢ 봄베(bombe)라는 용기나 차량에 의해 공급되며 발열량은 약 $92,000 kJ/m^3$로서 LNG보다 크고, 사용단위는 kg/h이다.

> **이렇게 출제!**
>
> **06** LPG와 LNG에 관한 설명으로 옳지 않은 것은? 제23회 기출
> ① 일반적으로 LNG의 발열량은 LPG의 발열량보다 크다.
> ② LNG의 주성분은 메탄이다.
> ③ LNG는 무공해, 무독성 가스이다.
> ④ LNG는 천연가스를 -162℃까지 냉각하여 액화시킨 것이다.
> ⑤ LNG는 냉난방, 급탕, 취사 등 가정용으로도 사용된다.
>
> **해설** 일반적으로 LPG의 발열량은 LNG의 발열량보다 크다.
>
> 정답 ①

8 소방설비

(1) 소화설비

① **정의**
㉠ 화재로부터 인명과 재산을 보호하기 위한 설비를 말한다.
㉡ 연소는 가연물, 산소공급원, 점화원에 의해 이루어지며 연쇄반응에 의해 확산된다.

② **소화작용**
㉠ 소화란 불을 끄는 것을 말하며 가연물의 제거 또는 냉각, 산소공급원의 차단에 의한 질식 또는 억제 및 희석의 방법으로 소화한다.
㉡ 소화제로는 경제성을 고려하여 물을 많이 사용하나 2차 재산피해가 유발되므로 고가의 장비나 재산보호가 요구되는 곳에는 첨단 소방설비가 사용되고 있다.

(2) 소방설비의 종류

① **소화설비**
㉠ 소화기
㉡ 옥내소화전설비: 건물 내 각 층에 설치하여 배관으로 공급되는 물로, 초기의 소화작업에 사용한다.
㉢ 옥외소화전설비: 건물 밖 지상에 설치하여 배관으로 공급되는 물로, 건물의 1층과 2층의 소화에 사용한다.

ⓔ **물분무소화설비**: 물을 가는 입자의 안개로 만들어 전기화재나 유류화재의 소화에 사용한다.
ⓜ **스프링클러설비**: 건물에 설치되는 소화설비 중 자동식 소화설비로서 화재가 발생할 경우 스스로 감지하여 경보를 발생시키고 직접 소화하는 설비이며, 초기 화재 진압률이 약 97%로 절대적인 소화설비이다.

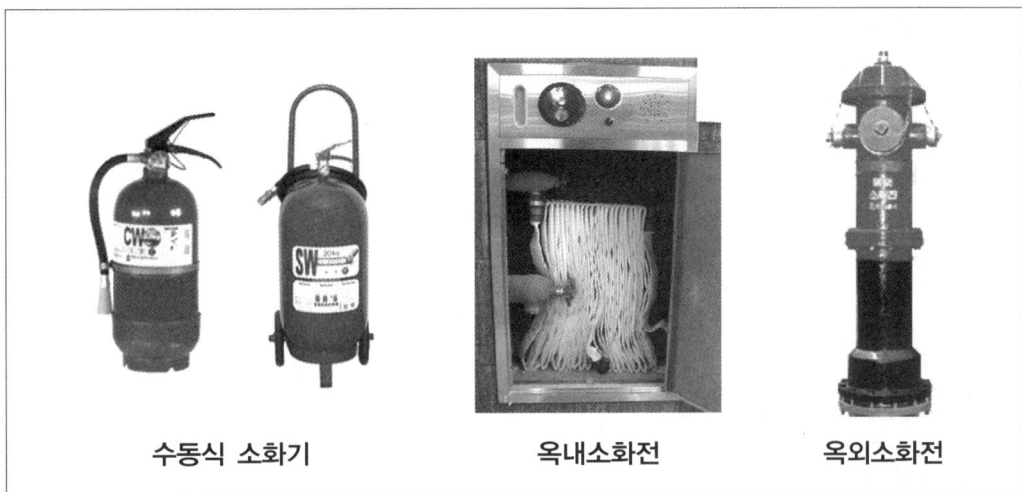

수동식 소화기 옥내소화전 옥외소화전

② **경보설비**
ⓐ 정의: 화재 발생시 음의 발신, 빛의 점멸 등의 수법으로 이용자, 관리자에게 알리기 위한 시설 혹은 설비
ⓑ 종류: 자동화재탐지설비, 가스누설경보기, 누전경보기, 비상방송설비, 자동화재속보설비 등이 있다.

③ **피난구조설비**
ⓐ 정의: 화재시에 건물 내에서 피난하기 위해 쓰이는 설비
ⓑ 종류: 완강기, 구조대, 피난사다리, 유도등 및 표지판, 공기호흡기, 방열복 등이 있다.

④ **소화활동설비**
ⓐ 정의: 화재를 진압하거나 인명구조활동을 위하여 사용하는 설비
ⓑ 종류: 연결송수관설비, 제연설비, 연결살수설비, 연소방지설비, 무선통신보조설비, 비상콘센트설비 등이 있다.

> **이렇게 출제!**
>
> **07** 소방시설 설치 및 관리에 관한 법령에서 정하고 있는 소방시설에 관한 내용으로 옳지 않은 것은?　　　　제22회 수정
>
> ① 비상콘센트설비, 연소방지설비는 소화활동설비이다.
> ② 연결송수관설비, 상수도소화용수설비는 소화용수설비이다.
> ③ 옥내소화전설비, 옥외소화전설비는 소화설비이다.
> ④ 시각경보기, 자동화재속보설비는 경보설비이다.
> ⑤ 인명구조기구, 비상조명등은 피난구조설비이다.
>
> **해설** 연결송수관설비는 소화활동설비에 속한다.
>
> 　　　　　　　　　　　　　　　　　　　　　　　　　　　　정답 ②

9 난방설비

(1) 일반사항

① **난방의 의미**

㉠ 난방이란 환기 또는 출입에 의한 손실열량, 틈새·벽체를 통한 관류 등에 의해 손실되는 열량만큼 온수 또는 증기를 실내에 설치된 방열기나 코일 등에 배관으로 공급하여 보충하는 것을 말한다.

㉡ 난방은 주위의 온도를 조절함으로써 건물의 구조적, 기계적, 전기적 시스템을 유지하는 데에도 기여한다.

② **난방의 종류**

㉠ **개별난방**: 직접 가열기를 실내에 설치하여 난방을 하는 것을 말한다.

㉡ **중앙난방**: 한 단지 내에서 공동의 기계실에 가열기를 설치하여 다수의 실내에 공급을 하는 것을 말한다.

㉢ **지역난방**: 외부의 구역에서 열원을 생산하여 다수의 단지에 열원을 공급하여 난방을 하는 것을 말한다.

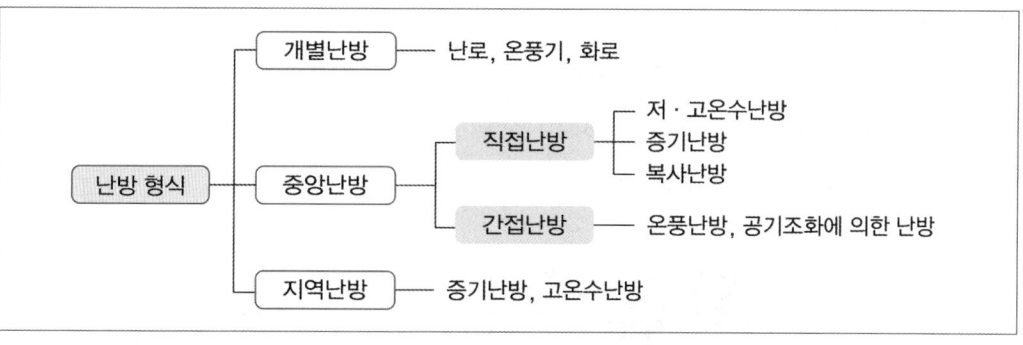

(2) 중앙직접난방방식

① **대류난방**
  ㉠ 보일러에서 생산된 온수나 증기를 방열기에 공급하여 대류현상에 의해 난방을 하는 방식이다.
  ㉡ 방열기에 온수를 공급하면 온수난방이라고 하고 증기를 공급하면 증기난방이라고 한다.

② **복사난방**
  ㉠ 방열기를 설치하지 않고 바닥 또는 벽체, 천장에 설치된 코일이나 패널에 증기나 온수를 공급하여 난방하는 방식이다.
  ㉡ 천장이 높은 곳, 문의 개폐가 잦은 곳에도 난방이 가능하여 아파트에 많이 이용되고 있다.
  ㉢ 쾌감도가 가장 좋으며 공급온도(40~50℃)가 낮아도 난방효과가 우수한 특성이 있으나, 외기 온도 변화에 따라 방열량 조절이 곤란한 단점이 있다.

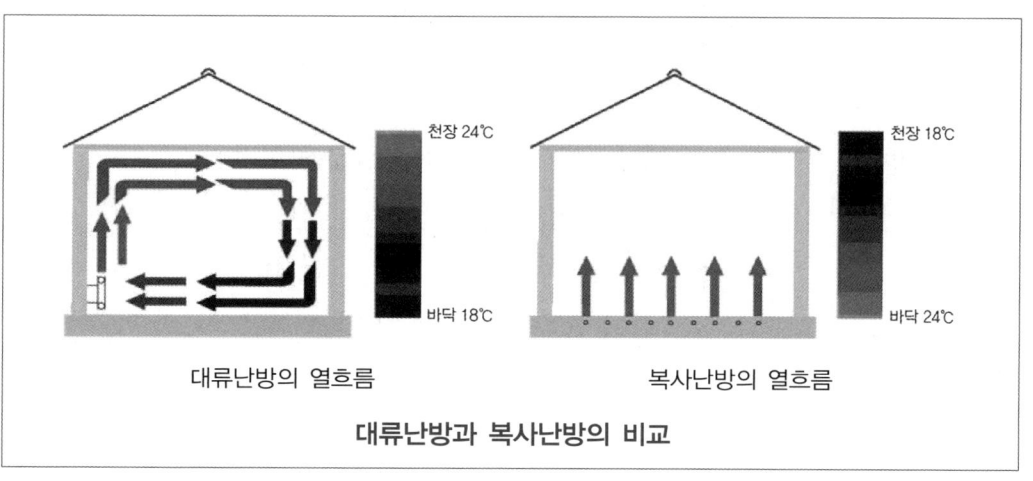

대류난방과 복사난방의 비교

(3) 방열기

① 열매(온수나 증기)를 공급받아 실내의 공기를 가열하는 장치로, 창문 밑에 벽과 5~6cm 정도 이격하여 설치한다.
② 대류현상을 이용하여 실내의 공기를 따뜻하게 한다.

주철제 방열기

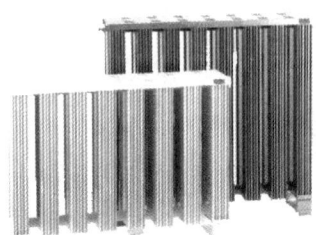
알루미늄제 방열기

> **이렇게 출제!**
>
> **08** 대류난방과 비교한 복사난방에 관한 설명으로 옳은 것을 모두 고른 것은?
>
> 제27회 기출
>
> ㉠ 실내 상하 온도 분포의 편차가 작다.
> ㉡ 배관이 구조체에 매립되는 경우 열매체 누설 시 유지보수가 어렵다.
> ㉢ 저온수를 이용하는 방식의 경우 일시적인 난방에 효과적이다.
> ㉣ 실(室)이 개방된 상태에서도 난방 효과가 있다.
>
> ① ㉠, ㉡
> ② ㉠, ㉢
> ③ ㉡, ㉣
> ④ ㉠, ㉡, ㉣
> ⑤ ㉠, ㉡, ㉢, ㉣
>
> **해설** 저온수를 이용하는 방식의 경우 장기적인 난방에 효과적이다.
>
> **정답** ④

10 냉동설비

(1) 정의

① 냉동(refrigeration)이란 고체·액체·기체로부터 인위적으로 열을 빼앗아 그 공간이나 물체의 온도를 주위의 온도보다 낮게 해 주는 것을 말한다.
② 냉방이란 실내의 온도를 낮게 하는 것을 말한다.

(2) 냉동방법

① **자연냉동법**
  ㉠ 융해열 이용법: 얼음이 녹으면서 주위의 열을 빼앗아 냉동하는 방법
  ㉡ 승화열 이용법: 드라이아이스가 승화하면서 주위의 열을 빼앗아 냉동하는 방법
  ㉢ 증발열 이용법: 액화질소가 증발하면서 주위의 열을 빼앗아 냉동하는 방법

② **기계냉동법**
  ㉠ 공기 압축식: 고압 상태의 공기가 저압 상태로 단열 팽창할 때 주위의 열을 흡수하여 냉동하는 방법
  ㉡ 흡수식: 냉매의 증발을 유도하여 냉동하는 방법

11 전기설비

1. 기초이론

(1) 용어 정리

① **전류**(I ; electric current): 전기가 전선을 통하여 흐르는 양을 말한다.

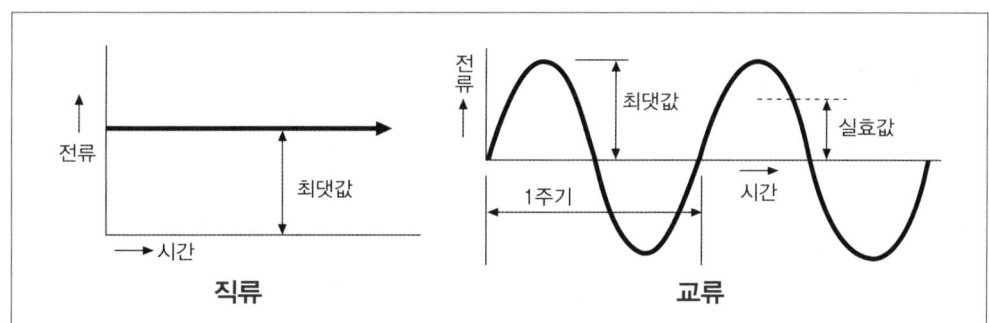

② **전압**(V ; Voltage): 전기를 보내는 힘으로, 전기의 높이 차를 말한다.

전압의 종류	직류	교류
저압	1,500V 이하	1,000V 이하
고압	1,500V 초과 7,000V 이하	1,000V 초과 7,000V 이하
특고압	7,000V 초과	

③ **저항**(R ; Resistance): 도체에서 전류의 흐름을 방해하는 것을 말한다.
④ **전력**(electric power): 전기가 하는 일의 양으로 전류와 전압의 곱을 말한다.
⑤ **부하**: 전기적·기계적 에너지를 발생하는 장치의 출력에너지를 소비하는 기기 또는 소비하는 동력의 크기를 말한다.

⑥ **회로**(回路): 전기가 흐르는 통로를 말하며, 전기를 보내는 것을 전원(電源) 또는 공급원이라고 한다.

⑦ **이상전류**(=고장전류)
   ㉠ **단락**(=합선): 하나의 선로가 끊어져 다른 선로에 접속된 것으로, 두 선로에 나누어 흐르던 전류가 한 전류로 합쳐져 흐르므로 과전류가 흐르게 되어 화재의 원인이 된다.
   ㉡ **누설전류**(=누전): 선로의 절연피복이 벗겨져 외부로 흐르는 것으로 기기나 사람에게 치명적인 재해를 가져온다. 예방을 위하여 땅에 전선을 연결하는데, 이를 접지라고 한다.

> **이렇게 출제!**
>
> **09** 전기설비의 전압 구분에서 교류의 저압기준에 해당하는 것은? 제19회 기출
>
> ① 600V 이하 ② 700V 이하
> ③ 750V 이하 ④ 800V 이하
> ⑤ 1,000V 이하
>
> **해설** 전기설비의 전압 구분에서 저압기준은 교류 1,000V 이하, 직류 1,500V 이하이다.
>
> 정답 ⑤

(2) 전류에 의한 분류

종류	내용
강전설비	전원설비, 구내배전설비, 동력설비, 조명설비, 운송설비, 피뢰침설비와 접지설비 등
약전설비	전기시계설비, 방송설비, 자동화재탐지설비, 정보통신망설비, 인터폰설비, 전화배선설비, 구내교환설비, TV공청설비 등

2. 수변전(受變電)설비

(1) 정의

① 발전소에서 생산된 고압의 전력을 공급받아 사용하기 적당한 전압으로 낮추어 동력, 전열, 조명 등에 공급하는 설비이다.
② 전력회사에서 전력을 수전하여 필요한 사용 전압으로 변전하고, 이를 필요한 곳으로 배전하기 위한 장치, 기기로 구성되는 설비를 말한다.

수변전설비

(2) 수변전설비 용량 추정
① 부하설비 용량(VA) = 부하밀도(VA/m^2) × 연면적(m^2)
② 부하밀도(VA/m^2)는 전등, 동력 등을 포함한 부하설비 용량의 평균치를 말한다.

12 엘리베이터

1. 개념

(1) 정의: 엘리베이터란 수직으로 사람이나 화물을 수송하는 설비를 말한다.
(2) 구성요소: 엘리베이터는 기계실, 권상기, 승강기, 승강로로 구성된다.

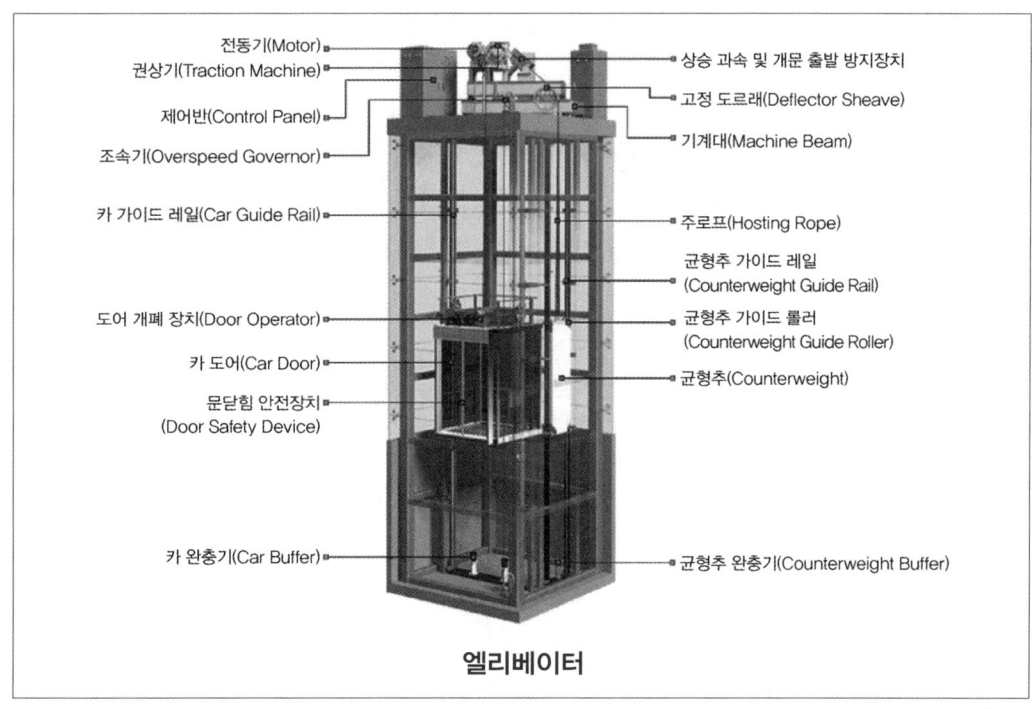

엘리베이터

2. 권상기

(1) 정의
권상기란 전동기의 회전력을 이용하여 견인구차(홈이 파인 바퀴)에 로프를 매달아 승강기를 구동시키는 장치를 말한다.

(2) 구성요소
① **전동기**(motor): 전기적 에너지를 이용하여 회전력을 만드는 장치로, 견인구차를 회전시키는 장치이며, 교류와 직류가 있다.
② **견인구차**(sheve): 전동기에 연결되어 로프를 감아서 올리거나 내리는 원형 도르래로 로프의 미끄러짐을 방지하기 위해 V홈, U홈으로 가공되어 있다.
③ **로프**(rope): 와이어로프를 사용하며 규격은 직경 12mm, 3본 이상으로 사용한다.
④ **제동기**(brake): 엘리베이터의 정지장치로 전기식(역회전력), 기계식(마찰력), 전자식(스프링 작동)의 방법이 있다.
⑤ **감속기**: 엘리베이터의 속도를 줄이는 장치로 기어식과 기어리스식이 있다.
⑥ **균형추**(counter weight): 승강기의 반대 측 로프에 장치한 것으로 승강기의 균형을 유지하면서 권상기의 부하를 가볍게 하여 전기를 절약할 목적으로 이용된다.

3. 승강기(cage, car)

(1) 정의
승객 또는 화물을 운반하는 상자(cage)를 말한다.

(2) 특징
① 승객용은 성인 1인당 75kg을 기준으로 설계한다.
② 로프에 매달려 승강로 상하를 움직이는 카의 흔들림을 방지하기 위하여 승강로 양쪽 벽에 설치된 가이드레일에 카를 부착시켜 작동하게 한다.

중요 개념 확인하기!

❶ 전도는 고체 내부에서의 열의 이동을 말하며 저온에서 고온으로 이동한다. ○ | ×

❷ 수도직결방식은 일반 가정주택에서 물을 공급받는 방식으로, 수도관에 직접 연결하여 사용하는 급수방식이다. ○ | ×

❸ 간접가열식이 직접가열식보다 열효율이 좋다. ○ | ×

❹ 봉수의 깊이는 최소 50mm~최대 100mm가 적당하다.

❺ BOD(Biochemical Oxygen Demand)는 화학적 산소요구량이다.

❻ 액화천연가스(LNG)은 석유를 시추하면 제일 먼저 가스가 나오는데 주로 (　　　)가스로, 이것을 포집하여 액화시키면 액화천연가스가 된다.

❼ (　　　)설비는 화재를 진압하는 데 필요한 물을 공급하거나 저장하는 설비를 말한다.

❽ (　　　)난방은 방열기를 설치하지 않고 바닥 또는 벽체, 천장에 설치된 코일이나 패널에 증기나 온수를 공급하여 난방하는 방식이다.

❾ 전기설비의 전압 구분에서 저압기준은 교류 (　　　)V 이하, 직류 (　　　)V 이하이다.

❿ 엘리베이터 승강기의 승객용은 성인 1인당 (　　　)kg을 기준으로 설계한다.

① × 고온에서 저온 ② ○ ③ × 좋다 → 나쁘다 ④ ○ ⑤ × 화학적 → 생물학적 ⑥ 메탄 ⑦ 소화용수 ⑧ 복사
⑨ 1,000, 1,500 ⑩ 75

SUBJECT 3

민법

CHAPTER 01	민법 통칙
CHAPTER 02	권리의 주체와 객체
CHAPTER 03	권리의 변동과 그 원인
CHAPTER 04	물권법
CHAPTER 05	채권법

학습 전 체크!

❓ 어떻게 출제되나요?

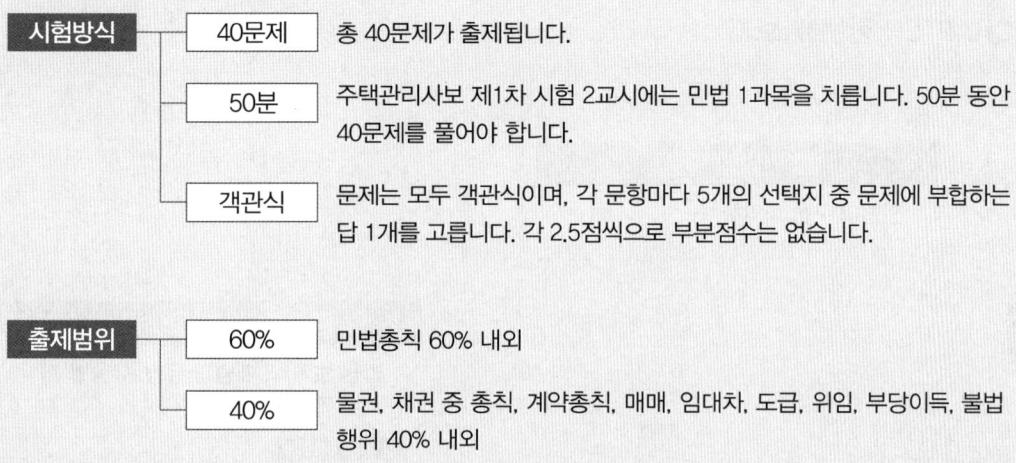

시험방식	40문제	총 40문제가 출제됩니다.
	50분	주택관리사보 제1차 시험 2교시에는 민법 1과목을 치릅니다. 50분 동안 40문제를 풀어야 합니다.
	객관식	문제는 모두 객관식이며, 각 문항마다 5개의 선택지 중 문제에 부합하는 답 1개를 고릅니다. 각 2.5점씩으로 부분점수는 없습니다.

출제범위	60%	민법총칙 60% 내외
	40%	물권, 채권 중 총칙, 계약총칙, 매매, 임대차, 도급, 위임, 부당이득, 불법행위 40% 내외

❗ 이렇게 공부하세요!

판례가 사례형으로 출제된다!

단순한 법이론적 문제보다는 판례가 사례형으로 묶여 출제되는 경우가 많으므로 처음에는 어렵더라도 판례를 자주 접하고 이론에 응용하는 연습을 하는 것이 좋습니다.

조문을 반복 학습한 뒤 판례를 연결하자!

시간을 충분히 가지고 조문을 반복해서 읽으며 기초지식을 쌓은 후, 그 지식에 판례를 연결하는 방법으로 공부해 보세요. 甲, 乙, 丙이 나오는 문제는 그림을 그려 누구인지 빨리 파악하는 것도 방법입니다.

각각의 사례와 관련한 용어 이해는 필수!

법 과목을 공부할 때에는 단순한 암기가 아닌, 각각의 사례와 관련하여 용어를 정확히 이해하는 것이 중요합니다.

CHAPTER 01 민법 통칙

✓ 이 단원에서는 민법의 개념과 법체계 전체에서 민법의 지위, 민법의 구성, 법원(法源)의 개념과 유형, 법원(法源)의 유형별 지위와 범위, 신의성실의 원칙에 관한 민법 제2조 관련 판례를 집중적으로 학습해야 합니다.

CHAPTER 한눈에 보기

1 민법의 구성
· 민법의 구성 파악하기

2 민법 통칙(民法通則)
· 법원(法源)의 개념과 유형, 유형별 지위와 범위 이해하기

Q 용어 CHECK
· 법원(法源)

3 신의성실의 원칙
· 신의성실의 원칙에 관한 민법 제2조의 법적 지위 이해하기

발문 미리보기

• 민법 제1조 법원(法源)에 관한 설명으로 옳지 않은 것은?
• 사권의 행사와 관련하여 옳지 않은 것은?
• 신의성실의 원칙과 관련하여 옳지 않은 것은?

| POINT | 민법의 법원에 관한 내용은 모든 민법 시험에서 거의 빠짐없이 출제되는 내용입니다. 사권의 행사 중 형성권은 채권자취소권을 중심으로 그 행사 방법도 빠짐없이 출제되고 있고, 신의성실의 원칙과 관련된 구체적 내용은 판례를 중심으로 세심하게 정리해야 합니다.

1 민법의 구성 ※ 우리 시험범위를 중심으로 설명

1. 민법총칙

(1) 통칙
민법의 전반에 모두 적용되는 부분으로서 민법 제1조 민법의 법원과 민법 제2조 신의성실의 원칙을 그 내용으로 한다.

(2) 권리의 주체
권리를 행사하고 의무를 이행할 수 있는 지위 내지 자격을 '권리의 주체'라 하고, 이러한 권리의 주체에는 자연인(自然人)과 법인(法人)이 있다.

(3) 권리의 객체
권리행사의 궁극적 대상을 '권리의 객체'라 하고, 이러한 권리의 객체는 권리의 유형 및 행사방법에 따라 매우 다양하다. 민법총칙에서는 권리의 객체로서 물건에 관한 사항을 규정하고, 기타 다른 권리의 객체는 해당 권리에 관한 부분에서 따로 규정한다.

(4) 권리의 변동
① '권리의 변동'은 권리와 의무가 발생·변경·소멸하는 전체적인 현상을 말한다. 권리변동의 원인은 법률행위와 법률행위가 아닌 원인으로 나뉘는데, 법률행위 중 가장 주요한 부분이 계약이고 법률행위가 아닌 원인 중 가장 주요한 부분이 법률의 규정이다. 그러므로 그 권리가 물권이든 채권이든, 혹은 가족법상의 권리든 간에 모든 권리의 발생원인에는 법률행위와 법률규정이 있다고 할 수 있다.
② 이러한 권리변동의 원인을 '법률요건(法律要件)'이라고 한다.

2. 물권법(物權法)

(1) 물권의 의의
① '물권(物權)'이란 물건(物件)에 대한 배타적·직접적 지배권으로서 절대권(絕對權)이면서 대세권(對世權)이다.
② 물권의 대세적(對世的) 효력으로 인하여 물권은 법률 또는 관습법에 의하는 외에는 임의로 창설하지 못한다(물권법정주의).
③ 물권법정주의 원칙상 물권법의 대부분 규정은 강행규정에 해당한다.

| 용어 보충 | 강행규정과 임의규정 |

- 강행규정: 법률행위를 하는 과정에서 당사자의 합의로 그 적용을 배제할 수 없는 규정을 말한다. '당사자의 합의로 배제할 수 없는 규정'이라는 말은 법률행위 과정에서 강행규정을 적용할 상황에서 그 강행규정을 적용하지 말 것을 약정할 수 없고 반드시 적용해야 하는 규정을 말한다.
- 임의규정: 법률행위를 하는 과정에서 당사자의 합의로 그 적용을 배제할 수 있는 규정을 말한다. 당사자의 합의내용이 임의규정과 상반되는 경우에도 당사자의 합의내용대로 법률효과가 발생한다.

(2) 물권법의 편성
① **물권총론**(物權總論): 민법상 8종류의 물권의 공통적인 효력에 관한 내용
② **물권각론**(物權各論): 민법상 8종류의 물권의 각각의 특징적 효력에 관한 내용

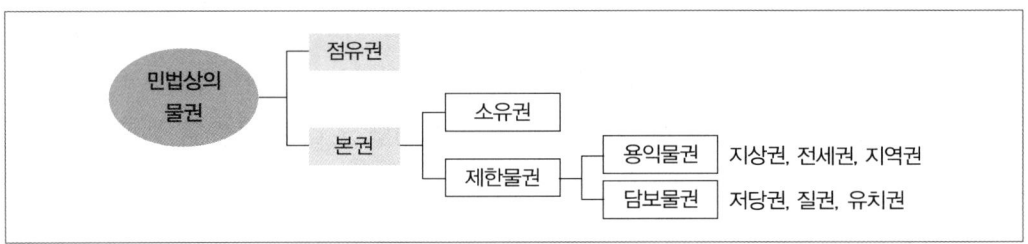

3. 채권법(債權法)

(1) 채권의 의의
① 채권자가 채무자에게 행사하는 급부청구권을 통칭하여 '채권(債權)'이라 한다.
② 채권자가 채무자에게만 자신의 채권을 행사할 수 있으므로 채권은 대인권(對人權)이며, 채무자의 책임 있는 사유로 채무를 이행하지 않는 경우에 한하여 채무불이행 등의 위법행위가 성립할 수 있는 상대권(相對權)이다.
③ 계약자유의 원칙 내지 자유경쟁의 원칙이 주로 적용되는 채권법의 대부분 규정은 임의규정에 해당한다.

(2) 채권법의 편성
① **채권총론**(債權總論): 채권의 종류 및 채권의 변동에 관한 효력을 규정한다.
② **채권각론**(債權各論): 개별적 채권의 발생 원인 및 효력을 규정한다.
  ㉠ 계약법: 계약법은 민법상 15종류의 계약의 공통적 효력에 관한 계약총론(契約總論)과 그 계약의 개별적 효력에 관한 계약각론(契約各論)으로 구성되어 있다.
  ㉡ 기타 채권관계: 사무관리·부당이득·불법행위 등 계약 이외의 원인으로 발생하는 채권관계의 효력에 관한 것을 규정한다.

2 민법 통칙(民法通則)

1. 법원(法源)

> **제1조 【법원】** 민사에 관하여 법률에 규정이 없으면 관습법에 의하고 관습법이 없으면 조리에 의한다.

'민법의 법원'이란 민법의 존재형식 또는 민법의 인식수단을 의미한다. 즉, 민사재판에서 적용되는 법규범 총체로서 실질적 의미의 민법을 의미한다.

> **용어 보충** 법원(法源)
> '법의 연원'의 줄임말로서, 법이 어떤 형태로 존재하고 또 어떻게 작용하는지를 말한다. 일반적으로 법원(法源)은 법관이 재판을 할 때에 적용하여야 할 기준의 순서를 제시하는 것으로 해석한다.

2. 법원의 유형

(1) 법률(法律)
  ① **의의**: 제1차적 법원으로서 법률은 사전적 의미의 법률만을 의미하는 것이 아니라 민사에 관한 모든 성문법 형태의 제정법규 등을 포괄하는 개념으로 해석한다.
  ② **민법상 법원으로서 법률의 범위**
    ㉠ 민법전(民法典): 성문민법으로서 제1조부터 제1118조까지의 민법전이 가장 대표적인 법원이다.
    ㉡ 공법·국제법규·각종 명령·조약 및 국제규약·규칙·자치법규(조례·규칙) 중에서도 민사(民事)에 관한 조항들은 민법상 법원으로 법률의 범위에 속한다.
    ㉢ 헌법재판소 결정 중 민사에 관한 것은 민법의 법원으로서 법률로 인정하지만 대법원 판례는 법원으로서 법률에 포함하지 않는다.

(2) 관습법(慣習法)
  ① **의의**: '관습법'이란 일정지역을 중심으로 오래된 관행이 계속적으로 시행되던 중에 일반 대중들로부터 법적확신을 얻어 법으로 인식된 사회생활 규범들을 말한다.
  ② **성립**: 관습법은 일반대중으로부터 법적확신을 얻은 때 성립하고, 법원의 판결에 의해서 그 존재가 확인된다.
  ③ 관습법에 관하여 그 존재 및 효력에 관한 사항은 법원의 직권조사 사항이다.

(3) 조리(條理)

① 조리는 법은 아니지만 민법상 법원이다. 구체적인 민사 사건에 적용할 법률이나 관습법이 없는 경우에도 재판을 포기할 수 없으므로 조리가 최후의 법원으로 필요하다.

② 결론적으로 조리는 법의 흠결을 보충해 주는 역할을 하는 민법상 법원이다.

이렇게 출제!

01 민법상 법원(法源)에 관한 설명으로 옳지 않은 것은? (다툼이 있으면 판례에 따름)

제27회 기출

① 일반적으로 승인된 국제법규가 민사에 관한 것이면 민법의 법원이 될 수 있다.
② 민사에 관한 대통령의 긴급재정명령은 민법의 법원이 될 수 없다.
③ 법원(法院)은 관습법에 관한 당사자의 주장이 없어도 직권으로 이를 확정할 수 있다.
④ 법원(法院)은 관습법이 헌법에 위반되는지 여부를 판단할 수 있다.
⑤ 사실인 관습은 사적자치가 인정되는 분야에서 법률행위 해석기준이 될 수 있다.

해설 민사에 관한 대통령의 긴급재정명령은 민법의 법원이 될 수 있다.

정답 ②

3 신의성실의 원칙

> **제2조 【신의성실】** ① 권리의 행사와 의무의 이행은 신의에 좇아 성실히 하여야 한다.
> ② 권리는 남용하지 못한다.

1. 신의칙

① 권리의 행사와 의무의 이행은 신의에 좇아 성실히 하여야 한다(제2조 제1항). 이것을 '신의성실의 원칙' 또는 '신의칙'이라고 한다.
② '신의성실'이란 사적인 거래활동의 당사자가 상대방의 신뢰를 헛되이 하지 않도록 성의를 가지고 행동하는 것을 의미한다.

2. 권리남용(權利濫用) 금지의 원칙

① '권리의 남용'이란 외형상으로는 정당한 것처럼 보이는 권리자의 권리행사 또는 불행사의 내면이 권리의 공공성 내지 사회성에 반하는 위법성이 있는 권리행사를 말한다.
② 신의칙의 근본 사고방식은 권리남용의 법리와 공통된 점이 많이 있다. 즉, 권리의 행사가 신의성실에 반하는 경우에는 권리남용이 되는 것이 보통이며, 의무의 이행이 신의성실에 반하는 경우에는 채무불이행의 책임이 발생한다.

3. 신의성실의 원칙 적용

① 사법(私法)관계뿐만 아니라 공법(公法)관계 등 모든 법률관계는 신의성실의 원칙의 적용을 받는다.
② 강행법규에 반하는 법률행위를 한 자가 스스로 강행법규 위반을 이유로 그 법률행위의 무효를 주장하는 것은 신의칙에 반하지 않는다.

> 이렇게 출제!

02 신의성실의 원칙(이하 '신의칙')에 관한 설명으로 옳지 않은 것은? (다툼이 있으면 판례에 따름)

제24회 기출

① 세무사와 의뢰인 사이에 약정된 보수액이 부당하게 과다하여 신의칙에 반하는 경우, 세무사는 상당하다고 인정되는 범위의 보수액만 청구할 수 있다.
② 계속적 보증계약의 보증인은 주채무가 확정된 이후에는 사정변경을 이유로 보증계약을 해지할 수 없다.
③ 병원은 입원계약에 따라 입원환자들의 휴대품이 도난되지 않도록 할 신의칙상 보호의무를 진다.
④ 인지청구권은 포기할 수 없는 권리이므로 실효의 원칙이 적용되지 않는다.
⑤ 관련 법령을 위반하여 무효인 편입허가를 받은 자에 대하여 오랜 기간이 경과한 후 편입학을 취소하는 것은 신의칙 위반이다.

해설 관련 법령을 위반하여 무효인 편입허가를 받은 자가 있는 경우 이는 당연 무효로서 오랜 기간이 경과하였다 하더라도 무효의 효과는 변함이 없으므로 편입학을 취소하는 것은 신의칙 위반이 아니다(87다카131).

정답 ⑤

중요 개념 확인하기!

❶ 관습법은 당사자의 주장·증명이 없더라도 법원(法院)이 직권으로 이를 확정할 수 있다. ○ | ×

❷ 강행법규에 반하는 법률행위를 한 자가 스스로 강행법규 위반을 이유로 그 법률행위의 무효를 주장하는 것은 신의칙에 반한다. ○ | ×

❸ 본인의 지위를 단독상속한 무권대리인이 상속 전에 행한 무권대리행위에 대하여 본인의 지위에서 추인을 거절하는 것은 신의칙에 반한다. ○ | ×

① ○ ② × 신의칙에 반하지 않는다. ③ ○

CHAPTER 02 권리의 주체와 객체

✓ 이 단원에서는 권리의 주체로서 자연인의 능력과 태아 및 제한능력자의 보호제도, 법인의 성립과 소멸과정 및 법인의 기관을 이해해야 합니다. 또한 권리의 객체의 의미, 권리의 객체로서 물건의 분류 및 그 특성을 숙지하고, 부동산과 동산, 주물과 종물 및 원물과 과실을 둘러싼 권리관계를 파악하시기 바랍니다.

CHAPTER 한눈에 보기

1 권리의 주체
- 자연인의 능력 이해하기
- 태아 및 제한능력자의 보호제도 파악하기
- 법인의 성립·소멸과정, 법인의 기관 이해하기

Q 용어 CHECK
- 후견인
- 소급
- 추정
- 악의
- 사용자책임
- 법정추인
- 간주
- 선의
- 무과실책임
- 구상권

2 권리의 객체
- 권리의 객체의 의미 이해하기
- 물건의 분류와 특성 확인하기
- 부동산과 동산, 주물과 종물, 원물과 과실 구분하기

Q 용어 CHECK
- 명인방법

발문 미리보기

- 태아보호 및 제한능력자 보호제도에 관한 설명으로 옳지 않은 것은?
- 실종선고제도와 그 취소의 효과에 관한 설명으로 옳지 않은 것은?
- 법인 및 비법인사단의 행위능력에 관한 설명으로 옳지 않은 것은?
- 민법상 물건에 관한 설명으로 옳지 않은 것은?

|POINT| 자연인의 권리능력과 제한능력자 및 상대방 보호제도는 완전하게 이해하고 숙지해야 합니다. 실종선고의 청구권자, 실종선고 취소의 효과와 법인의 불법행위능력은 매년 출제되고 있습니다. 비법인사단과 관련된 문제는 우리 시험의 특징적인 요소로서 매년 한 문제씩 출제됩니다. 물건에 관하여 부동산과 동산, 주물과 종물, 원물과 과실은 확실히 알아두어야 합니다.

1 권리의 주체

1. 자연인

> **제3조 【권리능력의 존속기간】** 사람은 생존한 동안 권리와 의무의 주체가 된다.

(1) 자연인의 능력
① **권리능력**
  ㉠ 의의: '권리능력'이란 권리와 의무의 주체가 될 수 있는 지위 내지 자격을 말한다.
  ㉡ 자연인은 출생과 동시에 당연히 권리능력을 취득하여 사망할 때까지 권리능력이 유지된다. 자연인의 권리능력 소멸 사유는 오직 '사망' 하나뿐이다.

② **의사능력**
  ㉠ 의의: '의사능력'이란 어떤 행위를 하는 자가 자신의 행위가 옳고 그름을 판단할 수 있는 정상인의 인지능력을 말한다.
  ㉡ 의사능력에 관하여는 민법에 아무런 규정이 없다. 의사능력의 유무를 판단함에 획일적인 기준은 없고, 구체적 법률행위에 따라 개별적으로 판단하여야 한다는 것이 판례의 태도이다.

③ **행위능력**: '행위능력'이란 타인의 도움 없이도 혼자서 유효하면서 완전한 법률행위를 할 수 있는 지위 내지 자격을 말한다.

④ '능력'에 관한 민법 규정은 강행규정으로서 당사자 합의로 달리 정할 수 없다.

(2) 태아의 권리능력
① **태아보호의 필요성**: 태아도 일정한 법률관계에서 권리능력을 인정하여 보호할 필요성이 있으므로, 대체적으로 모든 나라에서 태아보호에 관한 규정을 두고 있다.

② **태아의 권리능력 인정 범위**
  ㉠ 일반적 보호주의: 모든 법률관계에서 자연인과 동일하게 태아의 권리능력을 인정하는 제도이다.
  ㉡ 개별적 보호주의
    ⓐ 의의: 특별한 법률관계에서만 태아의 권리능력을 인정하여 보호하는 제도로, 민법은 태아의 권리능력에 관하여 개별적 보호주의를 취하고 있다.
    ⓑ 우리 민법상 개별적 보호규정: "~에 있어서 태아는 출생한 것으로 본다."라는 규정이 있는 경우에만 보호한다.

- 불법행위에 기한 손해배상청구권
- 유증의 수증능력
- 대습상속
- 재산상속
- 유류분권

(3) 제한능력자 제도

① **제한능력자 보호제도**
  ㉠ 일반적으로 제한능력자의 판단능력은 보통의 행위능력자에 비하여 불완전하다고 인정되며, 그 법률행위를 보호하는 규정을 두고 있다.
  ㉡ 제한능력자 제도는 제한능력자의 재산을 보호하기 위한 제도로서 재산상의 법률행위에 적용되며, 제한능력자의 법률행위는 일정한 요건하에서 제한능력자 자신 또는 그 법정대리인이나 후견인이 취소할 수 있다.
  ㉢ 제한능력자 보호에 있어 신의칙은 적용되지 않는다.

> **용어 보충** 후견인
>
> 미성년자나 법정후견대상자(피성년후견인·피한정후견인·피특정후견인)의 신체·재산에 대하여 법적으로 보호하거나 대신할 책임과 권한이 있는 자연인 또는 법인을 말한다.

② **제한능력자의 유형**
  ㉠ 미성년자
    ⓐ 의의: 사람은 19세로 성년에 이르게 되므로, 19세에 달하지 않은 자를 '미성년자'라 한다.
    ⓑ 미성년자가 법률행위를 함에는 법정대리인의 동의를 얻어야 하며, 그 동의 없이 미성년자가 단독으로 한 법률행위는 미성년자 스스로 또는 법정대리인이 취소할 수 있다.
  ㉡ 피성년후견인
    ⓐ 성년후견의 개시 심판
      - 질병, 장애, 노령, 그 밖의 사유로 인한 정신적 제약으로 사무를 처리할 능력이 지속적으로 결여된 사람에 대하여 일정한 청구권자의 청구에 의하여 가정법원으로부터 성년후견의 심판을 받은 자를 '피성년후견인'이라 한다.
      - 가정법원은 성년후견개시의 심판을 할 때 본인의 의사를 고려하여야 한다.
    ⓑ 피성년후견인의 법률행위
      - 피성년후견인의 법률행위는 피성년후견인 또는 성년후견인이 취소할 수 있다. 그러나 일용품의 구입 등 일상생활에 필요하고 그 대가가 과도하지 아니한 법률행위는 성년후견인이 취소할 수 없다.

- 성년후견 심판 시 가정법원은 취소할 수 없는 피성년후견인의 법률행위의 범위를 정할 수 있고, 그 법률행위는 취소할 수 없다.
ⓒ 피한정후견인
ⓐ 한정후견의 개시 심판
- 질병, 장애, 노령, 그 밖의 사유로 인한 정신적 제약으로 사무를 처리할 능력이 부족한 사람에 대하여 일정한 청구권자의 청구에 의하여 가정법원으로부터 한정후견의 심판을 받은 자를 '피한정후견인'이라 한다.
- 가정법원은 한정후견개시의 심판을 할 때 본인의 의사를 고려하여야 한다.
ⓑ 피한정후견인의 법률행위
- 가정법원은 피한정후견인이 한정후견인의 동의를 받아야 하는 행위의 범위를 정할 수 있고, 그 행위를 피한정후견인이 한정후견인의 동의 없이 하였을 때에는 그 법률행위를 취소할 수 있다. 다만, 일용품의 구입 등 일상생활에 필요하고 그 대가가 과도하지 아니한 법률행위는 취소할 수 없다.
- 한정후견인의 동의를 필요로 하는 행위에 대하여 한정후견인이 피한정후견인의 이익이 침해될 염려가 있음에도 그 동의를 하지 아니하는 때에는 가정법원은 피한정후견인의 청구에 의하여 한정후견인의 동의를 갈음하는 허가를 할 수 있다.

③ **피특정후견인**(특정후견 심판을 받아도 제한능력자가 되는 것은 아님)
㉠ 특정후견의 심판
ⓐ 질병, 장애, 노령, 그 밖의 사유로 인한 정신적 제약으로 일시적 후원 또는 특정한 사무에 관한 후원이 필요한 사람에 대하여 일정한 청구권자의 청구에 의하여 가정법원으로부터 특정후견의 심판을 받은 자를 '피특정후견인'이라 한다.
ⓑ 성년후견 또는 한정후견 심판 시 법원은 본인의 의사를 고려하여야 하나, 특정후견의 심판은 본인의 의사에 반하여 할 수 없다.
㉡ 특정후견의 심판을 하는 경우 법원은 특정후견의 기간 또는 사무의 범위를 정하여야 한다.

④ **제한능력자와 거래한 상대방 보호**
㉠ 제한능력자의 법률행위는 일정한 요건을 갖춘 경우 취소할 수 있도록 하여 제한능력자를 적극적으로 보호하는 제도가 있다.

ⓒ 또한 형평의 원칙상 상대방을 보호하기 위한 제도도 있는데, 이에는 모든 취소할 수 있는 법률행위에 적용할 수 있는 일반적 보호제도와, 제한능력자와 거래한 상대방에게만 적용하여 보호하기 위한 특유의 보호제도가 있다.
  ⓐ 일반적 보호제도: 추인, 법정추인, 취소권의 단기소멸
  ⓑ 제한능력자와 거래한 상대방에게만 인정되는 보호제도
    - 확답의 촉구권: 선의·악의 불문하고 모든 상대방이 행사 가능
    - 계약의 철회권: 선의의 상대방만이 행사 가능
    - 단독행위의 거절권: 선의·악의 불문하고 모든 상대방이 행사 가능
    - 제한능력자의 속임수와 취소권의 소멸

> **용어 보충** 법정추인
>
> '법정추인'이란 객관적으로 추인이라고 인정할 만한 일정한 사실이 있는 때에, 즉 취소권자가 취소하지 않을 것 같은 행위를 상대방에게 한 경우 그 행위를 취소권자의 추인의사 유무를 묻지 않고 법률상 추인한 것으로 보는 제도를 말한다.

이렇게 출제!

01 17세인 甲은 법정대리인 乙의 동의 없이 丙으로부터 고가의 자전거를 구입하는 계약을 체결하였다. 이에 관한 설명으로 옳은 것은? _{제26회 기출}

① 甲이 성년자가 되더라도 丙은 甲에게 계약의 추인 여부에 대한 확답을 촉구할 수 없다.
② 甲은 乙의 동의 없이는 자신이 미성년자임을 이유로 계약을 취소할 수 없다.
③ 乙은 甲이 미성년자인 동안에는 계약을 추인할 수 없다.
④ 丙이 계약체결 당시 甲이 미성년자임을 알았다면, 丙은 乙에게 추인 여부의 확답을 촉구할 수 없다.
⑤ 丙이 계약체결 당시 甲이 미성년자임을 몰랐다면, 丙은 추인이 있기 전에 甲에게 철회의 의사표시를 할 수 있다.

해설 ① 甲이 성년자가 되었다면 단독으로 추인할 수 있는 상태가 되었으므로 丙은 甲에게 계약의 추인 여부에 대한 확답을 촉구할 수 있다.
② 미성년자도 스스로 자신의 행위에 대한 취소권이 있으므로 甲은 乙의 동의 없이도 자신이 미성년자임을 이유로 계약을 취소할 수 있다.
③ 법정대리인 乙은 甲이 미성년자인 동안에 계약을 추인할 수 있다.
④ 미성년자의 법률행위에 대한 확답의 촉구는 상대방의 선·악 불문하고 인정이 되므로 丙이 계약체결 당시 甲이 미성년자임을 알았더라도, 丙은 乙에게 추인 여부의 확답을 촉구할 수 있다.

정답 ⑤

(4) 부재자 제도 및 실종선고제도

① **부재자 제도**
  ㉠ 의의: 종전 주소지를 떠나 당분간 돌아올 가망이 없는 자로서 재산이 관리되지 않고 방치되어 있는 자를 '부재자'라고 한다. 즉, 민법상 부재자 여부에 대한 판단은 오직 부재자의 잔류재산관리 필요성만을 기준으로 한다.
  ㉡ 부재자의 재산관리
    ⓐ 부재자에게 재산관리인 또는 법정대리인이 있는 경우: 법원은 개입하지 않는다.
    ⓑ 부재자에게 재산관리인 또는 법정대리인이 없는 경우: 이해관계인·검사 등의 청구에 의하여 법원은 부재자의 재산관리에 필요한 처분을 명하여야 한다.
  ㉢ 부재자의 재산관리제도(부재자에게 재산관리인이 없는 경우)
    ⓐ 청구권자의 청구
      • 이해관계인
      • 검사(공익의 대표자)
    ⓑ 가정법원의 재산관리인 선임 및 부재자의 재산 보존에 필요한 처분명령
    ⓒ 선임된 재산관리인의 권한
      • 재산관리인은 관리행위(보존·이용·개량)는 할 수 있으나, 처분행위는 법원의 명령 또는 허가를 받아서 할 수 있다.
      • 부재자 재산처분에 대한 법원의 허가는 사후 추인형태로도 가능하다.

② **실종선고제도**
  ㉠ 실종선고의 요건
    ⓐ 실질적 요건: 부재자의 생사불명 상태가 실종기간이 경과하도록 계속되어야 한다.
    ⓑ 실종기간
      • 보통실종: 최후 소식 후 5년
      • 특별실종: 전쟁 종료, 선박 침몰, 항공기 추락, 기타 위난의 종료 후 1년
    ⓒ 형식적 요건: 이해관계인 또는 검사의 청구와 공시최고(6월 이상) 및 실종선고 ⇨ 1순위의 재산상속인이 있는 경우에는 후순위의 상속인은 실종선고를 청구할 수 없다.

ⓛ 실종선고의 효과
  ⓐ 실종선고를 받은 실종자는 실종기간 만료 시로 소급하여 사망한 것으로 간주되어, 재산관계의 상속 및 혼인관계가 종료된다. 부재자가 실종선고를 받기 전에는 생존으로 추정된다.
  ⓑ 실종선고를 받은 자는 종래 주소지를 중심으로 하는 민법상의 법률관계에서만 사망으로 간주된다.
  ⓒ 실종선고는 실종자의 권리능력을 박탈하는 제도는 아니므로 실종선고를 받은 자일지라도 공법상의 법률관계(선거권·피선거권의 유무, 범죄의 성립, 소송상의 당사자 능력)와 실종선고를 받은 곳이 아닌 다른 곳에서의 법률관계 및 실종선고를 받은 곳으로 돌아온 후의 법률관계에서는 사망으로 간주되지 않으므로 정상적으로 법률행위를 할 수 있다.

> **용어 보충**
> - 소급: 어떤 법률행위로 인한 법적 효력이 처음의 상태로 되돌아가 효력이 발생하거나 소멸할 때 "소급효가 발생한다."라고 한다.
> - 간주: 어떤 사실에 대하여 그 사실이 진실에 부합하는지 여부와는 관계없이 그 사실을 진정한 것으로 확정을 하는 것으로, 반대 증거가 제시되어도 그 효력을 번복할 수 없고, 간주의 효력을 번복하기 위하여는 권한 있는 기관의 취소가 필요하다. '간주'는 따로 취소의 절차를 밟지 않는 한 반증만으로는 그 효과가 번복되지 않는다는 점에서 추정과 다르다.
> - 추정: 특별한 사실이 발생한 경우 그 사실을 진정한 것으로 취급하여 법적인 효력을 부여하는 것으로, 반대 증거가 제시되면 그 효과를 즉시 번복하여 제시된 증거로 효력을 부여한다.

ⓒ 실종선고의 취소
  ⓐ 취소사유
    • 실종자 본인이 생존한 사실이 입증된 경우
    • 사망간주 시점과 다른 시기에 사망한 사실이 입증된 경우
    • 실종기간 기산점과 다른 시기에 생존한 사실이 입증된 경우
  ⓑ **취소청구권자**: 본인, 이해관계인, 검사
  ⓒ 법원이 실종선고를 취소하면 실종선고의 효과는 소급하여 소멸한다. 다만, 실종선고가 취소된 경우에도 실종선고 후 그 취소 전에 그 상속인등이 선의로 한 법률행위는 무효로 되지 않는다.
  ⓓ 실종선고를 직접원인으로 재산을 취득한 자는 그 이익을 반환하여야 한다. 그러나 그 반환범위는 수익자의 선의 또는 악의 여부에 따라 달라진다.

- **선의의 수익자**: 현존 이익만 반환하면 된다.
- **악의의 수익자**: 모든 손해를 배상할 의무가 있다(받은 이익 + 이자 + 손해).

ⓔ 실종선고가 아닌 다른 법률상 원인(취득시효, 선의취득 등)으로 권리를 취득한 자는 실종선고 취소와 무관하게 그 취득한 권리를 반환할 필요가 없다.

> **용어 보충** 선의와 악의
>
> 특정한 법률행위를 하는 경우, 법률행위를 하는 자가 자신의 법률행위에 위험요소가 있음에도 그러한 사정을 모르고 있는 경우를 '선의'라고 하고, 그 사정을 잘 알고 있거나 의심을 하면서 의사표시를 하는 경우를 '악의'라고 한다.

이렇게 출제!

02 부재자의 재산관리에 관한 설명으로 옳지 않은 것은? (다툼이 있으면 판례에 따름)

제27회 기출

① 법원이 선임한 재산관리인은 법정대리인이다.
② 부재자는 성질상 자연인에 한하고 법인은 해당하지 않는다.
③ 법원이 선임한 재산관리인의 권한초과행위에 대한 법원의 허가는 사후적으로 그 행위를 추인하는 방법으로는 할 수 없다.
④ 재산관리인을 정한 부재자의 생사가 분명하지 아니한 경우, 그 재산관리인이 권한을 넘는 행위를 할 때에는 법원의 허가를 얻어야 한다.
⑤ 법원의 부재자 재산관리인 선임 결정이 취소된 경우, 그 취소의 효력은 장래에 향하여만 생긴다.

해설 법원이 선임한 재산관리인의 권한초과행위에 대한 법원의 허가는 사후적으로 그 행위를 추인하는 방법으로도 할 수 있다.

정답 ③

2. 법인

(1) 법인의 성립

① **비영리사단법인의 설립**
　㉠ 설립행위: 정관작성 + 기명날인 ⇨ 합동행위설(다수설) + 요식행위
　㉡ 주무관청의 허가: 법인의 목적이 2개 이상의 행정관청의 소관사항인 때에는 각 관청의 허가를 모두 얻어야 한다(다수설).
　㉢ 설립등기: 주사무소 소재지 관할 등기소

② **재단법인의 설립**
　㉠ 설립행위: 재산의 출연 + 정관작성 + 기명날인
　㉡ 설립등기: 주사무소 소재지 관할 등기소

③ **법인 등기의 유형과 효력**
　㉠ 법인의 설립 등기는 성립요건이고, 그 밖의 모든 등기는 제3자에 대한 대항요건이다.
　㉡ 법인이 이사의 대표권을 제한한 경우, 이를 정관에 기재해야 대표권 제한의 효력이 발생하고, 그 제한사항을 등기해야 제3자(선악 불문)에게 대항할 수 있다.

(2) 법인의 불법행위능력(제35조)

① **민법의 규정 및 성질**: 법인은 이사 기타 대표자가 그 직무에 관하여 타인에게 가한 손해를 배상할 책임이 있다(제35조 제1항).

② **법인의 불법행위책임의 요건**
　㉠ 대표기관의 행위
　　ⓐ 이사·청산인 등과 같은 대표기관의 행위에 불법행위가 발생할 것
　　ⓑ 대표기관이 아닌 사원총회와 감사, 이사가 선임한 대리인(복대리인 - 임의대리인), 대표권 없는 이사 등의 행위에 관하여는 법인의 불법행위가 성립하지 않으나 사용자 배상책임은 성립할 수 있다.
　㉡ 직무에 관한 행위일 것: 불법행위가 직무관련성이 있는지 여부는 대표기관의 직무집행행위 이와 견련관계 있는 모든 행위를 포함한다(외형이론 적용).
　㉢ 제3자에게 손해가 발생할 것: 직무관련행위에 관하여 제3자에게 악의 또는 중과실이 있으면 법인은 불법행위책임을 지지 않는다.

③ **불법행위의 효과**
　㉠ 법인은 피해자에게 손해배상책임을 진다(무과실책임). ⇨ 법인의 불법행위가 성립하면 법인의 사용자책임은 성립하지 않는다.

ⓒ 법인의 불법행위책임이 성립하는 경우에도 대표기관은 개인적 책임을 면하지 못한다. ⇨ 부진정 연대책임
ⓒ **구상권**: 제3자에게 손해를 배상한 경우 법인은 선관주의의무 위반을 이유로 대표자에게 구상권을 행사할 수 있다.

> **용어 보충**
>
> - 무과실책임: 손해를 발생시킨 특정인에게 고의나 과실 여부와 상관없이 법률상 손해배상책임을 부과하는 것으로서 우리 민법에서 중요한 법리이다.
> - 사용자책임: 특정한 행위를 직접 하지 않고 타인(피용자)을 사용하여 법률행위를 하는 자(사용자 – 사장 또는 법인)는 피용자(일반적으로 근로자)가 그 법률행위를 하는 과정에서 제3자에게 불법행위를 가했고, 이로 인하여 제3자에게 손해가 발생한 경우 그 손해를 배상할 책임이 있다. 이를 '사용자책임'이라고 한다.
> - 구상권: 채무는 채무자가 채권자에게 변제하는 것이 원칙이나, 다른 사람이 대신 변제해야 하는 경우가 있다. 이때 채무를 대신 변제해 준 사람이 채권자를 대신하여 채무당사자에게 반환을 청구할 수 있는 권리를 '구상권'이라고 한다.

이렇게 출제!

03 민법상 법인의 불법행위능력에 관한 설명으로 옳지 않은 것은? (다툼이 있으면 판례에 따름)

제21회 기출

① 청산인은 법인의 대표기관이 아니므로 그 직무에 관하여는 법인의 불법행위가 성립하지 않는다.
② 법인의 대표자가 직무에 관하여 타인에게 불법행위를 한 경우, 사용자책임에 관한 민법 규정이 적용되지 않는다.
③ 법인의 대표자가 직무에 관하여 타인에게 불법행위를 한 경우, 그 법인은 불법행위로 인한 손해를 배상할 책임을 진다.
④ 비법인사단 대표자의 행위가 직무에 관한 행위에 해당하지 않음을 피해자가 중대한 과실로 알지 못한 경우에는 비법인사단에게 손해배상책임을 물을 수 없다.
⑤ 법인의 목적범위 외의 행위로 인하여 타인에게 손해를 가한 때에는 그 사항의 의결에 찬성하거나 그 의결을 집행한 사원, 이사 및 기타 대표자가 연대하여 배상해야 한다.

해설 청산인도 청산법인의 대표기관이므로 청산인이 직무 관련 불법행위를 한 경우에는 법인의 불법행위가 성립한다.

정답 ①

(3) 법인의 소멸 ⇨ 해산 및 청산

① **법인의 해산**
  ㉠ 의의: '법인의 해산'이란 법인의 권리능력이 소멸하는 것으로서 그 절차에 관한 민법 규정은 강행규정이다.
  ㉡ 해산 사유
    ⓐ **사단법인·재단법인 공통 해산 사유**
      • 목적의 달성 또는 달성불능
      • 파산
      • 존립기간 만료
      • 설립허가의 취소
      • 정관으로 정한 해산 사유 발생
    ⓑ **사단법인 특유의 해산 사유**
      • 사원이 하나도 없게 된 때
      • 사원총회에서 임의 해산결의를 한 때(총사원 3/4 이상의 동의)

② **법인의 청산**
  ㉠ 청산법인의 능력: 청산법인은 청산의 목적범위 내에서만 권리를 가지고 의무를 부담한다.
  ㉡ 청산법인의 기관
    ⓐ 청산인이 청산법인의 집행기관이 된다.
    ⓑ **청산인이 되는 자**: 정관에서 정한 자 또는 사원총회에서 선임 → 해산 당시의 이사 → 법원의 선임. 다만, 파산의 경우에는 파산관재인이 파산사무를 관장한다.
  ㉢ 청산사무: 해산등기와 신고, 현존사무의 종결, 채권의 추심, 채무의 변제

③ **법인의 소멸**
  ㉠ 소멸시기: 청산사무가 사실상 종결된 때
  ㉡ 청산종결등기: 청산법인의 제3자에 대한 대항요건일 뿐, 법인의 소멸요건은 아니므로, 청산종결등기가 경료된 경우에도 청산사무가 사실상 종료되지 않았다면 법인은 소멸하지 않는다.

> **이렇게 출제!**
>
> **04 민법상 비영리법인에 관한 설명으로 옳지 않은 것은?** (다툼이 있으면 판례에 따름)
> 제27회 기출
>
> ① 법인은 법률의 규정에 의함이 아니면 성립하지 못한다.
> ② 감사의 임면에 관한 규정은 정관의 필요적 기재사항이므로 감사의 성명과 주소는 법인의 등기사항이다.
> ③ 법인과 이사의 이익이 상반하는 사항에 관하여는 그 이사는 대표권이 없다.
> ④ 사단법인의 사원의 지위는 정관에 별도의 정함이 있으면 상속될 수 있다.
> ⑤ 재단법인의 목적을 달성할 수 없는 경우, 설립자는 주무관청의 허가를 얻어 설립의 취지를 참작하여 그 목적에 관한 정관규정을 변경할 수 있다.
>
> **해설** 감사의 임면에 관한 규정은 정관의 필요적 기재사항이 아니고, 감사의 성명과 주소는 법인의 등기사항에도 해당하지 않는다.
>
> **정답** ②

3. 비법인사단(권리능력 없는 사단)

(1) 의의

① 설립행위만 갖춘 상태이거나, 설립허가까지는 받았으나 설립등기를 하지 않아서 법인 등기부를 갖추지 못한 사단을 말한다.
② 종중, 교회, 입주자 대표회의, 노조, 주택조합 등이 비법인사단에 해당한다.

(2) 재산소유

총유(채무도 총유적으로 귀속됨)

(3) 비법인사단의 권리·의무에 관하여 등기할 것을 전제로 하는 것을 제외하고는 사단법인에 관한 모든 내용이 준용된다.

2 권리의 객체

1. 물건

> **제98조 【물건의 정의】** 본법에서 물건이라 함은 유체물 및 전기 기타 관리할 수 있는 자연력을 말한다.

(1) 권리의 객체
① **의의**: '권리의 객체'란 권리행사의 대상을 말하고, 권리의 종류에 따라 그 객체가 다양하게 존재하지만 민법총칙에서는 물건에 관하여만 규정하고 있다.
② 자연력뿐만 아니라 유체물 및 전기도 관리가 가능한 경우에 한하여 권리의 객체인 물건으로 할 수 있다.

(2) 인체 혹은 인체의 일부가 아닐 것
사람은 언제나 권리의 주체이며 사람의 신체 및 신체의 일부는 물건이 아니다. 다만, 사체·유골은 그 물건성을 제한적으로 인정하여, 오직 수호와 봉사의 객체로서 제사를 주재하는 자의 특수소유권의 객체로서 유체물로 본다.

2. 부동산과 동산

> **제99조 【부동산, 동산】** ① 토지 및 그 정착물은 부동산이다.
> ② 부동산 이외의 물건은 동산이다.

(1) 토지
① 토지의 소유권은 정당한 이익 있는 범위 내에서 토지의 상하에 미친다.
② 토지 일부에 용익물권을 설정할 수는 있으나, 담보물권을 설정할 수는 없다.

(2) 토지의 정착물 중 토지와 별개의 독립한 부동산이 되는 것
① 건물
  ㉠ 최소한 지붕과 기둥 및 주벽을 갖추고 있어야 한다. 그러므로 건물공사가 중단되어 독립된 건물이 되기 전의 토지의 정착물은 토지에 부합하여 토지의 일부로 취급한다.
  ㉡ 사회통념상 건물로서 사적 거래의 객체일 것을 요한다.

② **수목 또는 수목의 집단**
　㉠ 원칙: 명인방법(관습법상 소유권의 공시방법)이나 입목등기가 없는 경우에는 언제나 토지의 부합물이다.
　㉡ 예외: 토지와 별개의 물건으로서 부동산으로 취급되는 토지의 정착물
　　ⓐ 「입목에 관한 법률」에 의하여 등기된 입목: 소유권뿐만 아니라 저당권의 객체가 된다.
　　ⓑ 명인방법에 의해 공시된 수목의 집단 및 미분리 과실에 대해서는 소유권이 성립할 수 있다.

> **용어 보충　명인방법**
> 토지에 정착하여 붙어 있는 모든 것들은 원칙적으로 토지의 일부로 보아야 한다. 그러나 토지의 구성부분인 지상물이 토지소유권으로부터 분리되어 타인에게 귀속된 경우에는 그 사실을 제3자가 명백하게 인식할 수 있도록 하는 방법이 필요한데, 그 상당한 방법을 모두 '명인방법'이라고 한다.

③ **농작물**: 정당한 권원 유무, 명인방법 유무를 불문하고 수확기에 있는 농작물은 언제나 경작자의 소유가 된다.
④ **미분리 과실**: 명인방법이 있으면 토지와 별개의 물건으로 취급된다.
⑤ **미채굴 광물**: 국유로서 광업권 허가의 대상이다.

(3) 동산
부동산 이외의 물건은 모두 다 동산이다(전기·기타 관리할 수 있는 자연력 등).

3. 주물과 종물

> **제100조【주물, 종물】** ① 물건의 소유자가 그 물건의 상용에 공하기 위하여 자기소유인 다른 물건을 이에 부속하게 한 때에는 그 부속물은 종물이다.
> ② 종물은 주물의 처분에 따른다.

(1) 종물의 요건
① 주물의 상용에 공하는 것일 것 ⇨ 주물 자체의 효용 증진을 위한 것이 아니라, 주물의 소유자나 사용자의 편익을 위한 물건은 종물이 아니다.
② 독립한 물건일 것 ⇨ 부동산·동산 모두 종물이 될 수 있지만, 종물은 반드시 주물과 독립된 물건이어야 한다.
③ 장소적으로 주물과 밀접한 관계에 있을 것
④ 주물·종물 모두 동일한 소유자에게 속할 것

(2) 종물의 효과

① 종물은 주물의 처분에 따른다(제100조 제2항, 임의규정).
② 주물·종물에 관한 민법 제100조 제2항은 권리 상호간에도 유추적용된다.
⇨ 타인의 토지에 있는 건물에 저당권이 설정된 경우, 그 저당권의 효력은 건물뿐 아니라 그 건물 소유를 목적으로 하는 토지에 대한 권리인 임차권 또는 지상권에도 미친다.

이렇게 출제!

05 물건에 관한 설명으로 옳지 않은 것은? (다툼이 있으면 판례에 따름)

제27회 기출

① 권리의 객체는 물건에 한정된다.
② 사람은 재산권의 객체가 될 수 없으나, 사람의 일정한 행위는 재산권의 객체가 될 수 있다.
③ 사람의 유체·유골은 매장·관리·제사·공양의 대상이 될 수 있는 유체물로서, 분묘에 안치되어 있는 선조의 유체·유골은 그 제사주재자에게 승계된다.
④ 반려동물은 민법 규정의 해석상 물건에 해당한다.
⑤ 자연력도 물건이 될 수 있으나, 배타적 지배를 할 수 있는 등 관리할 수 있어야 한다.

해설 권리의 객체는 물건뿐만 아니라, 일정한 권리도 포함된다. 즉, 지상권이나 전세권도 저당권의 객체가 될 수 있다.

정답 ①

---

4. 원물과 과실

(1) 의의

물건으로부터 생기는 경제적 수익을 '과실'이라 하고, 과실이 생기게 하는 물건을 '원물'이라 하며, 민법상 원물과 과실은 모두 물건인 경우에만 인정한다.

(2) 과실의 종류

① **천연과실**
　㉠ 물건의 용법에 의하여 수취하는 산출물을 의미한다.
　㉡ 천연과실의 취득권자: 원물로부터 분리하는 때에 수취할 권리자에게 속한다(임의규정).
　　ⓐ 원물의 소유자
　　ⓑ 선의의 점유자 및 정당한 권원에 의한 사용권자(지상권자·전세권자·질권자·목적물 인도 전의 매도인·사용차주·임차인) 등

② **법정과실**
　㉠ 물건의 사용대가로 받은 금전 기타 물건을 의미한다.
　㉡ 차임·토지의 사용료(지료)·원본채권의 이자는 법정과실이지만, 지연이자(손해배상의 내용)나 권리의 과실(주식배당금, 저작권료, 특허권료), 근로자의 임금은 과실이 아니다. ⇨ 원물과 과실 모두 독립한 물건이어야 한다.
　㉢ 법정과실은 수취할 권리의 존속기간일수 비율로 취득한다(임의규정).

중요 개념 확인하기!

❶ 태아 乙의 출생 전에 甲의 불법행위로 乙의 父가 사망한 경우, 출생한 乙은 甲에 대하여 父의 사망에 따른 자신의 정신적 손해에 대한 배상을 청구할 수 있다. ○ | ×

❷ 피성년후견인이 성년후견인의 동의를 얻어서 한 부동산 매도행위는 특별한 사정이 없는 한 취소할 수 있다. ○ | ×

❸ 부재자의 후순위 재산상속인은 선순위 재산상속인이 있는 경우에도 실종선고를 청구할 수 있다. ○ | ×

❹ 외형상 법인의 대표기관의 직무관련 행위가 개인적 이익을 위한 행위 또는 법령을 위반한 행위인 경우에도 직무관련성을 인정한다. ○ | ×

❺ 원칙적으로 주물과 별도로 종물만을 처분할 수 있다. ○ | ×

❻ 어떤 법률행위로 인한 법적 효력이 처음의 상태로 되돌아가 효력이 발생하거나 소멸할 때 "(　　　)이(가) 발생한다."라고 한다.

❼ 채무를 대신 변제해 준 사람이 채권자를 대신하여 채무당사자에게 반환을 청구할 수 있는 권리를 (　　　)(이)라고 한다.

① ○　② ○　③ × 선순위 상속인이 있으면 후순위 상속인은 실종선고를 청구할 수 있는 이해관계인이 아니다.
④ ○　⑤ ○　⑥ 소급효　⑦ 구상권

CHAPTER 03 권리의 변동과 그 원인

✓ 이 단원에서는 권리변동의 원인으로서의 법률관계 및 법률요건을 이해하고, 법률행위와 그 분류방식, 법률행위의 구성요소로서 의사표시와 대리행위를 이해해야 합니다. 또한 법률행위의 효과와 관련된 부관, 법률행위의 무효와 취소를 파악하시기 바랍니다. 기간과 소멸시효에서는 기간을 계산하는 방법을 숙지하고, 소멸시효에 걸리는 권리 및 그 시효의 기산점·만료점과 시효완성의 효과를 이해해야 합니다.

CHAPTER 한눈에 보기

1 권리의 변동과 법률요건
· 권리변동의 원인으로서의 법률관계와 법률요건 이해하기

2 법률행위와 의사표시
· 법률행위, 의사표시, 대리 구분하기
· 무효와 취소, 부관(조건과 기한) 이해하기

🔍 용어 CHECK
· 급부약정   · 경업금지 약정
· 사행적인 행위 · 궁박
· 불법원인급여 · 통정허위표시
· 격지자   · 현명
· 무권대리   · 표현대리
· 최고   · 제척기간
· 부관

3 기간의 계산
· 기간 계산·역산하기

4 소멸시효
· 소멸시효의 기산점·만료점, 시효완성의 효과 이해하기

🔍 용어 CHECK
· 갱신
· 원용

발문 미리보기

· 반사회적 행위에 관한 설명으로 옳은 것은?
· 법률행위 및 의사표시의 효력에 관한 설명으로 옳은 것은?
· 조건 및 기한에 관한 설명으로 옳지 않은 것은?
· 소멸시효에 관한 설명으로 옳은 것은?

|POINT| 반사회적 행위의 유형과 반사회적 행위가 아니라는 취지의 판례에 대해 집중학습해야 합니다. 의사표시는 5가지 유형의 비정상적인 의사표시의 공통적 효과에 관하여 완전히 숙지해야 합니다. 무권대리의 효과 및 3가지 유형의 표현대리의 공통적 효과에 관하여 반드시 1문제가 출제됩니다. 무효와 취소, 조건 및 기한은 그 효과를 중심으로 1문제 이상씩 출제됩니다. 소멸시효는 중단 및 정지, 소멸시효 완성의 효과가 주로 출제됩니다.

1 권리의 변동과 법률요건

1. 권리의 변동

(1) 의의
'권리의 변동'이란 권리의 발생·변경·소멸을 말한다.

(2) 법률요건(권리변동의 원인)
권리변동의 원인을 '법률요건'이라 하고, 그 법률요건에는 법률행위와 법률행위가 아닌 원인 두 가지가 있다.

2. 법률관계와 법률요건

(1) 법률관계
① '법률관계'란 법률사실에 의하여 법률요건이 갖추어지면 그 효과에 의하여 권리와 의무가 발생·변경·소멸하는 관계를 말한다.
　㉠ 법률사실: 법률요건을 이루고 있는 세부적인 구성요소들을 말한다.
　㉡ 법률요건: 권리변동이 생기게 하는 법률적인 원인을 말한다.
　㉢ 법률효과: 법률요건에 의하여 나타난 결과를 말한다. ⇨ 권리의 변동
② 결론적으로, 법률관계는 권리와 의무의 관계라 할 수 있다.

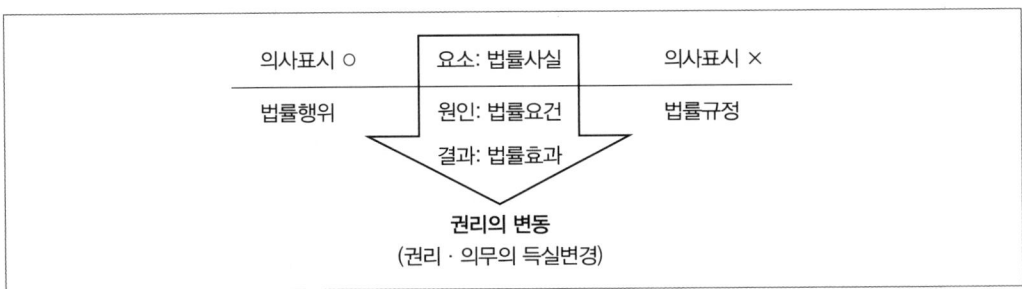

(2) 법률요건
① 법률행위
② 법률행위가 아닌 원인(법률규정)

2 법률행위와 의사표시

1. 법률행위

(1) 의의

'법률행위'는 하나 또는 수개의 의사표시를 필수불가결의 요소로 하는 권리변동의 원인으로서 법률요건 중의 하나이다.

(2) 법률행위의 요건

① **성립요건**(하나라도 흠결이 있으면 법률행위는 불성립·부존재)

일반적 성립요건	당사자·목적·의사표시 모두가 존재할 것
특별 성립요건	요물계약에서 물건의 인도, 요식행위에서 방식의 구비, 혼인에 있어서 신고 등

② **효력(유효)요건**

　㉠ 일반적 효력(유효)요건

　　ⓐ 당사자가 능력자일 것: 권리능력, 의사능력, 행위능력
　　ⓑ 법률행위 목적: 확정성, 가능성, 적법성, 사회적 타당성을 갖출 것
　　ⓒ 의사표시: 의사와 표시의 일치, 의사표시에 하자가 없을 것

　㉡ 특별효력(유효)요건

　　ⓐ 대리행위에 있어서 대리권의 존재
　　ⓑ 정지조건부·기한(시기)부 법률행위에 있어서 조건의 성취·기한의 도래
　　ⓒ 토지거래 허가구역 내 토지거래에 있어서 허가

(3) 법률행위의 목적

① **의의**: '법률행위의 목적'은 행위자가 법률행위에 의하여 달성하려고 하는 법률효과를 말한다. 법률행위의 목적이란 법률행위의 내용을 의미하고, 다른 말로 의사표시의 구체적인 내용을 말한다.

② **법률행위 목적의 효력발생 요건**

　㉠ **확정성**: 법률행위가 효력이 발생하기 위해서는 그 목적을 확정할 수 있어야 한다.
　㉡ **가능성**: 법률행위의 목적이 이행가능해야 효력이 발생한다. 법률행위 목적의 이행이 가능 또는 불능함은 사회통념에 따라 판단한다.
　㉢ **적법성**: 법률행위의 목적이 적법하다는 것은 강행법규에 위반되지 않았음을 의미한다.
　㉣ **사회적 타당성**: 법률행위의 목적이 사회적 타당성을 갖추었다는 것은 사회의 구성원들로부터 동의 내지 공감대를 형성하고 있음을 의미한다.

(4) 법률행위 목적의 사회적 타당성

① 제103조

> **제103조 【반사회질서의 법률행위】** 선량한 풍속 기타 사회질서에 위반한 사항을 내용으로 하는 법률행위는 무효로 한다.

② 사회질서 위반으로 무효인 행위
- ㉠ 정의 관념에 반하는 행위
  - ⓐ 범죄행위를 하지 않는 조건의 급부약정, 허위증언의 대가약정은 무효이다.
  - ⓑ 제2매수인이 적극 가담한 이중매매에서 제2매매 계약은 무효이다.
  - ⓒ 민사사건과 달리 형사사건에 대한 변호사의 성공보수 약정은 무효이다.

> **용어 보충 급부약정**
> 채무자가 채권자에게 채무의 내용을 구체화하여 이행하는 행위 자체를 '급부'라고 한다. 급부는 채권의 목적이라고 할 수 있으며, 급부에 대한 대가를 '반대급부'라고 한다. 그러한 급부를 사실상 하기로 하는 채권자와 채무자의 약속을 '급부약정'이라 한다.

- ㉡ 개인의 자유를 극도로 제한하는 행위
  - ⓐ 근로자에게 퇴사 후 동일업종 또는 유사업종에 영원히 종사하지 않을 것을 강요하는 과도한 경업의 제한(경업금지 약정)은 무효이다.
  - ⓑ 단, 해외연수 후 일정 기간 근무해야 한다는 사규나 근로계약은 유효이다.

> **용어 보충 경업금지 약정**
> 어떤 기업에서 근무하던 근로자가 자신의 근무 중에 알게 된 여러 가지 내용을 이용하여 경쟁업체에 취업하거나 스스로 경쟁업체를 설립·운영하는 등의 행위를 하지 않을 것을 내용으로 하는 약정이다.

- ㉢ 인륜에 반하는 행위
  - ⓐ 첩계약과 이에 관련된 모든 약정은 무효이다.
  - ⓑ 단, 첩관계 단절조건의 양육비·위자료 등 급부약정 등은 무효가 아니다.
- ㉣ 생존의 기초가 되는 재산의 처분행위는 무효이다.
- ㉤ **사행적인 행위**
  - ⓐ 도박자금을 대여하는 행위 및 그 도박자금 변제를 위한 담보를 제공하기로 하는 약정은 모두 무효이다.
  - ⓑ 단, 도박채권자에게 도박채무의 변제를 목적으로 제공한 부동산 처분의 대리권을 수여하는 행위는 무효가 아니다.

> **용어 보충 사행행위**
>
> 종류·명목·방법 등을 가리지 않고 타인으로부터 금품을 모아 우연적으로 특정인에게 재산상 이익을 제공하고 다른 참가자에게 손실을 미치는 행위를 '사행행위'라 한다.

　ⓑ 폭리행위(제104조 불공정한 법률행위)

> **제104조【불공정한 법률행위】** 당사자의 궁박, 경솔 또는 무경험으로 인하여 현저하게 공정을 잃은 법률행위는 무효로 한다.

　　ⓐ 성립요건
- 당사자간 급부와 반대급부의 객관적 가치의 현저한 불균형이 있을 것
- 주관적으로 그 불균형이 피해자의 궁박이나 경솔 또는 무경험에서 발생했을 것
- 상대방은 피해자의 주관적 요건을 알고, 이를 이용하려는 폭리의 악의가 있었을 것

> **용어 보충 궁박**
>
> 급박한 곤궁, 갑자기 발생한 피할 수 없는 곤란한 상황을 말한다. 그 원인으로는 경제적·신체적·정신적인 것이 모두 포함된다.

　　ⓑ 폭리행위는 불법의 원인이 수익자에게만 있으므로 수익자는 그 이익의 반환을 청구할 수 없으나, 피해자는 반환을 청구할 수 있다.

　ⓒ 동기의 불법
　　ⓐ 의의: 법률행위의 내용은 사회질서에 위반하지 않으나, 법률행위의 동기가 사회질서에 반하는 경우를 말한다.
　　ⓑ 불법의 동기가 표시된 경우, 또는 상대방에게 알려진 동기가 사회질서를 위반하여 불법인 경우는 무효로 한다.

③ 반사회질서행위의 효과
　㉠ 절대적 무효: 이행 전이면 이행할 필요가 없고, 이행 후에는 불법원인급여가 되어 그 이익의 반환을 청구할 수 없다.

> **용어 보충 불법원인급여**
>
> 민법상 반사회적 행위를 원인으로 한 재산 또는 서비스, 노무 등을 제공하는 것을 불법원인급여라고 하는데, 불법원인급여를 한 사람은 이를 돌려달라고 요구할 수 없다.

ⓒ 불법원인급여의 문제(제746조)

> **제746조 【불법원인급여】** 불법의 원인으로 인하여 재산을 급여하거나 노무를 제공한 때에는 그 이익의 반환을 청구하지 못한다. 그러나 그 불법원인이 수익자에게만 있는 때에는 그러하지 아니하다.

이렇게 출제!

01 사회질서에 반하는 법률행위에 해당하지 않는 것은? (다툼이 있으면 판례에 따름)

제26회 기출

① 형사사건에서 변호사가 성공보수금을 약정한 경우
② 변호사 아닌 자가 승소를 조건으로 소송의뢰인으로부터 소송물 일부를 양도받기로 약정한 경우
③ 당초부터 오로지 보험사고를 가장하여 보험금을 취득할 목적으로 생명보험계약을 체결한 경우
④ 증인이 사실을 증언하는 조건으로 그 소송의 일방 당사자로부터 통상적으로 용인될 수 있는 수준을 넘어서는 대가를 지급받기로 약정한 경우
⑤ 양도소득세의 일부를 회피할 목적으로 계약서에 실제로 거래한 가액보다 낮은 금액을 대금으로 기재하여 매매계약을 체결한 경우

해설 양도소득세의 일부를 회피할 목적으로 계약서에 실제로 거래한 가액보다 낮은 금액을 대금으로 기재하여 매매계약을 체결한 경우는 반사회적 행위라 할 수 없다.

정답 ⑤

---

2. 의사표시

(1) 의의

① **법률행위와 의사표시**: 법률행위가 성립하여 효력이 발생하기 위해서는 의사표시가 있어야 하고, 그 의사표시는 정상적인 것이어야 한다.
② '정상적인 의사표시'란 의사와 표시가 일치하고 의사표시에 하자가 없는 것을 말한다.

(2) 비정상적인 의사표시의 유형
① 의사와 표시의 불일치
  ㉠ 진의 아닌 의사표시(비진의표시)
    ⓐ 의의: 의사표시를 하는 자가 자신의 의사와 표시가 일치하지 않는다는 것을 그 스스로 잘 알면서 하는 의사표시를 말한다.
    ⓑ 진의 아닌 의사표시는 표의자가 알고 한 것이기 때문에 표시한 대로 법률효과가 발생한다. 즉, 유효가 원칙이다. 다만, 의사와 표시의 불일치를 상대방이 알았거나 알 수 있었다면 이를 무효로 한다.
    ⓒ 진의 아닌 의사표시에서 말하는 '진의'란 특정한 내용으로 의사표시를 하고자 하는 표의자의 생각을 말하는 것이지, 표의자가 진정 마음속으로 바라는 사항은 아니라는 것이 판례의 태도이다.
  ㉡ 통정한 허위의 의사표시
    ⓐ 의의: 의사표시자가 자신의 의사와 표시의 불일치를 알고 있을 뿐만 아니라 이에 대하여 상대방과 미리 협의가 이루어진 상태의 의사표시를 말한다.
    ⓑ **통정허위표시**는 당사자간에는 언제나 무효이나, 그 행위를 반사회적 행위로 보지는 않는다. 따라서 불법원인급여에 해당하지 않으므로 급여자는 그 이익의 반환을 청구할 수 있다.
    ⓒ 통정허위표시와 유사한 행위에는 은닉행위와 신탁행위가 있다.

> **용어 보충** | **통정허위표시**
> 법률행위를 하는 두 당사자가 서로 합의하여 진실이 아닌 허위로 의사표시를 하는 것을 말한다. 이렇게 서로 짜고 한 허위의 의사표시는 무효이다.

  ㉢ 착오에 의한 의사표시
    ⓐ 의의: 의사표시를 할 때 표의자가 자신의 의사와 표시가 일치하지 않는다는 사실을 모르고 하는 의사표시를 말한다.
    ⓑ 착오에 의한 의사표시는 일단은 유효이나, 그 착오가 의사표시 내용의 중요부분에 관한 것인 경우에는 취소할 수 있다. 그러나 그 착오가 표의자의 중대한 과실로 인하여 발생한 것일 때에는 취소할 수 없다.

> **이렇게 출제!**
>
> **02 착오에 의한 의사표시에 관한 설명으로 옳지 않은 것은?** (다툼이 있으면 판례에 따름)
> 제26회 기출
>
> ① 매도인이 매매계약을 적법하게 해제한 경우, 매수인은 착오를 이유로 그 계약을 취소할 수 없다.
> ② 착오로 인하여 표의자가 경제적인 불이익을 입은 것이 아니라면 이를 법률행위 내용의 중요부분의 착오라고 할 수 없다.
> ③ 상대방이 표의자의 착오를 알면서 이를 이용한 경우, 표의자는 자신에게 중대한 과실이 있더라도 그 의사표시를 취소할 수 있다.
> ④ 출연재산이 재단법인의 기본재산인지 여부는 착오에 의한 출연행위의 취소에 영향을 주지 않는다.
> ⑤ 표의자에게 중대한 과실이 있는지 여부에 관한 증명책임은 그 의사표시를 취소하게 하지 않으려는 상대방에게 있다.
>
> **해설** 매도인이 매수인의 중도금 지급채무불이행을 이유로 매매계약을 적법하게 해제한 후라도 매수인으로서는 상대방이 한 계약해제의 효과로서 발생하는 손해배상책임을 지거나 매매계약에 따른 계약금의 반환을 받을 수 없는 불이익을 면하기 위하여 착오를 이유로 한 취소권을 행사하여 위 매매계약 전체를 무효로 돌리게 할 수 있다(91다11308).
>
> **정답** ①

② **사기나 강박에 의한 의사표시**(하자 있는 의사표시)

㉠ 사기나 강박에 의한 의사표시는 표의자의 의사와 표시가 일치했으나 표의자가 의사결정과정에 사기·강박 등 외부의 부당한 간섭에 의하여 잘못된 의사결정을 했고 그대로 표시까지 된 것을 말한다.

㉡ 사기나 강박에 의한 의사표시는 표시한 대로 효력이 발생하지만 추후에 표의자가 일정한 요건하에서 취소할 수 있다. 그 취소의 요건은 사기나 강박을 한 자가 누구인가에 따라 다르다.

(3) 의사표시의 효력발생 시기

① **도달주의**

㉠ 상대방 있는 의사표시는 상대방에게 도달한 때에 그 효력이 발생한다.

㉡ '도달'이란 상대방의 지배하에 들어가서 상대방이 알 수 있는 객관적 상태가 된 것을 의미한다.

ⓒ 우편송달의 경우
  ⓐ 등기나 내용증명우편은 발송되고 반송되지 않았다면 그 무렵에 도달이 추정되지만, 보통우편의 경우 발송되고 반송되지 않았다고 하여 도달이 추정되지는 않는다.
  ⓑ 상대방이 특별한 사정 없이 우편물의 수령을 거절한 경우에도 상대방이 그 내용을 알 수 있는 객관적 상태가 된 때 도달한 것으로 보아야 한다.
② **발신주의**: 격지자 간의 계약에 있어 격지자 승낙에 의한 계약의 성립 시기를 포함하여 예외적으로 발신주의에 의하여 효력이 발생하는 경우도 있다.

> **용어 보충** 격지자
> 의사표시자가 의사표시를 발신하면 그것이 상대방에게 도달하기까지 다소의 시간이 소요되는 자를 '격지자'라고 한다.

이렇게 출제!

03 의사표시의 효력발생에 관한 설명으로 옳은 것은? (다툼이 있으면 판례에 따름)

제26회 기출

① 격지자 간의 계약은 승낙의 통지가 도달한 때 성립한다.
② 사원총회의 소집은 특별한 사정이 없는 한 1주간 전에 그 통지가 도달하여야 한다.
③ 표의자가 의사표시를 발신한 후 사망하더라도 그 의사표시의 효력에는 영향을 미치지 아니한다.
④ 의사표시를 보통우편으로 발송한 경우, 그 우편이 반송되지 않는 한 의사표시는 도달된 것으로 추정된다.
⑤ 의사표시가 상대방에게 도달한 후에도 상대방이 이를 알기 전이라면 특별한 사정이 없는 한 그 의사표시를 철회할 수 있다.

해설 표의자가 그 통지를 발한 후 사망하거나 행위능력을 상실하여도 의사표시의 효력에 영향을 미치지 아니한다(제111조 제2항).
① 격지자 간의 계약은 승낙의 통지를 발송한 때 성립한다.
② 총회의 소집은 1주간 전에 그 회의의 목적사항을 기재한 통지를 발하고 기타 정관에 정한 방법에 의하여야 한다(제71조).
④ 내용증명우편이나 등기우편과는 달리, 보통우편의 방법으로 발송되었다는 사실만으로는 그 우편물이 상당한 기간 내에 도달하였다고 추정할 수 없고, 송달의 효력을 주장하는 측에서 증거에 의하여 이를 입증하여야 한다(2007두20140).
⑤ 의사표시가 상대방에게 도달한 경우, 그로써 효력이 발생하는 것이므로 이후 그 상대방이 이를 알기 전이라도 특별한 사정이 없는 한 그 의사표시를 철회할 수 없다.

정답 ③

3. 법률행위의 대리

(1) 의의
① '법률행위의 대리'란 법률행위는 당사자가 직접 하는 것이 가장 좋지만 당사자가 직접 하지 못할 경우도 있으므로, 다른 사람(대리인)으로 하여금 대신 법률행위를 하도록 시키고 그 효과는 본인에게 직접 귀속시키는 제도를 말한다.
② 즉, 법률행위를 함에 있어서 필요한 의사결정 및 그 표시는 대리인이 모두 결정하고 표시까지 하지만, 그에 따른 결과로서 법률효과는 모두 본인에게 귀속되게 하는 것을 말한다.

(2) 대리권
① '대리권'은 다른 사람을 위해 특정한 행위를 할 수 있는 지위 내지 자격을 말한다. 즉, 대리인이 본인을 위하여 제3자와 법률행위를 할 수 있는 지위 내지 자격을 말한다.
② 대리권의 발생 원인에는 법률규정(법정대리) 또는 수권행위(임의대리)가 있다.

(3) 대리행위
① **의의**: '대리행위'는 대리인이 하는 법률행위로서, 그 효과로서 권리의 변동은 대리행위를 한 대리인이 아닌 대리행위를 시킨 본인에게 귀속된다. 그러므로 대리행위 시에 대리인은 대리행위임을 표시해야 하는데, 이를 현명(顯名)이라고 한다.
　㉠ 현명: 법률행위 시 대리인이 그 법률행위는 '본인을 위한 것' 즉, 대리행위임을 표시하는 것을 말하며, 이는 불요식행위이므로 그 방식에는 제한이 없다.
　㉡ "본인을 위한다."의 의미는 법률효과를 본인에게 귀속시킨다는 의미이지 본인의 이익을 위한다는 의미는 아니다.

② **대리인이 법률행위를 하면서 '현명'하지 않은 경우 그 효과**
　㉠ 대리인 자신을 위한 법률행위를 한 것으로 본다. 이 경우 대리인은 자신을 위하여 법률행위를 할 의사가 없었음을 이유로 착오를 주장하여 취소할 수 없다.
　㉡ 다만, 현명하지 아니한 경우에도 상대방이 대리인으로서 한 행위임을 알았거나 알 수 있었다면 그 행위는 대리행위로서 본인에게 그 효과가 귀속된다.

③ **복대리**
　㉠ 복대리인은 본인의 대리인이다. 즉, 복대리인은 대리인이 자신의 이름으로 선임한 본인의 대리인이다.
　㉡ 대리인이 복대리인을 선임하는 행위, 즉 복임행위는 대리행위가 아니라 일종의 수권(授權)행위이다.

ⓒ 복대리인의 지위 ⇨ 복대리권은 대리권을 초과할 수 없다.
　　ⓐ 상대방과의 관계: 대리인과 동일한 권리·의무가 있다.
　　ⓑ 대리인과의 관계: 대리인의 지휘·감독을 받고, 대리인의 대리권 범위 내에서 대리권이 인정되며, 대리인의 대리권이 소멸하면 복대리권도 소멸한다.
　　ⓒ 본인과의 관계: 본인에 대하여 대리인과 동일한 권리·의무가 있다.

(4) 무권대리
① 의의
　　㉠ 대리권 없는 자가 타인의 대리인의 지위에서 제3자와 대리행위를 한 경우를 말한다.
　　㉡ 대리행위에 필요한 모든 것을 갖추었으나 그 행위 당시 대리인에게 대리권이 없어서 본인에게 효력이 발생하지도 않고, 현명을 했으므로 대리권 없이 대리행위를 한 자에게 책임을 지우지도 못하는 상태를 말한다.
② 무권대리의 유형
　　㉠ 표현(表見)대리: 무권대리인의 대리권 없는 행위에 본인이 일정 부분 원인을 제공하여 상대방이 무권대리인에게 대리권이 있다고 믿을 수밖에 없었던 경우의 대리행위를 말한다.
　　㉡ 협의의 무권대리: 본인이 원인을 제공하지 않았음에도 상대방이 대리권도 없는 자와 계약 또는 단독행위를 한 경우를 말한다.
③ 표현대리
　　㉠ 표현대리의 유형
　　　ⓐ 제125조의 대리권 수여표시에 의한 표현대리
　　　ⓑ 제126조의 권한을 넘은 표현대리
　　　ⓒ 제129조의 대리권 소멸 후의 표현대리
　　㉡ 표현대리의 효과
　　　ⓐ 표현대리는 상대방을 보호하기 위한 제도로서 상대방만이 주장할 수 있고, 법원도 표현대리를 직권으로 판단할 수 없다.
　　　ⓑ 표현대리가 성립하면 그에 대하여 본인이 전적으로 책임지고, 상대방의 과실이 있어도 이를 이유로 과실상계의 법리를 적용할 수 없으므로 과실상계의 법리를 유추적용하여 본인의 책임을 경감할 수 없다.
　　　ⓒ 유권대리의 주장 속에 무권대리에 속하는 표현대리의 주장이 포함되어 있다고 할 수는 없다.
　　　ⓓ 표현대리가 성립하는 경우 상대방 보호는 충분하므로 상대방은 무권대리인에게 일정한 책임을 요구할 수 없다.

ⓔ 법률행위가 강행법규를 위반하여 무효인 경우 표현대리의 법리도 적용되지 않는다.

④ **협의의 무권대리**
㉠ 협의의 무권대리는 계약의 무권대리와 단독행위의 무권대리가 있다.
㉡ 계약의 무권대리
ⓐ 무권대리인과 체결한 계약은 유동적 무효이다. 즉, 본인의 추인 여부에 따라 본인에게 법률효과가 귀속될 수도 있는 상태의 무효이다.
ⓑ 본인은 추인 또는 추인 거절을 할 수 있고, 상대방은 최고(선악불문) 또는 철회권(선의의 경우)을 행사할 수 있다.

> **용어 보충 최고**
> 권리자 또는 의무자가 법률행위의 상대방에게 특정한 행위를 하라고 요구(독촉)하는 의사의 통지를 말한다.

ⓒ 본인의 추인 거절로 무권대리가 무효가 된 경우 무권대리인은 선의·무과실의 상대방 선택에 따라 계약의 이행 또는 손해배상책임을 진다.
ⓓ 무권대리가 제3자의 기망 또는 위조된 서류 등에 의하여 유발된 경우에도 무권대리인의 상대방에 대한 책임이 면책되는 것은 아니다.

> **이렇게 출제!**
>
> **04 대리에 관한 설명으로 옳지 않은 것은?** (다툼이 있으면 판례에 따름)
>
> 제27회 기출
>
> ① 민법상 조합은 법인격이 없으므로 조합대리의 경우에는 반드시 조합원 전원의 성명을 표시하여 대리행위를 하여야 한다.
> ② 매매계약을 체결할 대리권을 수여받은 대리인이 상대방으로부터 매매대금을 지급받은 경우, 특별한 사정이 없는 한 이를 본인에게 전달하지 않더라도 상대방의 대금지급의무는 소멸한다.
> ③ 임의대리의 경우, 대리권 수여의 원인이 된 법률관계가 기간만료로 종료되었다면 원칙적으로 그 시점에 대리권도 소멸한다.
> ④ 매매계약의 체결과 이행에 관하여 포괄적으로 대리권을 수여받은 대리인은 특별한 사정이 없는 한 상대방에 대하여 약정된 매매대금지급기일을 연기하여 줄 권한도 가진다.
> ⑤ 대여금의 영수권한만을 위임받은 대리인이 그 대여금 채무의 일부를 면제하기 위하여는 본인의 특별수권이 필요하다.

> **해설** 민법상 조합의 경우 법인격이 없어 조합 자체가 본인이 될 수 없으므로, 이른바 조합대리에 있어서는 본인에 해당하는 모든 조합원을 위한 것임을 표시하여야 하나, 반드시 조합원 전원의 성명을 제시할 필요는 없고, 상대방이 알 수 있을 정도로 조합을 표시하는 것으로 충분하다 (2008다79340).
>
> 정답 ①

4. 법률행위의 무효와 취소

(1) 무효

원인	무효사유	비고
당사자	의사무능력자의 법률행위	절대적 무효
목적	• 반사회질서의 법률행위 • 불공정한 법률행위 • 강행법규에 위반하는 내용의 법률행위 또는 탈법행위 • 조건부 법률행위의 무효 • 원시적 불능을 목적으로 하는 법률행위	절대적 무효
의사표시	• 비진의표시가 무효인 경우 • 허위표시	상대적 무효

① **절대적 무효**
  ㉠ 무효인 행위를 기초로 새로운 이행관계를 맺은 자(제3자)가 있는 경우, 그 제3자가 그 무효 원인을 몰랐다 하더라도 그에게 무효를 주장할 수 있는 경우의 무효를 말한다.
  ㉡ 선의·악의 불문하고 모든 제3자에게 대항할 수 있는 경우의 무효라고 한다.

② **상대적 무효**
  ㉠ 무효인 행위를 기초로 새로운 이행관계를 맺은 자(제3자)가 있는 경우, 그 제3자가 그 무효 원인을 몰랐다면 그에게 무효를 주장할 수 없는 경우의 무효를 말한다.
  ㉡ 선의의 제3자에게는 대항할 수 없는 경우의 무효라고 한다.

③ **무효의 효과**
  ㉠ 법률행위가 무효라면 처음부터 그 효력이 발생하지 않는다.
  ㉡ 법률행위가 무효인 경우 그 내용에 따른 급부를 이행하기 전이면 이행할 필요가 없다. 그러나 이미 이행된 부분은 수익자가 그 수익을 부당이득으로 상대방에게 반환한다.

ⓐ 선의의 수익자: 이익이 현존하는 범위 내에서 반환한다.
ⓑ 악의의 수익자: 받은 이익에 이자를 붙여 반환하고, 손해가 있으면 손해까지도 배상한다.

(2) 취소(취소할 수 있는 법률행위)
① **절대적 취소**
㉠ 제한능력자의 의사표시
㉡ 절대적 취소에서 '절대적'의 의미는 절대적 무효와 대체로 동일하다.
② **상대적 취소**
㉠ 착오·사기·강박에 의한 의사표시
㉡ 취소된 법률행위가 기초가 되어 선의의 제3자가 새로운 법률관계를 맺은 경우, 취소로써 그 제3자에게 대항할 수 없다.
③ **취소의 효과**
㉠ 의사표시를 취소하면 그 효과는 소급하여 무효로 된다.
㉡ 부당이득 반환의무
ⓐ 선의의 수익자: 이익이 현존하는 범위 내에서 반환한다.
ⓑ 악의의 수익자: 받은 이익에 이자를 더해 반환하고, 손해가 있으면 손해도 배상한다.
ⓒ 제한능력자의 특칙: 제한능력자 측은 언제나 현존이익만 반환하면 된다.
④ **취소권의 소멸**
㉠ 추인: 취소권의 포기
㉡ 법정추인
㉢ 제척기간의 경과: 취소권은 추인할 수 있는 날로부터 3년, 법률행위를 한 날로부터 10년 내에 행사하여야 한다.

용어 보충	제척기간

형성권과 같은 권리의 행사가능기간을 '제척기간'이라고 한다. 권리자가 권리를 신속하게 행사하도록 하여 법률관계를 조속히 확정할 수 있다.

5. 법률행위의 부관

(1) 법률행위에 따른 효력 발생 또는 소멸 시기를 법률행위 시가 아닌 장래 일정한 사실이 발생한 때로 정하는 것을 '법률행위의 부관'이라 하고, 부관에는 조건과 기한이 있다.

(2) 조건과 기한

① 조건과 기한의 구분
㉠ 조건: 장래 도래가 불확실한 어떤 사실의 성부에 법률효과의 발생 또는 소멸을 의존케 하는 법률행위의 부관
㉡ 기한: 장래 도래가 확실한 어떤 사실의 성부에 법률효과의 발생 또는 소멸을 의존케 하는 법률행위의 부관

② 조건부 법률행위의 효력
㉠ 정지조건 있는 법률행위는 조건이 성취한 때로부터 그 효력이 생긴다. 조건의 성취 여부는 조건성취로 권리를 취득하려는 자에게 증명 책임이 있다.
㉡ 해제조건 있는 법률행위는 조건이 성취한 때로부터 그 효력을 잃는다.
㉢ 당사자가 조건성취의 효력을 그 성취 전에 소급하게 할 의사를 표시한 때에는 그 의사에 의한다.
㉣ 조건의 성취 및 불성취 의제
　ⓐ 조건의 성취로 인하여 불이익을 받을 당사자가 신의성실에 반하여 조건의 성취를 방해한 때에는 상대방은 그 조건이 성취한 것으로 주장할 수 있다.
　ⓑ 조건의 성취로 인하여 이익을 받을 당사자가 신의성실에 반하여 조건을 성취시킨 때에는 상대방은 그 조건이 성취하지 아니한 것으로 주장할 수 있다.
㉤ 가장조건
　ⓐ 조건이 선량한 풍속 기타 사회질서에 위반한 것인 때에는 그 법률행위는 무효로 한다.
　ⓑ 조건이 법률행위의 당시 이미 성취한 것인 경우에는 그 조건이 정지조건이면 조건 없는 법률행위로 하고 해제조건이면 그 법률행위는 무효로 한다.
　ⓒ 조건이 법률행위의 당시 이미 성취할 수 없는 것인 경우에는 그 조건이 해제조건이면 조건 없는 법률행위로 하고 정지조건이면 그 법률행위는 무효로 한다.

③ 기한부 법률행위의 효력
㉠ 시기(始期) 있는 법률행위는 기한이 도래한 때로부터 그 효력이 생긴다.
㉡ 종기(終期) 있는 법률행위는 기한이 도래한 때로부터 그 효력을 잃는다.
㉢ 기한도래의 효과는 절대적으로 비소급이다.

> **이렇게 출제!**
>
> **05 법률행위의 부관에 관한 설명으로 옳지 않은 것은?** (다툼이 있으면 판례에 따름)
> 제27회 기출
>
> ① 정지조건있는 법률행위는 특별한 사정이 없는 한 그 조건이 성취한 때로부터 그 효력이 생긴다.
> ② 해제조건있는 법률행위는 특별한 사정이 없는 한 그 조건이 성취한 때로부터 그 효력을 잃는다.
> ③ 법률행위의 조건이 선량한 풍속 기타 사회질서에 위반한 것인 때에는 그 법률행위는 무효로 한다.
> ④ 시기(始期)있는 법률행위는 그 기한이 도래한 때로부터 그 효력이 소멸한다.
> ⑤ 기한의 이익은 이를 포기할 수 있지만, 상대방의 이익을 해하지 못한다.
>
> **해설** 시기(始期)있는 법률행위는 그 기한이 도래한 때로부터 그 효력이 발생한다.
>
> **정답** ④

3 기간의 계산

1. 기간의 기산점

(1) 자연적 계산

기간(기간의 단위를 의미)을 시, 분, 초로 정한 때에는 즉시로부터 기산한다.

(2) 역법적 계산

① **원칙**: 기간(기간의 단위를 의미)을 일, 주, 월 또는 연으로 정한 때에는 기간의 초일을 산입하지 아니한다.
② **예외**: 초일을 산입하는 경우
  ㉠ 기간이 오전 영시(0시)로부터 시작하는 때에는 초일을 산입한다.
  ㉡ 연령계산에는 출생일을 산입한다.

2. 기간의 만료점

(1) 기간을 일, 주, 월 또는 연으로 정한 때에는 기간말일의 종료로 기간이 만료된다.

(2) 역(曆)에 의한 계산
① 기간을 주, 월 또는 연으로 정한 때에는 역(曆)에 의하여 계산한다.
② 주, 월 또는 연의 처음부터 기간을 기산하지 아니하는 때에는 최후의 주, 월 또는 연에서 그 기산일에 해당한 날의 전일로 기간이 만료된다.
③ 기간을 월 또는 연으로 정한 경우에 최종의 월에 해당일이 없는 때에는 그 월의 말일로 기간이 만료된다.

3. 공휴일 등과 기간의 계산

(1) 공휴일 등과 기간의 만료점
기간의 말일이 토요일 또는 공휴일에 해당한 때에는 기간은 그 익일로 만료된다.

(2) 공휴일 등과 기간의 기산점
기간의 초일이 토요일 또는 공휴일에 해당한 때에는 기간은 그날로부터 기산한다.

4. 기간 계산에 관한 민법 규정은 임의규정이다

4 소멸시효

1. 시효제도

(1) 법률요건으로서의 시효
① **시효의 의의**
 ㉠ 시간이 경과됨에 따라 그 시간경과에 부여한 일정한 법률효과가 발생하는 것을 줄여서 '시효'라고 한다.
 ㉡ 시효는 취득시효와 소멸시효로 나뉜다.
② **취득시효**: 권리자가 권리를 행사할 수 없음에도 장기간 권리를 행사하는 사실상·법률상의 상태가 계속되는 경우, 그 권리를 취득하도록 하는 제도이다.
③ **소멸시효**: 권리자가 권리를 행사할 수 있음에도 장기간 권리를 행사하지 않는 경우, 그 권리를 소멸시켜 더이상 권리를 행사할 수 없도록 하는 제도이다.

(2) 소멸시효 제도
① **소멸시효에 걸리지 않는 권리**: 형성권, 상린권, 점유권, 담보물권(저당권, 질권, 유치권), 공유물분할청구권, 비재산권, 물권적 청구권, 소유권
② **부동산 매수인의 등기청구권**
   ㉠ 부동산 매수인의 소유권이전등기청구권은 채권적 청구권으로서 원칙적으로 소멸시효에 걸린다. 하지만 매수인이 목적물을 인도받아 사용·수익하고 있는 한 소멸시효에 걸리지 않는다.
   ㉡ 또한 매수인이 점유하던 목적물을 제3자에게 양도하고 더이상 점유를 계속하지 않는 경우에도 그 등기청구권은 소멸시효가 진행하지 않는다.

(3) 소멸시효의 기산점
① 소멸시효는 권리자가 권리를 행사할 수 있음에도 권리를 행사하지 않는 때로부터 진행한다.
② 채무불이행(이행지체, 이행불능)으로 인한 손해배상청구권의 소멸시효는 그 채무불이행 시부터 기산한다.
③ 부작위 채권의 소멸시효는 위반행위를 한 때로부터 진행한다.

2. 소멸시효 기간

(1) 일반 규정
① **소유권을 제외한 기타 재산권**(용익물권): 20년
② **일반채권**: 10년

(2) 3년의 단기소멸시효: 전문성·기술성을 바탕으로 발생한 채권
① 이자, 부양료, 급료, 사용료 기타 1년 이내의 기간으로 정한 금전 또는 물건의 지급을 목적으로 한 채권
② 의사, 조산사, 간호사 및 약사의 치료, 근로 및 조제에 관한 채권, 도급받은 자, 기사 기타 공사의 설계 또는 감독에 종사하는 자의 공사에 관한 채권, 변호사, 변리사, 공증인, 공인회계사 및 법무사의 직무에 관한 채권, 생산자 및 상인이 판매한 생산물 및 상품의 대가, 수공업자 및 제조자의 업무에 관한 채권 등

(3) 1년의 단기소멸시효: 의·식·주·오락 관련 채권
  ① 여관, 음식점, 대석, 오락장의 숙박료, 음식료, 대석료, 입장료, 소비물의 대가 및 체당금의 채권
  ② 의복, 침구, 장구 기타 동산의 사용료의 채권
  ③ 노역인, 연예인의 임금 및 그에 공급한 물건의 대금채권
  ④ 학생 및 수업자의 교육, 의식 및 유숙에 관한 교주, 숙주, 교사의 채권

(4) 단기소멸시효에 걸리는 채권도 재판상 판결로써 확정되면 10년으로 소멸시효 기간이 연장된다.

> **판례** 소멸시효와 제척기간이 모두 적용되는 경우
>
> 매도인에 대한 하자담보에 기한 손해배상청구권에 대하여는 민법 제582조의 제척기간이 적용되고, 그 권리의 내용·성질 및 취지에 비추어 민법 제162조 제1항의 채권 소멸시효의 규정이 적용된다고 할 것이고, 이때 다른 특별한 사정이 없는 한 무엇보다도 매수인이 매매의 목적물을 인도받은 때부터 그 소멸시효가 진행한다고 해석함이 상당하다(2011다10266).

3. 소멸시효의 중단과 정지, 소멸시효 완성의 효과

(1) 소멸시효의 중단과 정지

① **중단**
  ㉠ 의의: 소멸시효가 진행 중에 채권자가 적극적으로 권리를 행사한 경우, 그 권리행사 시점부터 소멸시효 기간이 갱신되는 것을 말한다.
  ㉡ 중단 사유: 채권자의 청구, 채무자 재산에 대한 채권자의 압류, 가압류, 가처분 등 적극적으로 권리를 행사한 경우와 채무자가 승인한 경우

> **용어 보충** 갱신
> 어떤 법률관계의 존속기간이 만료된 때 그 기간을 연장하는 것을 말한다.

② **정지**
  ㉠ 의의: 소멸시효가 완성될 무렵 채권자는 권리를 행사하였으나, 다른 사유로 권리행사의 효력이 채무자에게 직접 미치지 못하는 경우, 그 소멸시효 진행을 잠시 멈추게 했다가 정지 사유가 종료되면 그때로부터 6월 내지 1월의 유예기간을 더 부여하는 것을 말한다.
  ㉡ 정지 사유 및 정지 기간
    ⓐ 채무자 또는 채권자가 제한능력자가 된 경우, 제한능력자가 능력자가 되거나 그의 법정대리인이 취임한 날로부터 6월

ⓑ 채권자와 채무자가 부부 사이인 경우, 혼인관계가 종료된 날로부터 6월
ⓒ 채권이 상속재산에 관한 것인 경우, 상속인의 확정, 관리인의 선임 또는 파산선고가 있는 때로부터 6월
ⓓ 천재 기타 사변 등으로 원만하게 채권을 행사할 수 없는 경우, 사태가 종료된 날로부터 1월

(2) 소멸시효 완성의 효과 ⇨ 권리의 소급적 소멸

① 소멸시효 완성의 효과는 그 기산일에 소급하여 효력이 생긴다.
② 소멸시효 완성으로 채무를 면하게 되는 자는 기산일 이후의 이자를 지급할 필요가 없다.
③ 소멸하는 채권이 그 소멸시효가 완성하기 전에 상계할 수 있었던 것이면 채권자는 시효완성 후에도 상계할 수 있다.
④ 연대채무자 중 1인의 채무가 소멸시효 완성으로 소멸하면 그 채무자의 부담부분에 한하여 다른 연대채무자도 채무를 면한다.

(3) 시효이익

① **의의**
  ㉠ 시효가 완성됨에 따라 얻는 당사자의 이익을 말한다.
  ㉡ 시효완성으로 인한 이익은 변론주의 원칙상 원용권자의 원용이 필요하고, 법원의 직권판단 대상이 아니다.

용어 보충	원용

일정한 권리자가 자신에게 권리가 있음을 재판을 통하여 적극적으로 주장하는 것을 말한다.

② **시효이익의 포기**
  ㉠ '시효이익의 포기'란 시효이익을 갖는 자가 그 이익을 주장하지 않겠다고 하는 의사표시를 말한다.
  ㉡ 시효이익의 포기는 처분행위이므로, 포기하는 자는 처분능력과 처분권한이 있어야 한다.
  ㉢ 소멸시효의 이익은 미리 포기하지 못한다. 즉, 시효완성 전에는 시효이익을 포기할 수 없다.

> 이렇게 출제!

06 소멸시효에 관한 설명으로 옳지 않은 것은? (다툼이 있으면 판례에 따름)

제27회 기출

① 채권 및 소유권은 10년간 행사하지 아니하면 소멸시효가 완성한다.
② 지역권은 20년간 행사하지 아니하면 소멸시효가 완성한다.
③ 금전채무의 이행지체로 인하여 발생하는 지연손해금은 3년의 단기소멸시효가 적용되지 않는다.
④ 이자채권이라도 1년 이내의 정기로 지급하기로 한 것이 아니면 3년의 단기소멸시효가 적용되지 않는다.
⑤ 상행위로 인하여 발생한 상품 판매 대금채권은 3년의 단기소멸시효가 적용된다.

해설 소유권은 소멸시효 적용대상이 아니다.

정답 ①

07 소멸시효에 관한 설명으로 옳은 것은? (다툼이 있으면 판례에 따름)

제27회 기출

① 소멸시효 중단사유인 채무의 승인은 의사표시에 해당한다.
② 시효중단의 효력이 있는 승인에는 상대방 권리에 관한 처분의 능력이나 권한 있음을 요하지 않는다.
③ 소멸시효 이익의 포기사유인 채무의 묵시적 승인은 관념의 통지에 해당한다.
④ 시효완성 전에 채무의 일부를 변제한 경우에는 그 수액에 관하여 다툼이 없는 한 채무승인의 효력이 있어 채무전부에 관하여 소멸시효 이익 포기의 효력이 발생한다.
⑤ 채무자가 담보 목적의 가등기를 설정하여 주는 것은 채무의 승인에 해당하므로, 그 가등기가 계속되고 있는 동안 그 피담보채권에 대한 소멸시효는 진행하지 않는다.

해설 ① 소멸시효 중단사유인 채무의 승인은 관념의 통지에 해당한다.
③ 소멸시효 이익의 포기사유인 채무의 묵시적 승인 즉, 가분채권 일부의 변제 등은 시효완성 사실을 알고 시효이익 포기의 의사표시로 추정한다.
④ 시효완성 전에 채무의 일부를 변제한 경우에는 그 수액에 관하여 다툼이 없는 한 채무 전부에 대한 승인의 효력이 있을 뿐이다.
⑤ 채무자가 채권자에 대하여 자신 소유의 부동산에 담보 목적의 가등기를 설정하여 주는 것은 제168조 소정의 채무의 승인에 해당한다(97다22676). 하지만 채권자가 담보가등기를 마친 부동산을 인도받아 점유하더라도 담보가등기의 피담보채권의 소멸시효가 중단되는 것은 아니다(2006다12701)

정답 ②

중요 개념 확인하기!

❶ 부동산의 강제집행을 면할 목적으로 허위의 근저당권설정계약을 체결하는 것은 반사회적 행위로 볼 수 없다. ○ | ✕

❷ 격지자 승낙에 의한 계약의 성립은 그 의사표시를 발송한 때 성립한다. ○ | ✕

❸ 표현대리가 성립하는 경우, 과실상계의 법리를 유추적용하여 본인의 책임을 경감할 수 없다. ○ | ✕

❹ 취소권은 추인할 수 있는 날로부터 3년 내에, 법률행위를 한 날로부터 10년 내에 행사하여야 한다. ○ | ✕

❺ 조건이 법률행위 당시에 이미 성취할 수 없는 경우, 그 조건이 정지조건이면 그 법률행위는 무효이다. ○ | ✕

❻ 부작위를 목적으로 한 채권의 소멸시효는 계약체결 시부터 진행한다. ○ | ✕

❼ 불법적인 일이나 행위로 인하여 생긴 재산 또는 서비스, 노무 등을 제공하는 것을 (　　　)(이)라고 하는데, 이것을 한 사람은 이를 돌려달라고 요구할 수 없다.

❽ (　　　)(이)란 법률행위를 하는 두 당사자가 서로 합의하여 진실이 아닌 허위로 의사표시를 하는 것을 말한다. 이렇게 서로 짜고 한 허위의 의사표시는 무효이다.

① ○ ② ○ ③ ○ ④ ○ ⑤ ○ ⑥ ✕ 부작위를 목적으로 한 채권의 소멸시효는 그 위반행위를 한 때로부터 진행한다.
⑦ 불법원인급여 ⑧ 통정허위표시

CHAPTER 04 물권법

✓ 물권법에서는 물권의 의의, 물권법정주의, 물권의 일반적 효력, 물권 각각 특유의 효력을 구분하여 정리하시기 바랍니다.

CHAPTER 한눈에 보기

1 물권법 총론
· 물권의 의의, 물권법정주의 이해하기
· 물권의 일반적 효력 이해하기

🔍 용어 CHECK
· 물권적 청구권

2 물권법 각론
· 점유권과 소유권, 제한물권 등 각 물권의 효력 이해하기

발문 미리보기

- 물권의 효력에 관한 설명으로 옳은 것은?
- 기본물권인 소유권과 점유권에 관한 설명으로 옳은 것은?
- 용익물권의 효력에 관한 설명으로 옳은 것은?
- 담보물권에 관한 설명으로 옳은 것은?

| POINT | 물권의 효력은 소유권보존등기와 가등기의 효력, 물권적 청구권을 중심으로 1~2문항이 출제됩니다. 점유권은 점유의 효력, 소유권은 취득시효와 공동소유 중 총유, 용익물권 중 법정지상권 및 전세권, 담보물권은 유치권의 성립요건과 저당권의 효력, 피담보채권을 집중 학습해야 합니다.

1 물권법 총론

1. 물권법정주의 – 물권의 종류에 따른 객체

(1) 민법상 물권
① 점유권: 물건에 대한 사실상 지배권
② 소유권: 물건에 대한 사용·수익·처분에 관한 권리
③ 제한물권
  ㉠ 용익물권: 지상권, 전세권, 지역권
  ㉡ 담보물권: 저당권, 질권, 유치권

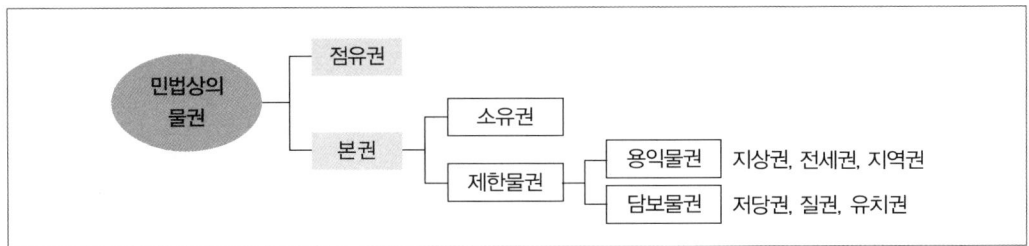

(2) 관습법상 물권
① 관습법상 법정지상권
② 분묘기지권
③ 동산의 양도담보

2. 물권적 청구권

(1) 의의
① 물권은 물건에 대한 배타적 지배권이다.
② '물권적 청구권'이란 물권자가 아닌 자가 물건을 지배하거나 물권자의 배타적 지배를 방해하는 경우 물권의 실질적 지배력을 확보하기 위한 청구권을 말한다.

(2) 물권의 효력과 당사자 ⇨ 매매, 제한물권의 설정, 권리의 포기 등
① **청구권자**: 현재 물권자
② **상대방**
  ㉠ 물권에 대한 현실침해자 또는 방해자 및 방해할 염려가 있는 자
  ㉡ 침해·방해상태를 자신의 지배하에 두고 있는 자 또는 두려고 하는 자
③ **종류**: 목적물반환청구권, 방해제거청구권, 방해예방청구권 또는 담보제공요구

④ 물권적 청구권에 관한 민법 규정
  ㉠ 점유권과 소유권에서 각각 규정하고, 나머지 제한물권에 관해서는 소유권의 물권적 청구권을 준용한다.
  ㉡ 점유를 수반하지 않는 저당권과 지역권에는 목적물반환청구권이 인정되지 않는다.
  ㉢ 유치권 자체에 기한 물권적 청구권은 인정하지 않고, 점유권에 기한 점유보호청구권으로 보호하고 있다.

3. 물권의 변동

(1) 의의
  ① '물권의 변동'이란 물권의 발생·변경·소멸을 말한다.
  ② 여타 권리의 변동과 마찬가지로 물권 변동의 원인도 법률행위와 법률행위가 아닌 원인으로 나뉜다.

(2) 법률행위에 의한 물권의 변동 ⇨ 매매, 제한물권의 설정, 권리의 포기 등
  ① **부동산**(제186조): 부동산에 관한 법률행위로 인한 물권의 득실변경은 등기하여야 그 효력이 발생한다.
  ② **동산**(제188조~제190조): 동산 물권의 변동원인이 법률행위인 경우, 인도(점유)하여야 효력이 발생한다.

(3) 법률행위가 아닌 원인(법률규정)**에 의한 물권의 변동**
  ① **등기를 요하지 아니하는 부동산물권 취득**(제187조): 상속·공용징수·판결·경매 기타 법률의 규정에 의한 부동산에 관한 물권의 취득은 등기를 요하지 아니한다. 그러나 등기를 하지 아니하면 이를 처분하지 못한다.
  ② **기타 법률 규정에 해당하는 물권의 발생 또는 소멸**
    ㉠ 취득
      ⓐ 부동산
        • 등기 없이도 취득: 건물의 신축, 첨부
        • 등기해야 취득: 점유취득시효(제245조 제1항 규정에 의거)
      ⓑ 동산(특별규정 존재): 선의취득, 무주물 선점
    ㉡ 소멸: 소멸시효에 의한 물권의 소멸, 피담보채권의 소멸에 의한 저당권 소멸, 혼동에 의한 물권의 소멸 등

> **이렇게 출제!**
>
> **01 물권적 청구권에 관한 설명으로 옳은 것은?** (다툼이 있으면 판례에 따름)
>
> 제27회 기출
>
> ① 지상권을 설정한 토지소유자는 그 토지에 대한 불법점유자에 대하여 물권적 청구권을 행사할 수 없다.
> ② 점유를 상실하여 현실적으로 점유하고 있지 아니한 불법점유자에 대하여 소유자는 그 소유물의 인도를 청구할 수 있다.
> ③ 소유권을 상실한 전(前)소유자가 그 물건의 양수인에게 인도의무를 부담하는 경우, 제3자인 불법점유자에 대하여 소유권에 기한 물권적 청구권을 행사할 수 있다.
> ④ 소유자는 소유권을 현실적으로 방해하지 않고 그 방해를 할 염려있는 행위를 하는 자에 대하여도 그 예방을 청구할 수 있다.
> ⑤ 지역권자는 지역권의 행사를 방해하는 자에게 승역지의 반환청구를 할 수 있다.
>
> **해설** ④ 물권적 청구권 중 방해예방청구는 현실적인 방해가 없어도 그 예방을 청구할 수 있다.
> ① 지상권을 설정한 토지소유권자는 불법점유자에 대하여 물권적청구권을 행사할 수 있다. 그러나, 지상권을 설정한 토지소유권자는 지상권이 존속하는 한 토지를 사용 수익할 수 없으므로 특별한 사정이 없는 한 불법점유자에게 손해배상을 청구할 수 없다(74다1150).
> ② 불법점유를 이유로 하여 그 명도 또는 인도를 청구하려면 현실적으로 그 목적물을 점유하고 있는 자를 상대로 하여야 하고 불법점유자라 하여도 그 물건을 다른 사람에게 인도하여 현실적으로 점유를 하고 있지 않은 이상, 그 자를 상대로 한 인도 또는 명도청구는 부당하다(98다9045).
> ③ 소유권에 기한 물상청구권을 소유권과 분리하여 이를 소유권 없는 전소유자에게 유보하여 행사시킬 수는 없는 것이므로 소유권을 상실한 전(前)소유자는 제3자인 불법점유자에 대하여 소유권에 기한 물권적 청구권에 의한 방해배제를 구할 수 없다(68다725 전합).
> ⑤ 지역권은 비배타적 공용권으로서 지역권자는 지역권의 행사를 방해하는 자에게 방해의 제거를 청구할 수는 있지만 승역지의 반환청구를 할 수는 없다.
>
> **정답** ④

2 물권법 각론

1. 점유권과 소유권

(1) 점유권

① **의의**: 어떤 물건에 대한 사실상의 지배 상태를 권리로 인정한 것을 '점유권'이라고 한다.

② 점유의 태양
  ㉠ 자주점유와 타주점유
    ⓐ **자주점유**: 점유자가 점유물에 대한 소유의 의사가 있는 점유를 말하며, 소유의 의사 유무는 점유자의 주관적 의사가 아닌 점유취득 원인행위의 권원에 따라 객관적으로 판단한다.
    ⓑ 매수인, 도인(盜人)의 점유: 자주점유
    ⓒ 지상권자, 전세권자, 질권자, 임차인, 수치인의 점유: 타주점유
  ㉡ 선의점유와 악의점유
    ⓐ **선의점유**: 본권(점유할 수 있는 권리)이 없음에도 있다고 믿고서 하는 점유
    ⓑ **악의점유**: 본권이 없음을 알면서도, 또는 본권의 유무를 의심하면서 하는 점유
    ⓒ 선의의 점유자가 본권에 관한 소에서 패소하면, 그 소가 제기된 때로 소급하여 그때부터 악의의 점유자로 간주한다.
③ **점유의 효과 – 점유의 권리 적법 추정**: 점유자가 점유물(동산)에 대하여 행사하는 권리는 적법하게 보유한 것으로 추정된다.

(2) 소유권
  ① **소유권의 성질**
    ㉠ 소유권자는 '법률의 범위 내'에서 그 소유물을 사용·수익·처분할 수 있다.
    ㉡ 토지의 소유권은 정당한 이익이 있는 범위 내에서 토지의 상하에 미친다(제212조).

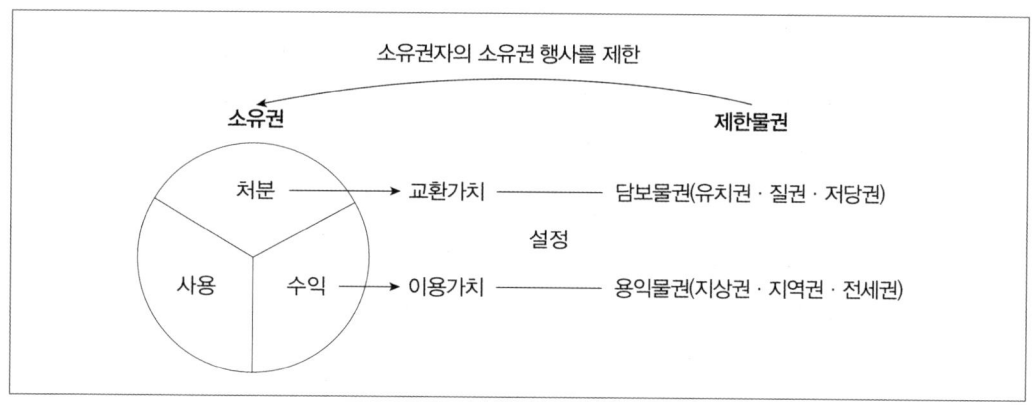

② 부동산의 취득시효

> **제245조【점유로 인한 부동산소유권의 취득기간】** ① 20년간 소유의 의사로 평온, 공연하게 부동산을 점유하는 자는 등기함으로써 그 소유권을 취득한다.
> ② 부동산의 소유자로 등기한 자가 10년간 소유의 의사로 평온, 공연하게 선의이며 과실 없이 그 부동산을 점유한 때에는 소유권을 취득한다.

㉠ 취득시효 대상물
  ⓐ 토지의 전부·일부: 토지 일부에 대하여 취득시효를 주장하는 경우 다른 부분과 구분하여 점유를 입증할 수 있는 경계를 가져야 한다. 단, 등기부 취득시효의 경우 토지 일부에 대한 독립적 등기가 불가능하므로 토지 일부에 대한 등기부 취득시효는 인정하지 않는다.
  ⓑ 자기소유 물건, 국유지(일반재산), 성명불상자의 토지도 취득 가능하다.
  ⓒ 공유지분도 취득 가능하다(공유물 전부를 점유해야 함).

㉡ 점유취득시효의 요건 및 효과
  ⓐ 소유의 의사(자주점유)로, 평온·공연한 점유여야 한다.
  ⓑ 20년간 점유의 계속: 점유의 승계를 인정한다.
  ⓒ 등기해야 소유권 취득(제245조 제1항): 소유권이전등기청구권 발생
    ⇨ 20년 경과 당시 점유자가 20년 경과(취득시효 완성) 당시의 등기부상 소유자(진정한 소유자로 추정)에게 등기청구할 수 있다.
  ⓓ 토지 일부에 대한 취득시효 완성 시에도 분할등기를 해야 권리취득이 가능하다.

㉢ 등기부 취득시효의 요건
  ⓐ 소유의 의사(자주점유)로, 평온·공연한 점유여야 한다.
  ⓑ 선의·무과실의 점유여야 한다. ⇨ 점유개시 당시에만 충족하면 족하다.
  ⓒ 10년간 계속하여 점유하여야 한다.
  ⓓ 등기부상 소유자로 등기되어 있어야 한다.
  ⓔ 무효등기도 인정한다. 단, 이중으로 경료되어 무효인 소유권보존등기나 이에 터 잡은 소유권이전등기로서 무효인 경우에는 인정하지 않는다.

㉣ 시효완성의 효과
  ⓐ 소유권의 원시취득
  ⓑ 취득시효 완성으로 인한 소유권 취득의 효력은 점유를 개시한 때로 소급되므로 점유기간 중 상호간에 부당이득의 문제는 발생하지 않는다.

③ 공동소유
　㉠ 공유
　　ⓐ 의의: 공유자는 공유물의 지분을 처분할 수 있으며, 공유물 전부를 지분의 비율로 사용·수익하고 의무를 부담한다.
　　ⓑ 공유물의 분할
　　　• **협의에 의한 분할**(분할 등기 시 효력 발생): 현물분할, 대금분할, 가격배상 중 선택한다.
　　　• **재판상 분할**(협의가 성립되지 않는 경우): 공유물 분할판결은 형성판결이다.
　　　　– 원칙: 현물분할(판결 확정 시 분할효과 발생)
　　　　– 예외: 대금분할, 가격배상도 가능(판례)
　㉡ 합유
　　ⓐ 의의: 조합의 재산 소유 형태를 '합유'라고 한다.
　　ⓑ 조합: 공동사업의 목적 달성을 위한 계약을 '조합'이라고 한다.
　㉢ 총유
　　ⓐ 의의: 비법인사단(예 종중, 교회)의 재산 소유 형태를 '총유'라고 한다.
　　ⓑ 특징: 총유재산은 지분이 없어 그 구성원은 지분을 처분하거나 분할을 청구하는 것이 허용되지 않으며, 보존 및 관리·처분행위 등은 사원총회의 결의에 의한다.

2. 제한물권

(1) 용익물권

① **지상권**
　㉠ 의의: '지상권'은 지상물(건물, 기타의 공작물이나 수목)을 소유하기 위해 타인의 토지를 사용할 권리를 말한다.
　㉡ 성립: 법률행위
　　지상권설정계약과 그에 관한 등기를 하면 지상권은 성립하며, 토지의 사용대가에 해당하는 지료의 약정은 지상권의 성립요건이 아니다.

② **지역권**
　㉠ 의의
　　ⓐ 편익을 받는 토지를 '요역지', 편익을 주는 토지를 '승역지'라고 한다.
　　ⓑ 지역권은 요역지 편익을 위해 승역지를 사용할 수 있는 권리를 말한다.
　　　⇨ 지역권은 요역지 전부를 위하여 승역지 전부 또는 일부에 대하여 성립한다.

ⓒ 지역권이 성립하려면 요역지와 승역지가 각각 필요하므로 최소한 2필지의 토지가 필요하다.
　ⓒ 법적 성격
　　ⓐ **공용적 성격**: 비배타적 공용권으로서 지역권이 성립한 부분을 승역지 소유자가 사용하는 경우에도 물권적 반환청구권을 행사할 수 없다.
　　ⓑ **요역지의 공유관계와 지역권의 불가분성**
　　　• 공유자 중 1인이 지역권 취득: 공유자 전원이 취득한다.
　　　• 토지공유자 중 1인은 지분에 관하여 그 토지를 위한 지역권 또는 그 토지가 부담한 지역권을 소멸하게 하지 못한다.

③ **전세권**
　ⓒ 의의 및 성질
　　ⓐ **의의**: 전세권자는 전세금을 지급하고 타인의 부동산을 점유하여 그 부동산의 용도에 좇아 사용·수익하며, 그 부동산 전부에 대하여 후순위권리자 기타 채권자보다 전세금의 우선변제를 받을 권리가 있다. ⇨ 우리나라 특유의 제도(임대차의 일종인 채권적 전세에서 유래)
　　　• 전세권은 토지와 건물 모두를 그 목적으로 하여 성립한다. 그러나 농지에 대해서는 전세권의 설정이 불가능하다.
　　　• 전세금은 전세권의 성립요건이므로 반드시 지급해야 한다. 그러나 현실적으로 수수하여야만 하는 것은 아니고, 기존채권으로 전세금 지급에 갈음할 수 있다.
　　ⓑ **성립**
　　　• 전세권의 취득: 전세권설정계약과 등기. 전세금도 등기사항이다.
　　　• 전세권 존속기간의 제한
　　　　- **최장기간**: 10년(토지·건물전세권)
　　　　- **최단기간**: 1년(건물전세권)
　　　　- 존속기간을 약정하지 않은 경우 기간의 정함이 없는 전세권으로 본다. ⇨ 양 당사자는 언제든지 전세권의 소멸통고를 할 수 있고, 상대방이 소멸통고를 받은 날로부터 6월이 경과하면 전세권은 소멸한다.
　　ⓒ **갱신**
　　　• 합의에 의한 계약의 갱신: 10년 초과 금지

- **건물전세권의 법정갱신**: 건물의 전세권설정자가 전세권의 존속기간 만료 전 6월부터 1월까지 사이에 전세권자에 대하여 갱신거절의 통지 또는 조건을 변경하지 아니하면 갱신하지 아니한다는 뜻의 통지를 하지 아니한 경우에는 그 기간이 만료된 때에 전(前) 전세권과 동일한 조건으로 다시 전세권을 설정한 것으로 본다. 이 경우 전세권의 존속기간은 그 정함이 없는 것으로 본다.

ⓒ 소멸
 ⓐ 소멸 사유
  - **기간만료**: 전세권의 존속기간이 만료한 경우
  - **소멸청구**: 전세권자의 용법 위반
  - **소멸통고**: 기간의 정함이 없는 전세권의 경우
 ⓑ 소멸의 효과
  - **동시이행**: 전세목적물 반환 및 전세권 말소등기서류 교부와 전세금 반환은 동시이행관계에 있다.

(2) 담보물권

① 유치권

ⓐ 의의
 ⓐ 타인의 물건 또는 유가증권을 점유(불법점유×)한 자가 그 물건이나 유가증권에 관하여 생긴 채권(견련관계 있는 채권)이 변제기에 있는 경우에는 그 채권의 전부를 변제받을 때까지 그 물건 또는 유가증권을 유치하고 인도 거절을 할 수 있는 권리로서의 법정 담보물권을 '유치권'이라 한다.
 ⓑ 유치권 성립 후 저당권 실행으로 유치물이 경락된 경우, 유치권자는 그 경락인에 대하여 유치권을 주장하며 목적물의 인도를 거절할 수 있으나 변제를 청구할 수는 없다.

ⓒ 성립
 ⓐ 목적물의 적법한 계속 점유
  - 적법한 점유가 계속되어야 한다. 점유자는 불법점유 중에 지출한 비용으로는 유치권을 주장할 수 없다.
  - 직접점유·간접점유·공동점유 모두 인정한다. 단, 채무자를 직접점유로 하는 간접점유로는 유치권이 성립하지 않는다(판례).

ⓑ **목적물에 관하여 생긴**(견련관계 있는) **채권의 존재**
　　　　• 목적물에 지출한 비용에 대한 비용상환청구권(필요비·유익비·수선비·공사비)
　　　　• 목적물로부터 발생한 불법행위로 인한 손해배상청구권
　　　ⓒ **채무의 변제기 도래**
　　　ⓓ **유치권의 배제특약이 없을 것**: 유치권은 법정담보물권이지만 이에 관한 민법 규정은 임의규정이므로, 당사자간에 유치권의 배제특약이 있으면 유치권은 성립하지 않는다.
　　ⓒ 유치권의 행사는 채권의 소멸시효의 진행에 영향을 미치지 아니한다.
② **질권**
　　⊙ **의의**: '질권(質權)'은 채권자가 채권의 담보로서 채무의 변제가 있을 때까지 채무자 또는 제3자(물상보증인)로부터 받은 물건(동산 또는 재산권)을 점유하고 유치함으로써 채무의 변제를 간접적으로 강제하는 동시에, 채무의 변제가 없는 경우에는 그 목적물로부터 다른 채권자에 우선하여 변제를 받는 권리를 말한다(제329조, 제345조).
　　ⓒ **객체**: 부동산 이외의 동산 또는 재산권에 성립한다. ⇨ 양도할 수 있는 물건 중 동산이 그 목적물이 된다. 즉, 양도할 수 없는 물건은 질권의 객체가 될 수 없다.
　　ⓒ **종류**
　　　ⓐ **동산질권**: 양도할 수 있는 동산을 객체로 한다.
　　　ⓑ **권리질권**: 질권은 재산권(채권)을 그 목적으로 할 수 있다. 그러나 부동산의 사용·수익을 목적으로 하는 권리는 그러하지 아니하다. 즉, 임차권(사용·수익권)은 질권의 목적으로 할 수 없으나, 임차보증금반환청구권(일반채권)은 질권의 목적으로 할 수 있다.
③ **저당권**
　　⊙ **의의**
　　　ⓐ 부동산에 대한 담보물권으로서 저당권자는 피담보채권의 변제절차에서 채무자 또는 제3자가 점유를 이전하지 아니하고 채무의 담보로 제공한 부동산에 대하여 다른 채권자보다 자기채권의 우선변제를 받을 권리가 있다.
　　　ⓑ **저당권의 객체**: 부동산 및 지상권·전세권

- ⓛ 근저당
  - ⓐ 의의: 계속적 거래관계로부터 발생하는 불특정 다수의 채권을 당사자간의 합의로 설정한 채권최고액의 한도 내에서 담보하기 위한 저당권을 말한다.
  - ⓑ 채권최고액: 당사자간의 계속적 거래의 한도액으로서 근저당권 실행 시 담보물의 매각대금에서 채권자가 우선변제를 받을 수 있는 한도액을 의미하고, 채무자의 책임의 한도액을 의미하는 것은 아니다.
  - ⓒ 근저당의 취지와 채권최고액은 반드시 등기한다.
- ⓒ 공동저당
  - ⓐ 의의: 동일한 채권의 담보를 위해 여러 개의 부동산 위에 설정된 저당권을 '공동저당'이라 한다. 따라서 부동산의 수만큼 여러 개의 저당권이 성립된다.
  - ⓑ 공동저당의 등기: 모든 부동산에 공동담보물을 기재하고, 공동담보 부동산이 5개 이상인 경우에는 공동담보목록을 작성한다.

중요 개념 확인하기!

❶ 점유의 권리 적법 추정에 관한 규정은 등기된 부동산에는 적용되지 않는다. ○ | ✕

❷ 취득시효 완성 후 그 등기청구를 받은 소유자가 제3자에게 목적물을 처분한 경우, 시효완성자는 채무불이행을 이유로 손해배상을 청구할 수 있다. ○ | ✕

❸ 전세금은 반드시 현실적으로 수수되어야만 하는 것은 아니고, 기존의 채권으로 전세금의 지급에 갈음할 수 있다. ○ | ✕

❹ 유치권자의 점유가 간접점유이고 채무자가 직접점유자인 경우, 유치권은 성립하지 않는다. ○ | ✕

❺ 저당권은 그 담보한 채권과 분리하여 타인에게 양도할 수 있다. ○ | ✕

① ○ ② ✕ 채무불이행이 아니라 불법행위를 이유로 손해배상을 청구할 수 있다. ③ ○ ④ ○
⑤ ✕ 담보물권의 부종성의 원칙상 저당권은 그 담보한 채권과 분리하여 양도하거나 다른 권리의 목적으로 할 수 없다.

CHAPTER 05 채권법

✓ 채권법에서는 대인권·상대권으로서 채권의 종류별 특징을 이해하고, 계약의 유형별 특징과 효력을 파악해야 합니다. 법률행위 과정의 부당이득과 불법행위의 효과도 이해하시기 바랍니다.

CHAPTER 한눈에 보기

1 채권법 총론
· 채권의 종류와 특징 파악하기

2 계약법 총론
· 계약의 유형과 효력 이해하기

3 계약법 각론
· 매매, 임대차, 도급, 위임 이해하기

4 기타채권관계(부당이득·불법행위)
· 법률행위 과정의 부당이득과 불법행위 이해하기

발문 미리보기

- 채권의 양도 및 채무의 인수에 관한 설명으로 옳은 것은?
- 매매 또는 임대차의 효력에 관한 설명으로 옳은 것은?
- 위임 및 도급에 관한 설명으로 옳은 것은?
- 불법행위에 관한 설명으로 옳지 않은 것은?

| POINT | 채권총론은 그 방대한 범위 중에서도 채권의 양도 및 채무인수에 의한 채권의 변동에 관한 내용과 채권자취소권에 관한 내용이 항상 출제되고 있습니다. 계약의 해제와 제3자 보호, 매매에서 매도인의 담보책임, 임대차 중 임차인의 권리, 쌍무계약으로서 도급의 효력, 위임계약의 해지와 불법행위는 2~3개의 이론을 접목한 사례문제 형태로 매년 출제됩니다.

1 채권법 총론

1. 채권의 의의 및 변동

(1) 채권의 의의

① '채권'은 채권자가 채무자에게 특정한 급부(작위·부작위)를 청구할 수 있는 권리를 말한다.

   ㉠ 채권은 주로 법률행위(특히 계약) 과정에서 발생하는 것이 대부분이므로 신의칙은 채권법 영역에서 가장 뚜렷하게 나타난다.

   ㉡ 법률행위 자유의 원칙상 채권법의 대부분 규정은 임의법규의 성격을 띤다.

② **채권과 물권의 비교**

구분	채권	물권
권리의 대상	특정인의 행위(대인권)	독립된 물건(대물권)
권리의 작용 효력	급부청구권	배타적 지배권
상대방의 범위	채무자에게만 행사	누구에게나 주장 가능
배타성	×(채권자 평등의 원칙)	○(우선적 효력)
양도성(처분성)	양도 가능(반대특약 가능)	양도 가능

③ **민법상 채권**(급부)**의 종류**

   ㉠ 특정물채권과 종류물채권

      ⓐ 특정물채권

- '특정물'이란 구체적 거래에서 당사자가 물건의 개성을 중시하여 같은 종류의 다른 물건으로 바꾸는 것을 허용하지 않는 물건을 말한다.
- 특정물의 인도가 채권의 목적인 때에는 채무자는 그 물건을 인도하기까지 선량한 관리자의 주의로 보존하여야 한다.
- 현상인도 의무: 이행기의 현상대로 인도해야 한다.
- 변제 장소: 채권성립 당시 그 물건이 있었던 장소에서 이행한다.

      ⓑ 종류물채권

- 의의: 일정한 종류에 속하는 물건의 일정량의 인도를 목적으로 하는 채권을 말한다(예 시멘트 10포대, 모래 5톤, 소주 5병).
- 목적물의 품질: 채권의 발생 원인에 따라 채무자가 반환하는 목적물의 품질이 결정된다.
  - 소비대차, 소비임치로 발생한 채권: 처음 받았던 물건과 동일한 품질로 반환한다.

- 품질에 관한 특약이 있는 경우: 특약(당사자의 의사)에 따른다.
- 기타의 경우: 중등품질로 교부한다.
- 변제 장소: 종류물채권은 원칙적으로 지참채무이다. ⇨ 채권자의 주소지 또는 영업소에서 이행한다.

ⓒ 금전채권
ⓐ **의의**: 직접적인 지불 수단인 금전의 인도를 목적으로 하는 채권을 말한다.
ⓑ **금전채권의 특질**: 금전은 특수동산으로서 언제나 점유와 소유가 일치하기 때문에 금전채권의 채권자는 물권적 반환청구권은 행사할 수 없고, 채권적 가치의 반환만을 청구할 수 있다.
ⓒ **금전채무불이행에 대한 특칙**
- 금전채무불이행의 손해배상액은 법정이율에 의한다. 그러나 법령의 제한에 위반하지 아니한 약정이율이 있으면 그 이율에 의한다.
- 금전채무불이행의 손해배상은 언제나 이행지체로 인한 것이며, 채권자는 손해의 증명을 요하지 아니하고 채무자는 과실 없음을 항변하지 못한다.

(2) 채무불이행
① **의의**: 채무자가 정당한 이유 없이 채무의 내용에 좇은 이행을 하지 않는 것을 말한다.
② **채무불이행의 모습**: 이행지체 및 이행불능, 이론적으로 불완전이행도 있다.
③ 채권자 지체(수령지체)는 채권자의 채무불이행으로 본다. ⇨ '채권자 지체'는 채무자의 이행행위에 대하여 채권자가 이를 수령하지 않거나 필요한 협력을 하지 않음으로써 채무자가 이행을 완료하지 못하는 경우를 말한다.

2. 채권의 소멸

(1) 상계
쌍방이 서로 같은 종류를 목적으로 한 채무를 부담한 경우에 그 쌍방의 채무의 이행기가 도래한 때에는 각 채무자는 대등액에 관하여 상계할 수 있다.

(2) 변제
① **변제의 제공방법**
㉠ 변제는 채무내용에 좇은 현실제공으로 이를 하여야 한다(제460조).
㉡ 채무자의 변제에 대하여 채권자가 미리 변제받기를 거절하거나 채무의 이행에 채권자의 행위를 요하는 경우에는 변제준비의 완료를 통지하고 그 수령을 최고하면 그때부터 이행지체 책임을 면한다.

② **변제의 장소**
  ㉠ 채무의 성질 또는 당사자의 의사표시로 변제장소를 정하지 아니한 때에는 특정물의 인도는 채권성립 당시에 그 물건이 있던 장소에서 하여야 한다.
  ㉡ 특정물 인도 이외의 채무변제는 채권자의 현주소에서 하여야 한다.
  ㉢ 영업에 관한 채무의 변제는 채권자의 현 영업소에서 하여야 한다.

2 계약법 총론

1. 계약의 의의

(1) 의의
'계약'이란 서로 대립적·상대적 의사표시가 내용도 일치하고 상대방도 일치하면 성립하는 법률행위를 말한다.

(2) 계약의 성립
  ① **청약과 승낙에 의한 계약의 성립**
    ㉠ 청약: 계약 성립에 필요한 구체적·확정적 의사표시로서, 상대방의 승낙이 있으면 즉시 계약이 성립될 정도의 내용을 갖추고 있어야 한다. ⇨ 청약은 상대방 있는 의사표시로서 '정찰을 붙인 상품의 진열'은 청약으로 보는 것이 일반적이다.
    ㉡ 승낙: 청약에 대하여 계약을 성립시킬 목적으로 청약을 받은 자가 계약의 성립을 인정하는 의사표시로서, 청약자에 대하여 청약의 내용과 일치하는 내용이어야 한다.
  ② **계약체결상의 과실책임**
    ㉠ 의의: 계약의 성립과정에 있어서 당사자의 일방(채무자)이 그에게 책임 있는 사유로 다른 상대방(채권자)에게 손해를 준 때에 부담하여야 할 배상책임을 말한다.
    ㉡ 요건
      ⓐ 성립한 계약의 목적이 원시적·객관적 전부불능으로 무효여야 한다.
      ⓑ 채무자에게 악의 또는 과실이 있고, 동시에 채권자에게는 선의·무과실 및 손해의 발생을 요한다.

ⓒ 효과: 계약의 유효를 믿었기 때문에 발생한 손해(신뢰이익)에 대한 손해배상 책임을 진다. 단, 계약이 유효함으로 인하여 얻었을 이익(이행이익)의 범위를 초과하지 못한다.

2. 계약의 효력

(1) 동시이행의 항변권(쌍무계약 이행상의 견련성으로 인한 효과)
  ① **의의**: 쌍무계약의 당사자 일방은 상대방이 자신의 채무를 이행 또는 이행제공 없이 이행청구 시 그 이행의 제공 시까지 자신의 채무이행을 거절할 수 있는데, 이 권리를 '동시이행의 항변권'이라 한다.
  ② **성립요건**
  ㉠ 동일한 쌍무계약으로부터 발생한 대가적 의미의 양 채무가 존재할 것
  ㉡ 당사자 쌍방의 채무가 변제기에 있을 것
  ㉢ 상대방이 자기채무의 이행 또는 그 제공 없이 이행을 청구하였을 것

(2) 위험부담
  ① **의의**
  ㉠ 쌍무계약에서 대가적 의미의 쌍방의 채무 중 일방의 채무가 그 채무자의 책임 없는 사유로 불능이 된 경우에 발생한다.
  ㉡ 대가적 의미의 상대방의 채무도 성립하지 않는 것으로 하여 쌍방은 모두 상대방에 대하여 채무불이행의 책임을 지지 않는다.
  ㉢ 다만, 채무의 이행 불능으로 인한 손해를 누가 감수할 것인가에 대한 문제가 위험부담의 문제이다.
  ② **채무자의 위험부담주의**(원칙)
  ㉠ 채무자의 상대방에 대한 급부청구권의 소멸
  ㉡ 상대방으로부터 이미 이행을 받은 급부의 반환의무 발생
  ③ **채권자의 위험부담주의**(예외)
  ㉠ 요건
    ⓐ 채권자의 귀책사유로 인한 이행불능인 경우
    ⓑ 채권자 지체 중에 쌍방 모두 책임 없는 사유로 이행불능이 된 경우
  ㉡ 효과
    ⓐ 채무자는 상대방의 이행을 청구할 수 있다.
    ⓑ 채무자는 자기의 채무를 면함으로써 이익을 얻은 때에는 이를 채권자에게 상환하여야 한다.

3. 제3자를 위한 계약

(1) 의의
① 당사자간에 계약을 체결하면서 계약의 내용에 따른 급부를 함에 있어 당사자가 아닌 제3자에게 급부를 이행할 것을 약정하는 계약을 말한다.
② 이 경우 제3자는 채무자에게 직접 그 이행을 청구할 수 있다.
③ 대체적으로 병존적 채무인수가 가장 전형적인 제3자를 위한 계약이다.

(2) 제3자를 위한 계약의 효력
① **수익자의 특정**: 제3자(수익자)는 계약성립 시에 현존·특정되어 있지 않아도 되지만, 계약이 효력을 발생하여 채무가 이행되기 위해서는 제3자가 특정되고 현존(권리능력 존재)하여야 한다.
② **계약의 목적**: 채권취득 및 물권취득을 그 목적으로 할 수 있다.

(3) 제3자의 지위(계약의 당사자가 아님)
① **기본적 지위**: 해제권이나 취소권이 없고, 보호받는 제3자에 해당하지 않는다.
② **수익의 의사표시 전 제3자의 지위**: 단순히 계약에 포함되어 있는 자로서, 현존하거나 특정될 필요가 없다.
③ **수익의 의사표시 후 제3자의 지위**: 계약의 내용에 따른 권리를 취득한다.

4. 계약의 소멸(계약의 해제·해지)

(1) 일방적 의사표시로 인한 계약의 소멸
① **법정해제**(채무불이행으로 인한 해제)
  ㉠ 이행지체: 상당한 기간 동안 최고 후에도 채무자가 이행하지 않으면 채권자가 계약을 해제할 수 있다.
  ㉡ 이행불능: 즉시 해제 가능, 즉 채권자는 이행기까지 기다릴 필요도 없고 반대급부의 이행을 제공할 필요도 없이 이행불능 즉시 계약을 해제할 수 있다.
  ㉢ 효과
    ⓐ 계약의 해제로 계약은 소급하여 소멸함으로써 처음부터 계약이 없었던 상태로 된다.
    ⓑ 계약의 내용에 따른 급부를 이행 전이면 이행할 필요가 없으나, 이미 이행된 부분은 원상회복(받은 이익 전부의 반환)의 의무가 있다.
    ⓒ 계약의 해제는 손해배상청구에 영향을 미치지 않는다. 그러므로 상대방의 채무불이행으로 계약을 해제한 자는 계약을 해제한 후에도 자신의 손해에 대한 배상을 청구할 수 있다.

② **약정해제**
　㉠ 계약 체결 시 당사자가 계약의 내용으로 정한 해제사유 발생 시
　　ⓐ 해제권자가 약정해제권을 행사하면 계약은 소급하여 소멸한다.
　　ⓑ 당사자 쌍방은 이행 전의 급부는 이행할 필요가 없으나, 이미 이행된 부분은 원상회복의 의무가 발생한다.
　　ⓒ 약정해제 사유로 계약을 해제하는 것은 채무불이행으로 인한 해제가 아니므로 손해배상의 문제는 발생하지 않는다.
　㉡ **해약금의 약정**[제565조의 계약금(해약금)이 교부된 경우]
　　ⓐ 매매의 당사자 일방이 계약 당시에 금전 기타 물건을 계약금, 보증금 등의 명목으로 상대방에게 교부한 때에는 당사자간에 다른 약정이 없는 한, 당사자의 일방이 이행에 착수할 때까지 교부자는 이를 포기하고 수령자는 그 배액을 상환하여 매매계약을 해제할 수 있다.
　　ⓑ 해약금에 의한 해제는 당사자 그 누구라도 이행하기 전에 하는 것이므로 쌍방은 해제 후 원상회복의 의무가 없다.
　　ⓒ 이는 채무불이행으로 인한 해제가 아니므로 손해배상의 문제는 발생하지 않는다.

(2) 쌍방적 의사표시로 인한 계약의 소멸(합의해제, 해제계약)
　① 해제에 관한 민법 규정은 적용하지 않는다.
　② 합의해제 시에도 계약은 소급하여 소멸하고, 그 해제의 소급효는 제3자의 권리를 침해하지 못한다.

(3) 계약해제의 소급효는 제3자의 권리를 침해하지 못한다.

> **이렇게 출제!**
>
> **01 해제에 관한 설명으로 옳지 않은 것은?** (다툼이 있으면 판례에 따름)
>
> 제27회 기출
>
> ① 매도인의 소유권이전등기의무가 매수인의 귀책사유에 의해 이행불능이 된 경우, 매수인은 이를 이유로 계약을 해제할 수 있다.
> ② 부수적 채무의 불이행을 이유로 계약을 해제하기 위해서는 그로 인하여 계약의 목적을 달성할 수 없거나 특별한 약정이 있어야 한다.
> ③ 소제기로써 계약해제권을 행사한 후 나중에 그 소송을 취하한 때에는 그 행사의 효력에는 영향이 없다.
> ④ 당사자의 일방 또는 쌍방이 수인인 경우, 해제권이 당사자 1인에 대하여 소멸한 때에는 다른 당사자에 대하여도 소멸한다.
> ⑤ 일방 당사자의 계약위반을 이유로 계약이 해제된 경우, 계약을 위반한 당사자도 당해 계약이 상대방의 해제로 소멸되었음을 들어 그 이행을 거절할 수 있다.
>
> **해설** 이행불능을 이유로 계약을 해제하기 위해서는 그 이행불능이 채무자의 귀책사유에 의한 경우여야만 한다 할 것이므로(민법 제546조), 매도인의 매매목적물에 관한 소유권이전의무가 이행불능이 되었다고 할지라도, 그 이행불능이 매수인의 귀책사유에 의한 경우에는 매수인은 그 이행불능을 이유로 계약을 해제할 수 없다(2000다50497).
>
> **정답** ①

3 계약법 각론

1. 매매

(1) 계약금 계약

① **의의**: 계약금 계약은 요물계약이며, 주된 매매계약의 종된 계약으로서 독립된 계약이다. 반드시 매매계약과 동시에 이루어질 필요는 없다.

② **계약금의 종류**(성질)

㉠ **위약금**: "수수된 계약금은 위약금으로 한다."라는 특별한 약정이 있는 경우에 한해 계약금은 위약금으로서의 성질을 가진다.

㉡ **증약금**: 계약금은 언제나 계약성립의 증거로서 증약금의 효력이 있다.

㉢ **해약금**: 계약의 해제권을 유보하는 작용을 한다. 당사자 사이에 특별한 약정이 없는 한 계약금은 해약금으로 추정된다.

③ **해약금으로 추정**
   ㉠ 반대특약이 없는 한, 교부된 계약금은 명칭에 관계없이 해약금으로 추정된다.
   ㉡ **해제의 방법 및 시기**: 당사자의 일방이 이행에 착수할 때까지 계약금의 교부자는 이를 포기하고 수령자는 그 배액(倍額)을 상환하여 매매계약을 해제할 수 있다.

④ **해제의 효과**
   ㉠ 해약금에 의한 해제의 경우 약정해제 사유로서 계약은 소급적으로 소멸한다.
   ㉡ 원상회복의무나 손해배상청구권이 발생하지 않는다.

(2) 매매

① **의의**
   ㉠ 매매는 당사자 일방이 재산권의 이전을 약정하고 상대방은 그 대금의 지급을 약정함으로써 성립한다.
   ㉡ **성질**: 쌍무·유상·불요식·낙성계약이다.

② **매도인의 담보책임의 유형**
   ㉠ 권리의 하자에 대한 매도인의 담보책임
   ㉡ 물건의 하자에 대한 매도인의 담보책임
   ㉢ 경매에 있어서의 매도인의 담보책임
   ㉣ 채권에 있어서의 매도인의 담보책임

2. 임대차

(1) 의의

① 임대인이 목적물을 사용·수익하게 할 것을 약정하고 임차인이 차임을 지급할 것을 약정하여 성립하는 쌍무·유상·불요식·낙성계약이며, 계속적 채권계약이다.

② **보증금계약**
   ㉠ 보증금계약은 임대차관계에서 발생하는 임차인의 모든 채무를 담보하기 위해 체결하는 계약으로, 임대차와 독립된 계약이고 임대차의 종된 계약이다.
   ㉡ 보증금은 임대차의 성립요건이 아니나, 차임 지급은 임대차의 성립요건이다.

(2) 임대인의 의무

① 임대인은 임차인으로 하여금 임대차 목적에 따라 목적물을 사용·수익할 수 있도록 제공할 적극적 의무가 있다.

② 임대인은 임대차 계속 중 목적물의 유지·보수 등 목적물의 사용·수익이 가능한 상태를 유지할 의무가 있다.

(3) 임차인의 권리

① **비용상환청구권**(제626조, 임의규정)
   ㉠ 임차인이 임차물의 보존에 관한 필요비를 지출한 때에는 임대인에 대하여 그 상환을 청구할 수 있다.
   ㉡ 임차인이 유익비를 지출한 경우에는 임대인은 임대차 종료 시에 그 가액의 증가가 현존한 때에 한하여 임차인이 지출한 금액이나 그 증가액을 상환하여야 한다. 이 경우에 법원은 임대인의 청구에 의하여 상당한 상환기간을 허여할 수 있다.

② **토지 임차인의 지상물매수청구권**
   ㉠ 지상에 건물 기타 공작물의 소유 또는 식목, 채염, 목축을 목적으로 한 토지 임대차가 기간 만료로 소멸하고 지상물이 현존하는 경우, 임차인의 계약 갱신청구가 거절되면 임차인은 지상물의 매수청구권을 행사할 수 있고, 이 경우 지상물에 대한 매수청구 당시 시가상당액으로 매매계약이 성립한다.
   ㉡ 존속기간의 정함이 없는 임대차의 임대인의 해지통고로 임대차가 종료된 경우도 또한 같다.

③ **건물 임차인의 부속물매수청구권**
   ㉠ 건물의 임대차가 존속기간 만료로 종료되는 경우에 임대인의 동의를 얻어 부속하거나 임대인으로부터 매수한 부속물에 대하여 매수청구권(형성권으로서 편면적 강행규정)을 행사할 수 있다.
   ㉡ 다만, 임대차계약 시 임차인이 자신의 비용으로 증축한 부분을 임대인 소유로 하기로 약정하였다면 이는 임차인의 원상회복의무를 면하기로 하는 특약으로서 그 유효성을 인정할 수 있다.

> **이렇게 출제!**
>
> **02 임차인의 유익비상환청구권에 관한 설명으로 옳지 않은 것은?** (다툼이 있으면 판례에 따름)
> 제21회 기출
>
> ① 임차인은 임대차가 종료하기 전에는 유익비 상환을 청구할 수 없다.
> ② 임대인은 임차인의 선택에 따라 지출한 금액이나 가치증가액을 상환하여야 한다.
> ③ 유익비상환청구권은 임대인이 목적물을 반환받은 날로부터 6개월 내에 행사하여야 한다.
> ④ 임대인에게 비용 상환을 요구하지 않기로 약정한 경우, 임차인은 유익비 상환을 청구할 수 없다.
> ⑤ 임대인이 유익비를 상환하지 않으면, 임차인은 특별한 사정이 없는 한 임대차 종료 후 임차목적물의 반환을 거절할 수 있다.
>
> **해설** 임차인이 유익비를 지출한 경우에는 임대인은 임대차 종료 시에 그 가액의 증가가 현존한 때에 한하여 임차인의 지출한 금액이나 그 증가액을 상환하여야 한다(제626조 제2항).
>
> **정답** ②

3. 도급

(1) 의의

① **쌍무계약**: 도급은 당사자 일방이 어느 일을 완성할 것을 약정하고 상대방이 그 일의 결과에 대하여 보수를 지급할 것을 약정함으로써 그 효력이 생긴다.

② **보수의 지급시기**
   ㉠ 보수는 그 완성된 목적물의 인도와 동시이행관계에 있다.
   ㉡ 목적물의 인도를 요하지 아니하는 경우에는 그 일을 완성한 후 지체 없이 보수를 지급하여야 한다.

(2) 도급계약 수급인의 담보책임

① 완성된 목적물 또는 완성 전의 성취된 부분에 하자가 있는 때
   ㉠ 상당한 기간을 정하여 하자보수 또는 손해배상을 청구할 수 있다.
   ㉡ 하자보수와 손해배상을 동시에 청구할 수도 있다.
   ㉢ 하자가 중요하지 아니하고 그 보수에 과다한 비용을 요할 때에는 하자보수는 청구할 수 없고 손해배상만 청구할 수 있다.
   ㉣ 손해배상청구의 배상액 결정기준 시점
      ⓐ 하자보수와 손해배상을 동시에 청구하는 경우: 하자보수청구 시점을 기준으로 손해배상액을 결정한다.

ⓑ 손해배상만을 청구하는 경우: 손해배상청구 시를 기준시점으로 한다.
ⓜ 수급인의 하자의 보수와 도급인의 공사대금의 지급은 특별한 사정이 없는 한 동시이행관계에 있다.
ⓗ 수급인의 공사대금채권이 목적물 하자로 인한 도급인의 손해배상채권액을 초과하는 경우, 도급인은 공사대금 중 하자보수로 인한 손해배상액과 동액의 범위 내에서 동시이행의 항변권을 행사할 수 있다(판례).

② **하자로 인하여 계약의 목적을 달성할 수 없을 때**
㉠ 도급인은 계약을 해제할 수 있다.
㉡ 건물 기타 토지의 공작물은 계약의 목적을 달성할 수 없는 경우에도 해제하지 못하고 손해배상을 청구할 수 있을 뿐이다. ⇨ 해제로 인한 철거 시 사회경제적으로 발생하는 손실을 감안한 제도이다.

(3) 도급계약의 종료

① **도급인의 계약해제권**: 수급인이 일을 완성하기 전에는 도급인은 수급인의 손해를 배상하고 계약을 해제할 수 있다.
② 도급인의 파산 시 수급인 또는 파산관재인은 계약을 해제할 수 있다.

이렇게 출제!

03 도급계약에 관한 설명으로 옳지 않은 것은? 제26회 기출

① 목적물의 인도를 요하지 않는 경우, 보수(報酬)는 수급인이 일을 완성한 후 지체 없이 지급하여야 한다.
② 하자보수에 관한 담보책임이 없음을 약정한 경우에는 수급인이 하자에 관하여 알고서 고지하지 아니한 사실에 대하여 담보책임이 없다.
③ 수급인이 일을 완성하기 전에는 도급인은 손해를 배상하고 계약을 해제할 수 있다.
④ 완성된 목적물의 하자가 중요하지 않은 경우, 그 보수(補修)에 과다한 비용을 요할 때에는 하자의 보수(補修)를 청구할 수 없다.
⑤ 부동산공사의 수급인은 보수(報酬)에 관한 채권을 담보하기 위하여 그 부동산을 목적으로 한 저당권설정청구권을 갖는다.

해설 수급인은 제667조, 제668조의 담보책임이 없음을 약정한 경우에도 알고 고지하지 아니한 사실에 대하여는 그 책임을 면하지 못한다(제672조).

정답 ②

4. 위임

(1) 의의
① 위임은 당사자 일방이 상대방에 대하여 사무의 처리를 위탁하고 상대방이 이를 승낙함으로써 그 효력이 생긴다.
② 편무·무상계약이 원칙이나, 보수 약정을 하면 쌍무·유상계약으로 본다.
③ **수임인의 선관주의 의무**
  ㉠ 수임인은 위임의 취지에 따라 선량한 관리자의 주의로써 위임사무를 처리하여야 한다. ⇨ 대가의 유무, 보수의 다과 불문
  ㉡ **복위임의 제한**: 수임인은 위임인의 승낙이나 부득이한 사유 없이 제3자로 하여금 자기에 갈음하여 위임사무를 처리하게 하지 못하며, 복위임의 경우에도 그 감독책임을 면치 못한다.

(2) 수임인의 권리
① **보수청구권**: 수임인은 특별한 약정이 없으면 위임인에 대하여 보수를 청구하지 못한다.
② **비용의 선급의무**: 위임사무의 처리에 비용을 요하는 때에는 위임인은 수임인의 청구에 의하여 이를 선급하여야 한다.
③ **수임인의 비용상환청구권 등**
  ㉠ 수임인이 위임사무의 처리에 관하여 필요비를 지출한 때에는 위임인에 대하여 지출한 날 이후의 이자를 청구할 수 있다.
  ㉡ 수임인이 위임사무의 처리에 필요한 채무를 부담한 때에는 위임인에게 자기에 갈음하여 이를 변제하게 할 수 있고, 그 채무가 변제기에 있지 아니한 때에는 상당한 담보를 제공하게 할 수 있다.
  ㉢ 수임인이 위임사무의 처리를 위하여 과실 없이 손해를 받은 때에는 위임인에 대하여 그 배상을 청구할 수 있다.

(3) 위임의 종료
① **위임의 상호 해지**
  ㉠ 위임계약은 각 당사자가 언제든지 해지할 수 있다.
  ㉡ 당사자 일방이 부득이한 사유 없이 상대방의 불리한 시기에 계약을 해지한 때에는 그 손해를 배상하여야 한다.
② 위임은 당사자 중 한쪽의 사망 또는 파산으로 종료된다.
③ 수임인이 성년후견의 개시 심판을 받은 때에도 위임은 종료된다.

> **이렇게 출제!**
>
> **04 위임계약에 관한 설명으로 옳지 않은 것은?** 제22회 기출
>
> ① 수임인은 보수의 약정이 없는 경우에도 선량한 관리자의 주의의무를 진다.
> ② 위임인은 수임인이 위임사무의 처리에 필요한 비용을 미리 청구한 경우 이를 지급하여야 한다.
> ③ 무상위임의 수임인이 위임사무의 처리를 위하여 과실 없이 손해를 받은 때에는 위임인에 대하여 그 배상을 청구할 수 있다.
> ④ 수임인이 부득이한 사정에 의해 위임사무를 처리할 수 없게 된 경우, 제3자에게 그 사무를 처리하게 할 수 있다.
> ⑤ 수임인이 위임인의 승낙을 얻어서 제3자에게 위임사무를 처리하게 한 경우, 위임인에 대하여 그 선임감독에 관한 책임이 없다.
>
> **해설** 수임인이 위임인의 승낙을 얻어서 제3자에게 위임사무를 처리하게 한 경우, 위임인에 대하여 그 선임감독에 관한 책임이 있다. 즉, 임의대리인의 복대리인 선임과 그 책임의 내용이 동일하다.
>
> 정답 ⑤

4 기타채권관계(부당이득·불법행위)

1. 부당이득(不當利得)

(1) 의의

① '부당이득'은 법률상의 원인 없이 부당하게 타인의 재산이나 노무에 의하여 재산적 이익을 얻고, 이로 말미암아 타인에게 손해를 준 경우를 말한다.
② 부당이득이 발생하면 이득자는 원칙적으로 손실을 받은 자에 대하여 그 이익을 반환하는 의무를 진다.

(2) 부당이득의 반환 범위

① **선의의 경우**: 현존이익을 반환하여야 한다(제748조 제1항).
② **악의의 경우**: 받은 이익 전부에 이자를 붙여 반환하고, 그 외에 손해가 있으면 그것도 배상하여야 한다(제748조 제2항).
  ㉠ 수익자가 이익을 받은 후 법률상 원인 없음을 안 때에는 그때부터 악의의 수익자로서 이익반환의 책임이 있다.
  ㉡ 선의의 수익자가 패소한 때에는 그 소를 제기한 때부터 악의의 수익자로 본다.

(3) 불법원인급여

불법의 원인으로 인하여 재산을 급여하거나 노무를 제공한 때에는 그 이익의 반환을 청구하지 못한다. 그러나 그 불법원인이 수익자에게만 있는 때에는 그러하지 아니하다(제746조).

2. 불법행위

(1) 의의

① '불법행위'는 행위자의 고의 또는 과실로 인한 위법행위로, 타인에게 손해를 가하는 행위를 말한다.
② 불법행위는 채무불이행과 함께 손해배상청구권의 중요한 발생 원인이 된다.

(2) 효과

① 불법행위로 인해 피해자에게 생긴 손해는 가해자가 배상해야 한다(제750조).
② **재산 이외의 손해의 배상**: 타인의 신체, 자유 또는 명예를 해하거나 기타 정신상 고통을 가한 자는 재산 이외의 손해에 대하여도 배상할 책임이 있다(제751조 제1항).
③ **미성년자의 책임능력**: 미성년자가 타인에게 손해를 가한 경우에 그 행위의 책임을 변식할 지능이 없는 때에는 배상의 책임이 없다(제753조).
④ **사용자의 배상책임**
    ㉠ 타인을 사용하여 어느 사무에 종사하게 한 자는 피용자가 그 사무집행에 관하여 제3자에게 가한 손해를 배상할 책임이 있다. 그러나 사용자가 피용자의 선임 및 그 사무감독에 상당한 주의를 한 때 또는 상당한 주의를 하여도 손해가 있을 경우에는 그러하지 아니하다(제756조 제1항).
    ㉡ 사용자에 갈음하여 그 사무를 감독하는 자도 손해배상의 책임이 있다(제756조 제2항).
    ㉢ 사용자 또는 감독자가 피해자에게 배상한 경우에 사용자 또는 감독자는 피용자에 대하여 구상권을 행사할 수 있다(제756조 제3항).
⑤ **도급인의 책임**: 도급인은 수급인이 그 일에 관하여 제3자에게 가한 손해를 배상할 책임이 없다. 그러나 도급 또는 지시에 관하여 도급인에게 중대한 과실이 있는 때에는 그러하지 아니하다.

⑥ **공작물 등의 점유자·소유자의 책임**(제758조)
　㉠ 공작물의 설치 또는 보존, 수목의 재식 또는 보존의 하자로 인하여 타인에게 손해를 가한 때에는 공작물 점유자가 손해를 배상할 책임이 있다. 그러나 점유자가 손해의 방지에 필요한 주의를 해태하지 아니한 때에는 그 소유자가 손해를 배상할 책임이 있다.
　㉡ 점유자 또는 소유자가 손해를 배상한 경우에 점유자 또는 소유자는 그 손해의 원인에 책임이 있는 자에 대하여 구상권을 행사할 수 있다.

⑦ **동물의 점유자의 책임**(제759조)
　㉠ 동물의 점유자는 그 동물이 타인에게 가한 손해를 배상할 책임이 있다. 그러나 동물의 종류와 성질에 따라 그 보관에 상당한 주의를 해태하지 아니한 때에는 그러하지 아니하다.
　㉡ 점유자에 갈음하여 동물을 보관한 자도 손해배상의 책임이 있다.

(3) 명예훼손의 경우의 특칙(제764조)
① 타인의 명예를 훼손한 자에 대하여 법원은 피해자의 청구에 의하여 손해배상에 갈음하거나 손해배상과 함께 명예회복에 적당한 처분을 명할 수 있다.
② '명예회복에 적당한 처분'에 사죄광고를 포함시키는 것은 「헌법」에 위반된다.

(4) 공동불법행위 책임(교사자나 방조자는 공동행위자로 봄)
① 수인이 공동의 불법행위로 타인에게 손해를 가한 때에는 연대하여 그 손해를 배상할 책임이 있다.
② 공동 아닌 수인의 행위 중 어느 자의 행위가 그 손해를 가한 것인지 알 수 없는 때에도 연대하여 그 손해를 배상할 책임이 있다.
③ 피용자와 제3자가 공동불법행위로 피해자에게 손해를 가하여 그 손해배상채무를 부담하는 경우에 피용자와 제3자는 공동불법행위자로서 서로 부진정연대관계에 있고, 한편 사용자의 손해배상책임은 피용자의 배상책임에 대한 대체적 책임이어서 사용자도 제3자와 부진정연대관계에 있다고 보아야 한다.
④ 사용자가 피용자와 제3자의 책임비율에 의하여 정해진 피용자의 부담 부분을 초과하여 피해자에게 손해를 배상한 경우에 사용자는 제3자에 대하여도 구상권을 행사할 수 있다.

중요 개념 확인하기!

❶ 계약해제에 따라 원상회복을 하는 경우, 받은 것이 금전인 경우 그 받은 날로부터 이자를 가산하여야 한다. ○ | ✕

❷ 임대인에게 비용 상환을 요구하지 않기로 약정한 경우, 임차인은 유익비 상환을 청구할 수 없다. ○ | ✕

❸ 완성된 건물에 하자가 있는 경우, 계약목적을 달성할 수 없더라도 도급인은 계약을 해제할 수 없다. ○ | ✕

❹ 당사자 일방이 상대방의 불리한 시기에 위임계약을 해지하는 경우, 부득이한 사유가 있더라도 그 손해를 배상해야 한다. ○ | ✕

① ○ ② ○ ③ ○ ④ ✕ 위임계약은 당사자가 언제든지 해지할 수 있고, 당사자 일방이 상대방의 불리한 시기에 위임계약을 해지하더라도 부득이한 사유가 있다면 그 손해를 배상할 필요가 없다.

memo

memo

memo

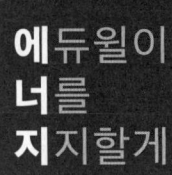

삶의 순간순간이
아름다운 마무리이며
새로운 시작이어야 한다.

― 법정 스님

여러분의 작은 소리
에듀윌은 크게 듣겠습니다.

본 교재에 대한 여러분의 목소리를 들려주세요.
공부하시면서 어려웠던 점, 궁금한 점,
칭찬하고 싶은 점, 개선할 점, 어떤 것이라도 좋습니다.

에듀윌은 여러분께서 나누어 주신 의견을
통해 끊임없이 발전하고 있습니다.

에듀윌 도서몰 book.eduwill.net
- 부가학습자료 및 정오표: 에듀윌 도서몰 → 도서자료실
- 교재 문의: 에듀윌 도서몰 → 문의하기 → 교재(내용, 출간) / 주문 및 배송

2026 에듀윌 주택관리사 1차 기초서

발 행 일	2025년 7월 3일 초판
편 저 자	윤재옥, 신명, 신의영
펴 낸 이	양형남
펴 낸 곳	(주)에듀윌
I S B N	979-11-360-3773-2
등록번호	제25100-2002-000052호
주 소	08378 서울특별시 구로구 디지털로34길 55 코오롱싸이언스밸리 2차 3층

* 이 책의 무단 인용·전재·복제를 금합니다.

www.eduwill.net
대표전화 1600-6700

11,800여 건의 생생한 후기

한○수 합격생

에듀윌로 합격과 취업 모두 성공

저는 1년 정도 에듀윌에서 공부하여 합격하였습니다. 수많은 주택관리사 합격생을 배출해 낸 1위 기업이라는 점 때문에 에듀윌을 선택하였고, 선택은 틀리지 않았습니다. 에듀윌에서 제시하는 커리큘럼은 상대평가에 최적화되어 있으며, 나에게 맞는 교수님을 선택할 수 있었기 때문에 만족하며 공부를 할 수 있었습니다. 또한 합격 후에는 에듀윌 취업지원센터의 도움을 통해 취업까지 성공할 수 있었습니다. 에듀윌만 믿고 따라간다면 합격과 취업 모두 문제가 없을 것입니다.

박○현 합격생

20년 군복무 끝내고 주택관리사로 새 출발

육군 소령 전역을 앞두고 70세까지 전문직으로 할 수 있는 제2의 직업이 뭘까 고민하다가 주택관리사 시험에 도전하게 됐습니다. 주택관리사를 검색하면 에듀윌이 가장 먼저 올라오고, 취업까지 연결해 주는 프로그램이 잘 되어 있어서 에듀윌을 선택하였습니다. 특히, 언제 어디서나 지원되는 동영상 강의와 시험을 앞두고 진행되는 특강, 모의고사가 많은 도움이 되었습니다. 거기에 오답노트를 만들어서 틈틈이 공부했던 것까지가 제 합격의 비법인 것 같습니다.

이○준 합격생

에듀윌에서 공인중개사, 주택관리사 준비해 모두 합격

에듀윌에서 준비해 제27회 공인중개사 시험에 합격한 후, 취업 전망을 기대하고 주택관리사에도 도전하게 됐습니다. 높은 합격률, 차별화된 학습 커리큘럼, 훌륭한 교수진, 취업지원센터를 통한 취업 연계 등 여러 가지 이유로 다시 에듀윌을 선택했습니다. 에듀윌 학원은 체계적으로 학습 관리를 해 주고, 공부할 수 있는 공간이 많아서 좋았습니다. 교수님과 자기 자신을 믿고, 에듀윌에서 시작하면 반드시 합격할 수 있습니다.

다음 합격의 주인공은 당신입니다!

* 에듀윌 홈페이지 게시 건수 기준 (2025년 5월 기준)

더 많은 합격 비법

1위 에듀윌만의
체계적인 합격 커리큘럼

온라인 강의
원하는 시간과 장소에서, 1:1 관리까지 한번에

① 전 과목 최신 교재 제공
② 업계 최강 교수진의 전 강의 수강 가능
③ 교수진이 직접 답변하는 1:1 Q&A 서비스

쉽고 빠른 합격의 첫걸음 **합격필독서 무료** 신청

직영학원
최고의 학습 환경과 빈틈 없는 학습 관리

① 현장 강의와 온라인 강의를 한번에
② 시험일까지 온라인 강의 무제한 수강
③ 강의실, 자습실 등 프리미엄 호텔급 학원 시설

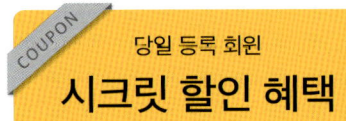

COUPON 당일 등록 회원
시크릿 할인 혜택

설명회 참석 당일 등록 시 **특별 수강 할인권** 제공

친구 추천 이벤트

" **친구 추천**하고 한 달 만에
920만원 받았어요 "

친구 1명 추천할 때마다 현금 10만원 제공
추천 참여 횟수 무제한 반복 가능

친구 추천 이벤트 바로가기

※ *a*o*h**** 회원의 2021년 2월 실제 리워드 금액 기준
※ 해당 이벤트는 예고 없이 변경되거나 종료될 수 있습니다.

* 2023 대한민국 브랜드만족도 주택관리사 교육 1위 (한경비즈니스)

에듀윌 **직영학원**에서 합격을 수강하세요

언제나 전문 학습 매니저와 상담이 가능한 안내데스크

고품질 영상 및 음향 장비를 갖춘 최고의 강의실

재충전을 위한 카페 분위기의 아늑한 휴게실

에듀윌의 상징 노란색의 환한 학원 입구

에듀윌 직영학원 대표전화

공인중개사 학원 02)815-0600	공무원 학원 02)6328-0600	편입 학원 02)6419-0600
주택관리사 학원 02)815-3388	소방 학원 02)6337-0600	부동산아카데미 02)6736-0600
전기기사 학원 02)6268-1400		

주택관리사 학원 바로가기

꿈을 현실로 만드는
에듀윌

DREAM

공무원 교육
- 선호도 1위, 신뢰도 1위! 브랜드만족도 1위!
- 합격자 수 2,100% 폭등시킨 독한 커리큘럼

자격증 교육
- 9년간 아무도 깨지 못한 기록 합격자 수 1위
- 가장 많은 합격자를 배출한 최고의 합격 시스템

직영학원
- 검증된 합격 프로그램과 강의
- 1:1 밀착 관리 및 컨설팅
- 호텔 수준의 학습 환경

종합출판
- 온라인서점 베스트셀러 1위!
- 출제위원급 전문 교수진이 직접 집필한 합격 교재

어학 교육
- 토익 베스트셀러 1위
- 토익 동영상 강의 무료 제공

콘텐츠 제휴 · B2B 교육
- 고객 맞춤형 위탁 교육 서비스 제공
- 기업, 기관, 대학 등 각 단체에 최적화된 고객 맞춤형 교육 및 제휴 서비스

부동산 아카데미
- 부동산 실무 교육 1위!
- 상위 1% 고소득 창업/취업 비법
- 부동산 실전 재테크 성공 비법

학점은행제
- 99%의 과목이수율
- 17년 연속 교육부 평가 인정 기관 선정

대학 편입
- 편입 교육 1위!
- 최대 200% 환급 상품 서비스

국비무료 교육
- '5년우수훈련기관' 선정
- K-디지털, 산대특 등 특화 훈련과정
- 원격국비교육원 오픈

에듀윌 교육서비스 **공무원 교육** 9급공무원/소방공무원/계리직공무원 **자격증 교육** 공인중개사/주택관리사/손해평가사/감정평가사/노무사/전기기사/경비지도사/검정고시/소방설비기사/소방시설관리사/사회복지사1급/대기환경기사/수질환경기사/건축기사/토목기사/직업상담사/전기기능사/산업안전기사/건설안전기사/위험물산업기사/위험물기능사/유통관리사/물류관리사/행정사/한국사능력검정/한경TESAT/매경TEST/KBS한국어능력시험·실용글쓰기/IT자격증/국제무역사/무역영어 **어학 교육** 토익 교재/토익 동영상 강의 **세무/회계** 전산세무회계/ERP정보관리사/재경관리사 **대학 편입** 편입 영어·수학/연고대/의약대/경찰대/논술/면접 **직영학원** 공무원학원/소방학원/공인중개사 학원/주택관리사 학원/전기기사 학원/편입학원 **종합출판** 공무원·자격증 수험교재 및 단행본 **학점은행제** 교육부 평가인정기관 원격평생교육사(사회복지사2급/경영학/CPA) **콘텐츠 제휴·B2B 교육** 교육 콘텐츠 제휴/기업 맞춤 자격증 교육/대학취업역량 강화 교육 **부동산 아카데미** 부동산 창업CEO/부동산 경매 마스터/부동산 컨설팅 **주택취업센터** 실무 특강/실무 아카데미 **국비무료 교육(국비교육원)** 전기기능사/전기(산업)기사/소방설비(산업)기사/IT(빅데이터/자바프로그램/파이썬)/게임그래픽/3D프린터/실내건축디자인/웹퍼블리셔/그래픽디자인/영상편집(유튜브) 디자인/온라인 쇼핑몰광고 및 제작(쿠팡, 스마트스토어)/전산세무회계/컴퓨터활용능력/ITQ/GTQ/직업상담사

교육
문의 **1600-6700** www.eduwill.net

- 2022 소비자가 선택한 최고의 브랜드 공무원·자격증 교육 1위 (조선일보) • 2023 대한민국 브랜드만족도 공무원·자격증·취업·학원·편입·부동산 실무 교육 1위 (한경비즈니스)
- 2017/2022 에듀윌 공무원 과정 최종 환급자 수 기준 • 2023년 성인 자격증, 공무원 직영학원 기준 • YES24 공인중개사 부문, 2025 에듀윌 공인중개사 1차 단원별 기출문제집 민법 및 민사특별법(2025년 5월 월별 베스트) • 교보문고 취업/수험서 부문, 2020 에듀윌 농협은행 6급 NCS 직무능력평가+실전모의고사 4회 (2020년 1월 27일~2월 5일, 인터넷 주간 베스트) 그 외 다수
- YES24 컴퓨터활용능력 부문, 2024 컴퓨터활용능력 1급 필기 초단기끝장(2023년 10월 3~4주 주별 베스트) 그 외 다수 • YES24 신규 자격증 부문, 2024 에듀윌 데이터분석 준전문가 ADsP 2주끝장 (2024년 4월 2주, 9월 5주 주별 베스트) • 인터파크 자격서/수험서 부문, 에듀윌 한국사능력검정시험 2주끝장 심화 (1, 2, 3급) (2020년 6~8월 월간 베스트) 그 외 다수 • YES24 국어 외국어 사전 영어 토익/TOEIC 기출문제/모의고사 분야 베스트셀러 1위 (에듀윌 토익 READING RC 4주끝장 리딩 종합서, 2022년 9월 4주 주별 베스트) • 에듀윌 토익 교재 입문~실전 인강 무료 제공 (2022년 최신 강좌 기준/109강) • 2024년 종강반 중 모든 평가항목 정상 참여자 기준, 99% (평생교육원 기준) • 2008년~2024년까지 234만 누적수강학점으로 과목 운영 (평생교육원 기준)
- 에듀윌 국비교육원 구로센터 고용노동부 지정 '5년우수훈련기관' 선정 (2023~2027) • KRI 한국기록원 2016, 2017, 2019년 공인중개사 최다 합격자 배출 공식 인증 (2025년 현재까지 업계 최고 기록)